Waxay kuu kugu dhaqee

Dastuuradii iyo Axdiyadii loo dhigay Jamhuuriyadda Soomaaliya

Waxaa Qoray
Abdulaziz Ali Ibrahim "Xildhiban"
LONDON 2005

Xildhiban Publications

Tel: +44 (0) 7984 329 891

Email:
xildhiban@hotmail.com
xildhiban@yahoo.co.uk

First Edition January 2005
LONDON

ISBN: 0-9549555-0-1

All rights reserved; No parts of this publication may be reproduced, stored in a retrival system, or transmitted in any form or by any means, electronic, mechanical, photocopying, recording or otherwise, without the prior permission of the copyright owner.

Xuquuqda Daabacaaddu waxay u keydsan tahay Qoraha Buuggan. Qeyb ka mid lama daabacan karo, lama foto-koobiyeyn karo, lama duubi karo idanka qoraha buuggan la'aantiis.

Waxaa lagu daabacay magaalada London ee dalka Ingiriiska.

Copyright©Xildhiban 2005

All rights reserved

Wixii faahfaahin ah oo ku saabsan buuggan waxaad kala soo xiriiri kartaan:-

For information contact:-

Xildhiban Publications
London 2005

Abdulaziz Ali Ibrahim
"Xildhiban"

Tel: +44 (0) 798 432 9891
Email xildhiban@hotmail.com
xildhiban@yahoo.co.uk

Typeset/Design/Print & Bound by;
i2Design
Unit 1, 200 Mile End Road, London E1 4LJ
info@ink2design.co.uk
tel: +44 (020) 7791 2299

TUSMO

I. Tusmada Buugga 3
II. Hibeyn 5
III. Mahad-naq Ballaaran 6
IV. Gogoldhig 8

Chapter 1 12

    Dastuurkii ugu horreeyay ee
    Soomaaliya 21kii Juun sanadkii 1960kii
    Doorashooyinkii dalka ka dhacay 1960kii ilaa 1969kii
    Xaashidii Koowaad Oktoobar, Mog. 21 October 1969kii
    Xaashidii Labaad Oktoobar, Mog. Gennaio 1971dii
    Xaashidii Seddexaad Oktoobar Mog. 1 Luulyo 1976dii
    Dastuurkii ugu horreeyay oo ay soo saareen Ciidamadu 1979kii

Chapter 2 57

    Dastuurkii ay soo jeediyeen in lagu dhaqo Dalka 1990kii
    Dastuurka "Somaliland" 1997 - 2004
    Dastuurka "'Puntland" Soomaaliya 2001-2004

Chapter 3 263

    Axdigii KMG ahaa ee Soomaaliya, Carte, August 2000
    Xeer hoosaadkii Baarlamaankii KMG ahaa August, 2000 Jibuuti
    Axdiga KMG Dowladda Federaalka ee Soomaaliya 2004ta
    Xeer Hoosaadka Baarlamaanka FKMG ah ee Soomaaliya

Chapter 4 378

> Magacyadii Xubnihii
> Dowladdii Daaqiliga aheyd ee Soomaaliya
> Magacyadii Xubnihii Baarlamaankii
> Soomaaliya Sanadkii 1956dii
> Magacyadii Golihii Sharci-Dejinta British - Somaliland 1959kii
> Magacyadii Xubnihii Baarlamaankii Soomaaliya 1964tii
> Magacyadii Xubnihii Baarlamaankii Soomaaliya 1969kii
> Magacyadii Xubnihii Golihii Sare ee Kacaanka
> Magacyadii Xubnihii Golihii dhexe ee X.H.K.S.
> Magacyadii Xubnihii Golihii Shacbiga Qaranka 1985 ilaa 1990kii
> Magacyadii Guddigii Sulaxa iyo Badbaadinta Qaranka 1990kii
> Magacyadii Xubnihii Baarlamaankii KMG ahaa 2000 ilaa 2004
> Magacyada Xubnaha Baarlamaanka FKMG Soomaaliya 2004
> Magacyadii Ururradii Siyaasadda Soomaaliya 1943 - 1990kii
> Magacyadii Ururradii Siyaasadda Soomaaliya 1990 - 2004tii
> Magacyada Ururrada Siyaasadda Somaliland 1990 - 2004

Chapter 5 424

> Muuqaallo xambaarsan dhacdooyin Farxad iyo Naxdinba leh
> Taariikh nololeedka Qoraha Buugga oo kooban

Hibeyn

Buuggan waxaan u hibeeyay dhamaan dadka Soomaaliyeed si ay u ogaadaan wixii dalkooda lagu dhaqay ama lagu maamulay tan iyo intii ay madaxbanaanida qaateen sanadkii 1960kii ilaa maanta-dan aynu joogto.

Sidoo kale waxaan Buuggan u hibeeyay dhamaan dadkii Soomaaliyeed ee Naftooda, Maalkooda iyo Waqtigoodaba u huray soo celinta Midnimadii, Wadajirkii, Heybaddii, iyo Qarannimadii Dalka Jamhuuriyadda Soomaaliya iyo inta ku dadaaleysa sidii ciidda looga qaadi lahaa Calankii Soomaaliyeed, Soomaalida dhexdeeda looga hirgalin lahaa nabad iyo dib u heshiisiin buuxda oo la gaaro.

Somali Unity for Peace and Justice

God Bless Somalia

Abdulaziz Ali Ibrahim "Xildhiban"

III
Mahad-naq Ballaaran

Waxaa mahad iska leh Allihii na abuurtay ee igu hanuuniyay bilowga iyo dhameystirka buuggan, waxaa ku dayasho mudan Nabi Muxamad (NNKH). Waxaan u mahad celinayaa dhamaan asxaabtii gacanta igu siisay la'aantoodna aysan suurtagal noqoteen in aan soo saaro Buuggan, waxaan aad ugu xumahay in aanan halkan ku xusi karin dhamaan dadkii gacanta igu siiyay magacyadooda. Mahad taas la mid ah waxaan u celinayaa xaaskeyga oo gacan igu siisay dhameystirka iyo soo saaridda Buuggan, dulqaad aan yareynna ii yeelatay muddadii dheereyd ee aan ku mashquulsanaa Buuggan. **Marwo Naciimo Cali Xussein.**

Sidoo kale Waxaan mahadnaq aad u weyn u celinayaa **Prof. Cumar Maxamed Xassan "Galagul"** oo isugu igu caawiyay ururinta iyo ka faa'iideysiga macluumaad fara badan oo uu hayay, sidoo kale waxaan mahad gaar ah u celinayaa asxaabtii igu dhiiri galisay soo saarista Buuggan, gaar ahaan:-

1. C/qaadir Cabdi Guutaale
2. Haaruun Macruuf Xassan
3. Cawil Daahir Salaad
4. Maxamed Baashe X. Xassan
5. C/salaam M. Ciise "Salwe"

Marka xigga waxaan si gaar ah ugu mahadcelinayaa:-

1. Dr. Xussein Sh. Axmed Kaddare
2. Dr. Xussein Xaaji Max'ed Bood
3. Dr. Xussein Cali Axmed
4. Dr. Shariif Axmadeey Sh. Cali
5. Dr. Muuse Cali Cumar

6. Dr. C/kariim Max'ed Axmed
7. Ing. Sayid Axmed Sh. Dahir

Marka xigga waxaan si kal iyo laab ah ugu mahadcelinayaa:-

1. Drs. Habiba Hagi Jim'ale
2. Avv. Letizia Cariti
3. Drs. Manuela Mariotti
4. Sig. Florio Erna "Silvia Falla"
5. Ms. Maggie McCabe
6. Dahir Abuukar Maxamuud
7. Faadumo C/laahi Cusmaan "Caanadeyste"
8. C/qaadir Maxamuud Axmed "Dadir"
9. Said Ahmed Cabdilwaaxid
10. Abdulkadir Ahmadei Mohamed

Ugu dambeystii waxaan u mahadcelinayaa:-

1. Dr. Mohamud Ali Alassow "Jaani Dheere"
2. Inj. Cumar C/nuur Nuux "Nabadoon"
3. C/qaadir Sh. Cali Maxamuud "Indhabuur"
4. Nuur Xussein Ismaaciil
5. Asad Cabdulle Geeseey
6. C/laahi Maxamed Xassan "Afey"
7. Mustaf Salaad Cawaale
8. Nadiifo Axmed Cabdalle
9. Sahro Faarax Cusmaan
10. Yuusuf Guudle Cusmaan
11. Suleymaan Xassan Calassow

Finally I would like to take this oppurtinuty in thanking the people of the United Kingdom for their tireless support and patience they know who they are, if I were to thank them by name I would have to write another book as there are countless number of people who have made this book possible to happen and lastly I would like to thank Allah (swt) for without Him nothing is possible .

Abdulaziz Ali Ibrahim "Xildhiban"

VI
Gogoldhig

Taxanaha taariikhda sooyaalka ah ee dunidan aynu ku nool-nahay qoraalka waxaa lagu tilmaamaa in uu yahay kan ugu wanaagsan ee lagu gudbin karo dhamaan farriimaha la doonayo in dhaxal ahaan loogu deeqo da'yarta soo koreysa. Waxaa xusid mudan ka dib qoraalkii Afkii Soomaaliga in dadka Soomaaliyeed is weydiinayaan wixii loo dhigay iyo in ay helaan keydkooda taariikheed ama ummadeed.

Soomaalida tirada la og yahay ee wax aqrisaa waa tiro aad u yar waana sababaha ugu badan ee tirtireysa taariikhda ay leeyihiin dadka Soomaaliyeed. Ilbaxnimada iyo waayaha cusub waxaa lama huraan noqotay in la tixraaco qoraalka oo lagu tilmaamo keydka ugu wanaagsan ee jiilba jiilka kale u sii gudbin kara.

Ujeedadu waxay tahay in la helo tixraac si loo horumariyo aqoonta keydsan, maxaa yeelay taariikhdu waa macallin waxay ku bartaa waayihii la soo maray isla markaana kaa weecisaa xumihii la soo maray kuguna toosisaa tubta toosan ee aad u mari laheyd timaadada.

Qoruhu waa iftiimiyaha bulshada, waana aalad warbaahineed oo raadraacda waxii hore loo soo marey ama loo socdo, waxuu ka taariikheeyaa taxanaha sooyaalka soo jireenka ah ee umaddiisa, waxuu kala haadiyaa xumaan iyo samaan waxii la soo maray, waxuu umaddiisa u keydiyaa aragtiyada siyaasadeed ama sugaaneed iyagoo tiraabeeysan isla markaana bukto ama baxnaano reebtay.

Qoraa kasta waxuu abaaraa xaalad soo taxneyd waayo oo la udub dhigey una baahan digniin fariimo qoraal ah oo lagama maarmaan u ah bulshada in loo keydiyo si loo ilaaliyo soo noqoshadeeda una noqoto dhaxal reeb laga fogaado ama maskaxda farxad ku reebta.

"Buuggani Waxay kuu dhigeen ma kugu dhaqeen" waxuu ku sidkan yahay dastuuradii loo dhigey ummadda Soomaaliyeed waa raad raac la aruuriyay oo lagu saldhigey tixraac si aaney cidna uga wareerin taariikhiyan ummaddan shuruucdii iyo qawaaniintii ay u dhigteen in ay isku sharci maamulaan. Dad badan oo joogay waxey u tahay ku noqosho murugo ama farxad leh, kuwii dibad-joogga ka ahaa ee aan lugta ku laheynna waxey u tahay waayo aragnimo, jiilka dambana waxey u noqoneeysaa darsi ay aqoon ahaan u kororsadaan.

Dadyoowga dunida dacalladeeda ku nool kama sinna horumarka xagga dhaqaalaha, waxbarashada, sancada, IWM, sidoo kale waxay isku dhaafeen xagga garsoorka, dhowrista xuquuqda aadanaha, sarreynta sharciga iyo nidaam dowladeed wanaagsan (Good Government Sysytem), horrumarka dal kasta ka gaaro arrimahaas waxaa saldhig u ah Dastuurka ama Xeerarka ummad kasta loo dhigo iyo sida xukuumad kastaa u dhowrto ku dhaqanka shuruucdii loo dhigay dadka iyo dalka.

Waxaa dhacda in dalal fara badan loo dhigo dastuuro ay ka buuxaan qodobo si wanaagsan loo qurxiyay macaani qiimo badanna ku fadhiyaan hadana aaney cidi iska xil saarin hirgalinta shuruucdaas. Sidoo kale waxaa iyana dhacda in ummad loo dhigo xeerar dulleysanaya xuquuqda qofka muwaadinka ah oo ay xukuumaddu xalaaleysaneyso xuquuqdiisa aasaasiga ah hadaba Buuggan "Waxay kuu dhigeen ma kugu dhaqeen", wuxuu aqristaha xusuusinayaa xeerarkii iyo dastuuradii Soomaaliya loo dhigay tan iyo maalintii ay madax-banaanaadeen laga soo bilaabo Jamhuuriyaddii 1aad ee Qaranka Soomaaliyeed ee curtay 1dii Luulyo 1960kii taas oo shaqeyneysay ilaa 21kii Oktoobar 1969kii.

Ka dib markii ay talada dalka xoogga kula wareegeen ciidamadii militeriga waxaa Soomaaliya u biloowday taariikh cusub oo hor leh taas oo iyana lagu magacaabay dhalashadii Jamhuuriyaddii 2aad ee Soomaaliya soona socotay ilaa 1990kii kolkii kacdoon dadweyne lagu riday xukuumaddii Askarta ee kaligii taliska ahaa. Hadaba waxaa uu qoruhu isu keenay dhamaan xeerarkii kala duwanaa ee dalka loo dhigay mudadaas, dhinaca kale waxa uu xusuusinayaa dastuuradii mudadii lagu jiray jahawareerka siyaasadeed iyo dagaallada sokeeye.

Macluumaadka uu xambaarsan yahay Buuggan tixraac u yahay dadka Soomaaliyeed iyo ciddii daneyneysa arrimahooda. Waa tixraac ma-guurto ah oo looga faa'iideysan karo siyaabo badan ha ahaadeen cilmi baaris, waxbarasho iyo taxanaha taariikhda siyaasadda Soomaalida.

Waxaa muhiim ah in la xuso waqti qoraalladii taariikhda ee Soomaaliya ay ku sugan yihiin khatar ah in la waayo, in Qoraagu garto faa'iidada ay Soomaalida u leedahay tallaabada geesinimada leh ee uu qaaday uuna ku go'aansaday ururinta dokumentigan qiimaha leh.

Waxaa halkaan ka cad in sababta ku kalliftay soo gudbinta Buuggan ay yihiin kuwo mudan in la garowsado isla markaana loo hambalyeeyo. Ujeedada qoruhu ugu tala galay waxa weeye in uu bilaabo hab diiwaan qoraal ah oo dadka Soomaalida iyo bulshooyinka kaleba u soo raadsadaan raad-raac.

Sidoo kale waxaa ku dhiiri galiyay qoraalkan in dadweynaha Soomaaliyeed helaan caddeyn qoraal ah oo ay ku xisaabtamaan markii la qaadanayay nidaamyadii maamulka siyaasadeed ee Jamhuuriyadda Soomaaliya.

Hadaba waxaa iyana xusid mudan waxa ku kallifay qoraaga rabitaanka in uu ku biiriyo dhismaha aqoonta keydsan ee Soomaalida. Dadka qaar ayaa isweydiin kara sababta buuggan isugu keenay qoraallada Dastuuradii, Axdiyadii iyo Xeerarkii lagu soo dhaqay ama la isku dayay in lagu dhaqo dalka, balse uu tacliiq uga bixin waayay, hase yeeshee, qoraagu wuxuu aqoonsan yahay muhiimadda ay leedahay in fikir shaqsi ah lagu raaci karo ama lagu diidi karo in uu ku lifaaqo xaqiiqooyin degsan.

Taas badelkeeda, dadweynaha Soomaaliyeed ayaa loo dhaafay in ay daraasado iyo doodo ka sameeyaan dikomentiyada uu xambaarsan yahay Buuggan. Muhiimaddu waxay tahay in Buuggan fursad u siiyo akhristaha in sideeda loogu soo gudbiyo xeerarkii dalkiisa loo dhigay muddadii uu Qaranka ahaa iyo waayihii burburka si uu isagu marqaati iyo garsoore uga noqdo haddii **"Wixii loo dhigay lagu dhaqay"**.

Waxay kuu dhigeen ma kugu dhaqeen? ◆ 11

Abdullahi Isse Mohamud
Representative of the Somali Youth League
United Nations General Assembly 1953
Somali Interim Prime Minister

Madaxweynihii ugu Horreeyay ee Jamhuuriyadda Soomaaliya
Aadan Cabdulle Cusmaan "Aadan Cadde"
1dii Luulyo 1960 ilaa 1dii Juun 1967dii

Jamhuuriyadda Soomaaliya

DASTUURKII

Ugu horreeyey ee

21 Juun 1960kii

COSTITUZIONE DELLA REPUBBLICA SOMALA

IL PRESIDENTE DELL'ASSEMBLEA NAZIONALE

Investe di Presidente Provvisorio della Repubblica;

Vista la deliberazione dell'Assemblea Costituente, che nella seduta del 21 Giungno 1960 ha approvato la Costituzione della Repubblica Somala; Visto la prima della disposiozione transitorie e finali della Costituzione; Visto il n. 1 della terza disposizioni transitorie e finali della Costituzione;

PROMULGA

La Costituzione della Repubblica Somala nel suguente testo:-

PREAMBOLO

NEL NOME DI DIO CLEMENTE E MISERICODIOSO IL POPOLO SOMALO

CONSAPEVOLE del sacro diritto di autodeterminazione dei popoli, solennemente consacrato nella Carta della Nazione Unite;

FERMAMENTE deciso a consolidare e tutalare l'indipendenza della Nazione Somala, e il diritto di liberta della genti, in una democrazia fondata sulla sovranita' popolare e sulla eguaglianza dei diritti e dei doveri di tutti i cittadini;

DETERMINATO a collaborare con tutti popoli per il consolidamente della liberta, della giustizia e della pace nel mondo, ed una particolare con i popoli ai quali e legato da affinita storiche, religiose, culturali e politiche per la costituzione di un avvenire migliore;

NEL COSTITURSI in Repubblica Unitaria, Sovrana ed Indipendente, pone e fondamento dell'ordine giuridico e sociale Nazione Somala la presente:-

COSTITUZIONE

PRIMA PARTE
PRINCIPI GENERALI

Art. 1
La Repubblica

1. La Somalia e uno stato indipendente e pienemente sovrano. Essa e Repubblica democratica reppresentativa unitaria. Il popolo e una unita' indivisible.

2. La sovranita' appartiene del popolo che la esercita nelle forme determinate dalla Costituzione e delle Leggi. Nessuna parte del popolo e nessuna individuo puo reclamare per se la sovranita o arrogarsene l'eserzico.

3. L'islam e religione dello stato.

4. La bandiera nazionale e azzura, di forme rettangolaree reca al centro una stella bianca a cingue punte uguali.

5. L'Embelema della Somalia e composto da una scudo d'argento e bordatura d'oro. Lo scudo, sormontato da una merlatura di cingue punte moresche d'oro, le due laterali smezzate, e sostenuto da due leopardi al naturale afforantati e controrampanti, poggiati su due lancie incrociantesi sotto la punta dello scudo stesso, con due foglie dip alma al naturale ed intrecciate da un nastro bianco.

Ar. 2
Il Popolo

1. Il popolo e costituto da tutti i cittadini.
2. La legge stabilisci modi di acquisto e di perdita della cittadinanza.
3. La negazione e la privatazione della cittadinanza non possoano essere determinate da motive politici.

Art. 3
Uguaglianza dei Cittadini

Tutti i cittadini, senza distinzione di razza, di origine nazionale, di nascita, di lingua, di religione, di sesso, di condizione sociale ed economica o di opinione sono uguali e nei doveri dinanzi alla leggi.

Art. 4
Territorio dello Stato

1. Il territorio nazionale e sacro e inviolabile.

2. La sovranita territoriale comprende il territorio continentale, le isole, il mare territoriale, il sottosuolo, lo spazio aereo soprastante e piattaforma litirale.

3. Ogni varizione territorio nazionale e autorizzata con legge approvato a maggioranza di Quattro quinti dei memberi dell'Assemblea Nazionale.

4. La legge determina le parti del territorio e i beni che appatengo allo stato e agli Enti Pubblici, stabilendone il regime giuridico.

Art. 5
Supremazia della Legge

1. L'organizzazione dello Stato e i rapporti fra lo Stato e gli alrti soggetti, pubblici e private, sono regolati dal diritto.

2. Gli atti ammistrativi contrari alle leggi e gli atti Costituzione possono essere invalidati per iniziativa dei soggetti interessati, secondo le norme della Costituzione.

Art. 6
La Repubblica nell'odinamento Internazionale

1. Le norme del diritto internazionale generalmente ammesse e i tratti internazionale regolarmente conclusi dalla Repubblica e pubblicati

2. La Repubblica ripudia la Guerra come mezzo di risoluzione della contoversie internazionali.

3. Accetta, in condizione di parita con gli Stati, le limitazioni di sovranita necesarie ad un ordinamento che assicuri la pace tra le Nazione.

4. La Repubblica Somala promuove, con mezzi legali e pacifici fra quelli Africani e Islamici.

Art.7
Diritti dell'Uomo

La Repubblica Somala adottera', in quanto applicabile, il contenuto della Dichiarazione Universale dei Diritti dello Uomo deliberate dell'Assemblea Generale delle Nazione Unite il 10 Dicembre 1948.

PARTE SECONDA
DIRITTI E DOVERI FONDAMENTALI DEL CITTADINO

Art. 8
Diritto di Voto

1. Tutti cittadini in possesso dei requisiti stabiliti dalla legge hanno diritti al voto.

2. Il voto e personale, uguale, libero e segreto.

Art. 9
Diritto di Accesso alle Pubbliche Funzioni

Tutti i cittadini in possesso dei requisiti stabiliti della legge hanno diritto di accedere in condizione di uguaglianza alle pubbliche funzione.

Art. 10
Diritto di Petizione

1. Tutti i cittadini di rivolgere petizione scritte al Presidente della Repubblica all'Assemblea Nazionale e al Governo.

2. Ogni petizione, che non sia manifestamente infondata, comporta obbligo di esame.

Art. 11
Diritto di Residenza

1. Tutti i cittadini hanno diritto di resiedere e circolare liberamente ovunque nel territorio nazionale e non possono essere sottoposti a deportazione.

2. Ogni cittadino ha diritto di uscire dal territorio nazionale e di farvi ritorno.

Art. 12
Diritto di Associazione Politica

1. Tutti i cittadini hanno diritto di associarzi in partiti politica, senza preventive autorizzazione, allo scopo di concorrere in modo pacifico e democratico, a determinare la politica nazionale.

2. Sono proibiti partiti e associazione politiche segrete, o con organizzione acarattere militare, o con denominazione tribale.

Art. 13
Diritto di Associazione Sindicale

1. Tutti i cittadini hanno diritto di costituire associzione sindicali o di aderivi per protezione dei propri intressi economici.

2. I sindicati organizzati seconda principi democratica hanno personalita giuridica in base alla legge.

3. I sindicati dotati di personalita giuridica possono stipulare contratti

colletti di lavaro obbligatori per propri per I propri aderenti.

Art. 14
Diritto alla Iniziativa Economica

1. Tutti I cittadi hanno diritto alla iniziativa economica nell'ambito della legge.

2. La legge puo regolare lo sfruttamento delle risorse economiche del territorio nazionale.

Art. 15
Doveri di Fedelta' alla Patria

1. Tutti cittadini hanno il dovere di essere fedeli allo Stato
2. La difesa della Patria e dovere del cittadino.
3. Il servizio militare e regolato dalla legge.

PARTE TERZA
DIRITTI E DOVERI FONDAMENTALI DELL'UOMO

TITOLO 1

Diritti di Liberta
Art. 16
Diritto alla vita e alla integrita' personale

1. Tutti hanno diritto alla vita e alla integrita' personale.

2. Non possono essere stabilite limitazione arbitrarie a tali diritti.

3. La legge puo stabilire la penna di morte solo per I piu gravi delitti contro la vita umana o la personalita dello stato.

Art. 17
Liberta' personale

1. Tutti hanno diritto alla Liberta' personale.

2. L'assoggettamento a qualisiasi forma di schiavitu' o servaggio e' punito penamente.

3. Nessuno puo' essere sottoposto a detenzione o ad altra resttrizione della liberta' personale se non in caso di flagranza di reato o a seguito di provvedimento motivato degli organi giurizionali competenti, nei casi e nei modi stabiliti dalla legge.

4. In casi di necessita urgentte, indicate tassativamente dalla legge, gli organi amministrativi competente possono addotare provvedimenti provvosori, che devono essere comunicati sense indugio agli organi giurisdizionali competenti e da questi convalidati entro i termini e nei modi stabiliti dalla legge, sense di che i provvedimenti s'intendono revocati e restano privi di ogni effetto.

5. In ogni caso di di detenzione o di altra restriziona della liberta' personale, i motive del provvedimento devono essere immediatamente contestati alla persona interessata.

6. Nessuna puo essere sottoposto a misure di sicurezza se non nei casi e nei modi stabiliti della legge ed a seguito provvedimento motivato degli organi competenti.

7. Nessuna puo essere sottoposto ad ispezione o a perquisione personale se non nei casi e con norme sancite nei precidenti commi 3, 4, 5 e negli altri casi e nei modi stabiliti dalla legge a fini giudiziari, sanitari o fiscali. in ogni devono essere salvaguadati il decoro e la dignita morale della persona.

Art. 18
Garanzie nei casi restrizione della liberta' personale

Ogni violenza fisica o morale sulle persone sottoposto a restizione di liberta' e punita penalmente.

Art. 19
Estradizione ed asilo politico

1. L'estradizione puo essere disposta soltanto nei casi modi stabiliti dalla legge e comunque previa convenzione internazionale.

2. Nessuno puo' essere sottoposto e stradizione per reati politici.

3. Lo straniero preseguitato nel suo paese per reati politici ha diritto di asilo nel territorio dello Stato nei casi alle condizione stabilite dalla legge.

Art. 20
Limiti alle prestazione perzonali e petrimoniali

Nessuna prestazione personale o patrimoniale puo essere imposta se non in base alla legge.

Art. 21
Liberta' di domicile

1. Tutti hanno diritto alla inviolabilita' di domicile.

2. Non possono essere eseguite ispezione, ne' perquisione, ne' sequestri nel domicile o in qualsiasi altro luogo di disponibilita personale se nei casi e le norme sancite nei commi 3, 4, 5 dell'Art. 17 e negli altri casi e nei modi stability dalla legge a fini giudiziari.

3. Non possono essere eseguite ispezione a fini sanitari o di incolumita' pubblica o fiscali se non nei casi e nei modi stabiliti dalla legge.

Art. 22
Liberta' di corrispondenza

1. Tutti hanno diritto alla liberta e segretezza della corrispondenza

epistolare e di ogni altro mezzo di communicazione.

2. Nessuna provvedimento limitativo puo essere eseguito se non nei casi e non le norme sancite nei commi 3,4, 5 dell'Art. 17 negli casi e nei modi stabiliti dalla legge a fini giudiziari.

Art. 23
Uguaglianza di dignita' sociale

Tutti sono uguali per le degnita' sociale.

Art. 24
Proprieta'

1. La properieta e garantita dalla legge, che ne determina i modi di acquisto e i limiti di esercizo allo scopo di assicurarne la funzione sociale.

2. La prorieta puo essere esproptiata soltanto per motive di pubblica utilita, nei modi stabiliti dalla legge, contro equo e tempemsivo indennizzo.

Art. 25
Liberta' di riunione

1. Tutti hanno diritto di riunirsi in modo e per scopi pacifici.

2. La legge puo stabilire che delle riunione pubbliche debba essere dato preavviso alle autorita, che possono vietarle sultanto per motive pubblici di igiene, incoluminita, buon costume, ordine e sicurezza.

Art. 26
Liberta' di associazione

1. Tutti hanno diritto di associarsi liberamente senza autorizzazione.

2. Nessuna puo essere costretto ad aderire ad associazione di qualsiasi

o a permanervi.

3. Sono proibite associazioni segrete o con organizzazione a crattere militare.

Art. 27
Diritto di sciopere

Il diritto di sciopero e riconociuto, e si esercita entro i limiti stabiliti dalle legge. E vietato ogni atto discriminatorio limitativo del diritto di liberta' sindicale.

Art.28
Liberta' di pensiero

1. Tutti hanno diritto di manifestare liberamente il proprio pensiero in qualsiasi forma, salvo le limitazione che possono essere stabilite dalla legge al solo scopo di proteggere il buon costume e la sicurezza pubblica.

2. La manifestazioni del pensiero non possono essere soggette ad autorizzazione o censure preventive.

Art. 29
Liberta' di religione

Tutti hanno alla liberta' di coscienza ed a professare liberemente la propria religione ed esercitare il culto, salve le limitazione che possono essere stabilite dalla legge allo scopo di propagandare religione diverse da quella retta dell'Islam.

Art. 30
Statuto personale

1. Tutti hanno diritto al proprio statuto personale secondo le rispettive norme legge o di costume.

2. Lo statuto personale dei mussulmani e regolato secondo i principi generali della sciaria islamica.

Cosi modificato con legge 30 Gennaio 1963, n, 16.

TITALO II
DIRITTI SOCIALI

Art. 31
Tutela della famiglia

1. Lo Stato tutela la famiglia fondata sul matrimonio come elemento basilare della societa.

2. Il mantenimento, l'educazione e l'istruzione dei figli spettano ai genitori a norma di legge.

3. All'adempimento dei compiti indicate nel comma precidente viena provveduto a norme di legge in caso di morte morte dei genitori ed in ogni caso in cui essi non vi provvedano per incapacita o per qualsiasi altro motivo.

4. I figli moggiorenni hanno l'obbligo del mantenimento dei genitiri che non possono provvedere a se stessi.

5. Lo Stato tutela la maternita e l'infanzia, promovendo gli istituti necessari a tale scopo.

6. Lo Sato riconosce come proprio dovere la tutale dei figli di ignoti.

Art. 32
Istituti di beneficenza

Lo Stato promuove e incoraggia la creazione di istituti di beneficenza per i minori fisici e per l'infanzia abbandonata.

Art. 33
Tutela della sanita' pubblica

Lo Stato tutela la sanita pubblica e promuove l'essistanza sanitaria gratuita per gli indigenti.

Art. 34
Salvaguardia della moralita pubblica

Lo Stato cura la salvaguardia della moralita pubblica nei modi stabiliti dalla legge.

Art. 35
Istruzione Pubblica

1. Lo Stato promuove l'istruzione come fondamento intresse della colletivitta provvede all'istituzione di scuole proprie, aperta a tutti.

2. L'istruzione primaria nelle scuole pubbliche e gratuita.

3. La liberta di insegnamento e grantita dalla legge.

4. Enti private hanno diritto di istituire, senza oneri per lo Stato, scuole e istititi di educazione in base alla legge.

5. La scuola e gli istituti private di educazione possono essere parificati alle scuole e istituti statali alle condizione stabilite dalla legge.

6. L'insegnamento della religione Islamica e obbligatorio nelle scuole primarie e socendarie statali e parificate per gli di fede Islamica. L'insegnamento del sacro Corano nelle scuole primarie e socondarie governative per i Mussulmani e elemento fondamentale.

7. Le istituzioni di cultura superiore hanno ordinamento autonomi nei limiti della legge.

Art. 36
Tutela del lavoro

1. Lo stato tutela il lavoro e lo promuove in tutte le sue forme ed applicazione.

2. E' proibito il lavaro forzato ed obbligatorio ogni forma. La legge i casi incui il lavoro puo essere imposto per necessita militari o civili ovvero a seguito di condanna penale.

3. Tutti i lavori hanno diritto, senza alcuna discriminazione, ed una remunerazione uguale valore, e tale da assicurare condizione di assistenza conformi alla dignita' umana.

4. Tutti i lavori hanno diritto al riposo settiminale e a ferie annuali retribuite e non possono essere obbligati a rinuncairvi.

5. La legge stabilisce la durata massima della della giornata lavorativa, l'eta minima per i vari tipi di lavoro ed assicura al minore ed alla donna condizione di lavoro edeguate al loro stato.

6. Lo stato tutela l'integrita fisica e morale dei lavoratori.

Art. 37
Assistenza e previdenze sociale

1. Lo Stato promuove con legge l'assistenza e previdenze sociale.
2. Lo Stato garantisce ai suoi dipendenti civili e militari il diritto di pensione; grantisce loro, altrsi, l'assistenze in caso di infortunio, malatia e inabilita al lavoro, in conformita alla leggi.

TITOLO III
GRANZIE GIURISDIZIONALI

Art. 38
Diritto di azione

Tutti hanno diritto di agire in giudizio, in condizione di piena uguaglianza, avanti al giudice precostituito per legge.

Art. 39
Tutela contro gli atti dell'amministrazione pubblica

Contro gli atti dell'amministrazione pubblica e ammessa in ogni caso la tutela giuisdizionale nei modi e con gli effetti stabilita dalla legge.

Art. 40
Responsabilita' civile dello Stato per fatti dei dipendenti

1. Chinque sia Stato da azioni od omissioni compiute in violazione di diritti da funzioni o dipendenti dello Stato o di enti pubblici, nell esercizo delle loro funzioni, ha diritto di ottenere il risarcimento dallo Stato o degli enti pubblici interessati.

2. La responsabilita penale, civile e ammistrativa dei funzione e dipendenti per gli atti e omissioni indicate nel comma precedente e' regolata dalla legge.

Art. 41
Diritto di difesa

1. Il diritto di difesa e' ammesso in ogni stato e grado del procedimento.

2. Lo Stato grantisce, nelle condizione modi stabiliti dalla legge, la concessione del gratuito patrocinio ai non abbienti.

Art. 42
Irretroattivita' della legge penale

Nessuno puo essere condannato per un fatto che, al momento in cui fu commesso, non era punnibile reato in base alle leggi allora a vigenti ne' con pene maggiori di quelle ivi previste.

Art. 43
Responsabilita' penale

1. La responsabilita' penale e' personale. Non e' ammessa alcuna specie di pena collattiva.
2. L'imputato e' presunto innocente fino alla condanna definitive.

Art. 44
Funzione socile della pena

Le pene restrittive della liberta' personale non possono consistere in trattamenti contrari al senso di umanita' o ostolare la rieducazione del nato.

Art. 45
Esercizo della funzione punitive

La vigilanza sulla esecuzione delle misure misure di sicurezza spetta al giudice a norma di Legge.

Art. 46
Riparazione degli errori giudiziari

La legge determina le condizione e i modi per la riparazione degli errori giudiziari.

TITOLO IV
DOVERI VERSO LO STATO

Art. 47
Doveri di osservanza della costituzione e della leggi

Tutti hanno il dovere di osservare lealmente la costituzione e le leggi dello Stato.

Art. 48
Dovere tributatario

1. Tutti hanno il dovere di concerrere alle spese pubbliche secondo la propria capacita'.

2. La legge stabilische il sistema tributario che deve essere informato a principi di giustizia sociale.

PARTE QUARTA
ORGANIZZAZIONE DELLO STATO

TITOLO I

ASSEMBLEA NAZIONALE
SEZIONE I

ORDINAMENTO DELL'ASSEMBLEA NAZIONALE

Art. 49
Funzione legislative

La funzione legistativa e' esercitata dall'Asemblea Nazionale.

Art. 50
La dottrina dell'Islam nella legislazione

La dottrina dell'Islam e' fonte principale delle leggi dello Stato.

Art. 51
Assemblea Nazionale

1. L'Assemblea Nazionale e' composta di Deputati eletti dal popolo a suffraggio universale, libero, diretto e segreto, e di deputati di diritto.

2. La legge stabilisce il numero dei Deputati, il sistema e la modalita' per le elezione.

3. Sono eleggibili a Deputati tutti i cittadini che hanno diritto al voto e che nell'anno delle elezioni compiono almeno 25 anni di eta'. La legge stabilisce I casi di ineleggibilita' e di incompatibilita' con le funzione di deputato.

4. E' deputato di diritto, a vita, al di fuori del numero dei Deputati elettivi, chi e' stato Presidente della Repubblica, salvo nel caso di condanna per i reati di cui al pri,o comma dell'art. 76.

Art. 52
Durata ed elezione

1. La durata di ogni legistaura e' di 5 anni e decorre dalla procalamazione dei risultati elettorali. Ogni modifica a tale durata non ha effetto nel corso della legislazione in cui sia stata deliberate.

2. Le elezione della nuovo Assemblea sono indette dal Presidente della Repubblica ed hanno luogo negli ultimi 30 giorno prima della fine della legislature in corso.

3. La nuovo Assemblea si riunisce di diritto per la prima volta entro il trentismo giorno dalla procalamazione dei risultati elettorali.

Art. 53
Scioglimento

1. L'Assemblea puo essere sciolto prima della scedenza della sua durata del Presidente della Repubblica sentito il parere del

Presidente dell'Assemblea stessa, qualora essa non possa esercitare le sua funzioni ovvero le eserciti in modo tale da pregiudicare il normale svolgamento dell'attivita' legislative.

2. Con il decreto con cui sciogliee l'Assemblea, il Presidente indice le nuove elezioni, che devono avere luogo entro 60 giorni dallo scioglimento.

3. Lo scioglimento non puo' essere disposto nel primo anno di durata dell'Assemblea e nell'ultimo anno di durata del mandato del Presidente della Repubblica.

4. L'Assemblea cessante conserva in ogni caso i suoi poteri fino alla procalamazione dei risultati delle elezione della nuova assemblea.

Art. 54
Sessioni

1. L'Assemblea si riunisce di diritto in due sessioni annuali, che hanno inizio rispettivamente nei mesi di Aprile e di Ottobre.

2. L'Assemblea puo' essere convocatain sessione straodrinaria per iniziativa del suo Presidente o su richiesta del Presidente della Repubblica o del Governo o di un quarto dei Deputati.

Art. 55
Funzionamento

1. Nella sua prima riunione l'Assemblea Nazionale elegge fara i Deputati il Presidente, uno o piu' Vice Presidente e gli altri membri dell'ufficio di Presidente.

2. La polizia dell'Assemblea spetta all'Assemblea stessa ed e' esercitata dal Presidente o da chi ne fa le veci a norma di regolamento.

3. Le seduta dell'Assemblea sono pubbliche. Sono in casi eccezionali, l'Assemblea puo' deliberare di riunirsi in seduta segreta per iniziativa del suo Presidente o su richiesta del Presidente della Repubblica o

del Governo o di almeno 30 Depupati.

4. Le delibarione dell'Assemblea non sono valide se non presente la maggioranza assoluta dei Deputati, escludendo dal computo i Deputati corrispondenti ai seggi dichiarati vacanti.

5. Ogni deliberazione e' addottata con voto fevorevole della maggioranza dei presenti salvo che la Costituzione e le leggi prescrivano una maggioranza speciale.

Art. 56
Intervento dei Ministri e dei Sottosegretari di Stato

1. I Ministri e i Sottosegretari hanno diritto di assistere alle seduta dell'Assemblea e della Commissione e di prendervi la parola. Possono anche assistere alle sedute ed essere ascoltati funzionari ed esperti che i Ministri abbiano appositamente incaricato.

2. I Ministri e i Sottosegretari hanno il dovere di essere presenti alle sedute se l'Assemblea lo richiede.

Art. 57
Regolamento

Per quanto non previsto dalla Costituzione il funzionamento dell'Assemblea e discplinato da un regolamento da approvarsi dall'assemblea stessa su proposta del suo Presidente o di almeno 5 Deputati.

Art. 58
Del Deputato

1. Ogni Depuptao rappresenta il popolo ed essercita le sue funzione sense vincolo di mandato.

2. Nell'assumere le proprie funzione, i Deputati prestano singolarmente giuramento di fedelta' allo stato, davanti all'Assemblea. La formula del giuramento e' la seguente: (Giuro nel nome di dio di adempiere con fedelta' alle mie funzione per il

benessere del popolo, rispettando la Costituzione e le leggi.

3. I Deputati non possono essere perseguiti per i fatti citati, le opinione espresso o i voti dati nell'essercizio dello loro funzioni.

4. Senza l'autorizzazione dell'Assemblea i Deputati non possono essere sottoposti a precedimenti penali; non possono essere arrestati o comuque privati della liberta' personale o sottoposti a perquisizione personale o domiciliare, salvo che siano colti nell'atto di commettere un dilitto per il quale e obbligatorio il mandato o l'ordine di cuttura; non possono essere tratti in arresto o mentanuti in detenzione in esecuzione di una sentenza anche divenuta irrovocabile.

5. Quando non si tratti procedimenti penali le azione possono essere intentate nei confronti dei Deputai, senza l'autorizzazione dell'assemblea, secondo la legge commune.

6. Al Deputato in carica spettano una indennita' e una diaria per le seduta, fissate per legge.

Art. 59
Giudizio sulla validita' dei diammissione dei dei Deputati

1. Il giudizio sui ricorsi contro la validita' dei titoli di ammizione dei deputati spetta alla Corta Suprema.

2. I ricorsi motivate possono essere presentati da qualsiasi cittadino purche' abbia le qualita' di elettore, entro 39 giorni dalla procalamazione dei risultati delle elezione o dalla sopravvevienza della causa di incontabilita' o di innelleggibilita'.

3. La Corte Suprema decide entro 90 giorni dalla scedenza del termine per la presentazione dei ricorsi.

4. in corzo di cessione in un Deputato dale funzione, il posto e' dichiarato vacante dall'Assemblea ed e' rispetto secondo le norme stabilite dalla legge.

SEZIONE II

FORMAZIONE DELLE LEGGE ED ALTER FUNZIONE DELL'ASSEMBLEA NAZIONALE

Art. 60
Presentazione e discussione dei disegni di legge

1. l'inizativa della presentazione dei progetti di legge all'Assemblea Nazionale appartiene a ciascun Deputato, al Governo e a 10.000 elettori.

2. La legge regola l'iniziativa popolare che non puo' essere esercitatian materia tributaria.

3. Prima della discuzione davanti all'Assemblea ogni progetto di legge e' esaminato da una Commizione parlamentare che espone all'assemblea i resultati del proprio esame in una o piu' relazione.

4. L'Assemblea discute norma di regolamento e diliberta sui progetti di legge articolo e per articolo e per intero con votazione finale.

Art. 61
Promulgazione e pubblicazione

1. Ogni legge approvata dall'Assemblea e promulgate dal Presidente della Repubblica entro 60 giorni dall'approvazione.

2. Se l'Assemblea ne dichiara il caratta d'urgenza a maggiormente assoluta dei memberi, la legge deve essere promulgate entro il termine da essa stabilito, che non puo' in alcun caso essere inferiore a cingue giorni.

3. Entaro il termine la promulgazione il Presidente della Repubblica puo' chiedere all'Assemblea, con messagio motivato, che la legge venga sottoposta a nuova discussione e deliberazione.

4. Se l'Assemblea approva novamente la legge a maggioranza di due

terzi il Presidente della Repubblica e' tenuto a promulgaria entro 30 giorni dalla data di approvazione.

5. Le legge approvate dall'Assemblea e promulgate dal Capo dello Stato sono pubblicate nel Bolletino Ufficaile ed entro in vigore nel quindicessimo giorno succesivo alla pubblicazione, salvo che le legge stesse diponga diversamente.

Art. 62
Delega legislative

1. L'assemblea puo' delegare il Governo e emanare; su oggetti o meterie definite ed entro un termine stabilito, norme aventi forza di legge. Nel conferire la delega l'Assemblea puo' stabilire principi o criteri direttivi.

2. Le norme delegate sono emanate con decerto del Presidente della Repubblica su progetto approvato dal Consiglio dei Ministri.

Art. 63
Decreti- Leggi

1. In caso di neccessita' urgente il governo puo' emanare norme provvisorie con forza di legge. Tali norme sono emanate con decreti del Presidente della Repubblica, su progetto approvato dal Consiglio dei Ministri e devono essere presente entro 5 giorni dalla data di pubblicazione all'Assemblea Nazionale per la conversione in legge.

2. L'Assemblea, se e' riunita decide sulla conversione entro 30 giorni dalla presentazione; se non e' reunite entro 30 giorni dalla prima riunione successive.

3. Nel caso in cui non sono cenvertite in legge le predette norme perdono la lora efficacia sin all'inzio; ma l'Assemblea puo' disporre che gli effetti cessino da una data diversa e puo' regolare i rapporti giuridici sorti sulla base delle norme non convertite.

Art. 64
Amistia e indulto

1. Su legge di delegaione approvata dall'Assemblea a maggioranza di due terzi dei Deputati, possono essere concessi dal Presidente della Repubblica la'amnistia e l'indulto.

2. L'amnistia e l'indulto non possono essere concessi per i reati commesi successivamente alla presentazione della proposta di legge per la delegazione.

Art. 65
Tributi e spese

1. L'Assemblea, la modificazione e l'abolizione di tribute sono effettuate solo per legge.

2. Le legge che importano nuovo o maggiore spese a carico delle Stato devono dichiari mezzi per farvi fronte.

3. Nel caso di spese pluriennali l'indicazione della copertura della spese puo' essere limitta al bilancio in corso.

Art. 66
Bilanci

1. L'Assemblea approva ogni anno il bilancio preventive che il Governo deve presentare almeno due mesoi prima della fine dell'anno finanziario.

2. La legge di approvazione del bilancio non puo' stabilire nuovi oneri fiscale e nuove spese.

3. L'esercizo provisorio del bilancio puo' essere autorizzato con legge per priodi che non superano complessivamente tre mesi.

4. Nel primo semestre di ogni anno finanziaro il Governo deve presentare all'Assemblea per l'approvazione, il bilancio consunto dell'esercizio finanziaro precedente.

Art. 67
Trattati Internazionale

L'Assemblea autorizza con legge la ratifica dei trattati Internazionali politici, militari, commerciali o che importano modificazioni di legge od oneri fianaziari non previsti del bilancio.

Art. 68

L'Assemblea autorizza la dichiarazione dello Stato di Guerra e conferisce al Governo i poteri neccessari.

Art. 69
Sindicato ispettivo dell'Assemblea

1. Ogni Deputato ha diritto di porre al Governo interrogazioni o interpellanze e di proporre mozioni all' Assemblea . Il Governo e' tenuto a rispondere entro 20 giorni.

2. L'Assemblea puo' disporre inchiesta, a mezzo di commissioni composte di deputati di tutti i gruppi parlamentari, allo scopo di accertare avvenimenti o situazioni di intresse pubblico. Con la deliberazione con cui dispone l'inchieste l'Assemblea determina, entro i limiti della Costituzione, i poteri della Commissione, e puo' anche nominare esperti per collaborare con le commissione.

TITOLO II
IL PRESIDENTE DELLA REPUBBLICA

Art. 70
Elezione

1. Il Presidente della Repubblica e' il capo dello Stato e lo rappresenta nella sua Unita' Nazionale.

2. Il Presidente della Repubblica e' elletto dall'Assemblea Nazionale

con votazione segreta, a maggioranza di due terzi dei suoi memberi nel primo seconda scritino. Negli scrutini successive e' sufficiente la maggioranza assoluta.

3. Il Presidente della Repubblica nell'assumere le proprtie funzioni giura fedelta' allo stato, davanti all'Assemblea Nazionale. La sua formula del guiramento e' la seguente:- " Giuro nel nome di dio di adempiere con fedelta' alle funzione di Presidente della Repubblica di difendere co tutte le mie forze la Costituzione, per il pene della Patria della Nazione".

Art. 71
Requisiti per l'eleggibilita'

1. E'eleggibile Presidente della Repubblica ogni cittadino mussulmano, figlio di padre e madre cittadini originari, che abbia diritto al voto ed abbia compiuto 45 anni di eta'. La relazione consecutive e' ammessa soltanto per una volta.

2. Il Presidente della Repubblica non deve aver contratto ne' contrarre, durente la funzioni pubbliche, tranne il diritto di voto, ne' esercitare attivita' professionale, commerciali, industriali o finanziare.

Art. 72
Durata della carica

1. La durata in carica del Presidente della Repubblica e' di sei anni con decorrenza dalla data di prestazione del giuramento. Ogni modifica di tale durata si applica al Presidente in carica.

2. L'elezione del nuovo Presidente della Repubblica e' indetta dal Presidente dell'Assemblea Nazionale. Essa ha luogo entro 30 giorni prima della scedenza del mandato presidenziale.

3. Se l'Assemblea Nazionale e' sciolta o manca meno di tre mesi alla sua cessazione, l'elezione del Prsidente ha luogo entro 30 giorni dalla prima riunione della nuova assemblea. Nel frattempo sono prorogati del Presidente in carica.

Art. 73
Assegno e dotazione del Presidente della Repubblica

La legge stabilisce l'assegno e la dotazione del Presidente della Rapubblica.

Art. 74
Impedimento, dimissioni o marte

1. In caso di morte, di dimissioni o di impedimento permanente del Preisdente della Repubblica, l'Assemblea Nazionale si reunisce per eleggere il nuovo Presidente della Repubblica, entro 30 giorni.

2. Nell' attesa delle elezioni di cui al precedente comma, nonche' nei casi di sospensione temporaneo, se sua funzione sono esercitate temporaneamento a tutti gli effetti dal presidente dell'Assemblea Nazionale o in mancanza dal Vice Presidente piu anziano.

3. In caso di dimissione, il Presidente della Repubblica ne da' communicazione scritta all'Assemblea.

Art. 75
Attribuzioni

Il presidente della Repubblica esercita le attribuzioni conferitegli dalla Costituzione legge nel campo legislative, esecutivo e giudiziario. Ad esso spettano, inoltre, le attribuzione seguenti:-

- A - Autorizza la presentazioni all'assemblea dei disegni di legge di iniziativa del Governo.
- B - Indirizza messaggi all'Assemblea Nazionale;
- C - Concede grazia e commuta le pene;
- D - Accredita e recevi gli agenti diplomatici;
- E - Ratifica I tratti internazionale previa, ove occorra, autorizzazione dell'Assemblea Nazionale;
- F - Ha il commando delle Forze armate;
- G - Dichiara lo stato di Guerra; preiva autorizzazione dell'assemblea Nazionale, a norma dell'articolo 68.
- H - Conferisce le onorificenza dello Stato.

Art. 76
Responsabilita'

1. Il Presidente della Repubblica non e responsabile degli atti computi nell'esecizio delle sua funzioni, tranni per i delitti di alto tradimento o di attentato all'ordine costituzionali previsti della legge.

2. La responsabilita' degli atti emanate dal Presidente e assunta dal Primo Ministro e dei Ministri competenti, che vi appongano la loro firma.

3. Nei casi di alto tradimento e di attentato all'ordine costituzionale il Presidente della Repubblica e' messo in stato di accusa, con deliberazione approvata con votazione segreta a maggioranza di due teri dei deputati, e giudicato della Corte Suprema costituita in Alta Corte di Giustizia.

4. Al di fuori della ipotasi del precedente comma, il Presidente della Repubblica non puo' essere sottoposto a giudizio penale per alcun reato se non nei casi in cui l'Assemblea ne dia la'autorizzazione, appovandola con votazione segreta a maggioranza di due terzi dei depuati.

5. L'approvazione del deferimento al giudizio per alto tradimento o attentato all'ordine costituzionale e l'autorizzazione a procedure per alrti delitti importano la sospensione di diritto del Presidente della carica.

TITOLO III
IL GOVERNO

SEZIONE I

Art. 77
Funzione esecutiva

La funzione esecutiva e' esercitata del Governo.

Art. 78
Il Governo

1. Il Governo e' composta del Primo Ministro e dei Ministri.

2. La riunione collegiale del Primo Ministro e dei Ministri Costituisce dei Ministri.

3. Il Primo Ministro e' nominato e revovato dal Presidente della Repubblica.

4. I Ministri sono nominate e revocati dal Presidente della Repubblica su proposta del Primo Ministro.

5. Primo di assumere le loro funzione, il Primo Ministro e i Ministri prestano giuramento di fedelta' allo Stato. Davanti al Presidente della Repubblica. La formula del giuramento e la seguente:- " Giuro nel nome di dio di edempiere con fedelta' alle mie funzione per il benessere del popolo, rispettando la Costituzione e le leggi".

Art. 79
Sottosegretari

1. I Ministri possono essere assistiti da Sottosegreteri di Stato nominati e revocati dal Presidente della Repubblica, su proposta del Primo Ministro, sentito il Consiglio dei Ministri.

2. I Sottosegretari coadiuvano i Ministri ed esocitano le funzione loro

delegate.

3. Prima di assumere le funzione, i Sottosegretari prestano giuraemneto de fedelta' allo Stato, davanti al Primo Ministro. La formula del giuramento e' le segeunte:- " Giuro nel nome di dio di edempiere con fedelta' alle mie funzione per il benessere del popolo, rispetendo la Costituzione e la leggi".

Art. 80

1. Requisiti per la nomina a Ministri e Sottosegretari i cittadini che abbiano i reunisiti per essere eleggibili Deputati.

2. I Ministeri e Sottosegretari durante il periodo di incarico non possono esercitare altre funzione di pubbliche, tranne il voto elettorale e le funzione di Deputato all'Assemblea Nazionale,ne' esercitare attivita' professionali, commerciali, industriali e finanziare. Non possono direttamente ne' inderettemente prende in locazione beni di pertinenza dello Stato e di Enti Pubblici, trane che si tratti di imobili ad uso di abitazine propria, ne' acuistarli. Non possono altresi' alienare o locarebeni propri allo Stato o ad Enti pubblici, ne' participere, ne' e titolo personale a imprese statali, o controllate dallo Stato.

Art. 81
Preidente del Consiglio dei Ministri e Ministeri

1. La attribuzione della Presidente del Consiglio dei Ministri, nonche' il numero e le attribuzione dei Ministeri sono stabiliti con legge.

2. L' organizzzione della Presidente del Consiglio dei Ministeri, dei Ministeri e degli uffici dipendenti e' stabilita con regolamenti emanate in forma di decreto, dal Presidente della Repubblica.

Art. 82
Fiducia dell'Assemblea Nazionale

1. Il Governo deve avere la fiducia dell'Assemblea Nazionale entro

30 giorni dalla sua formazione. Il Governo si presenta alla Assemblea e ne chiede la fiducia. Successivamente esso puo' chiedere la fiducia in qualsiasi momento.

2. L'Assemblea Nazionale manisfesta la fiducia o la sfudicia per mezzo di una mozione motivate e approvata a maggioranze semplice con votazione palese.

3. La mozione di sfiducia puo' inoltre essere proposta in qualsiasi momento con la motivazione relative da almeno 10 Deputati ed discussa non prima di 5 giorni dalla sua presentazione. E' approvata a maggioranza assoluta con votazione palese.

4. La sfiducia dell'Assemblea importa le dimissioni collettive Governo.

5. Il Governo dimissionario " Resta in carica per l'attivita' neccessaria per la ordinaria amminstarzione", sino alla nomina del nuovo Governo.

SEZIONE II
ATTIVITA' DEL GOVERNO E DEGLI ORGANI DIPENDENTI

Art. 83
Attribuzione e responsabilita' del Primo Ministro e dei Ministri.

1. Il Primo Ministro determina la'azione politica del Governo e ne e' responsabile. Egli mantiene l'unita' di iidirizzo del Governo co-ordinando gli atti del Consiglio dei Ministri.

2. I Memberi dirigono gli affari di competenza dei rispettivi Ministeri e ne sono responsabili individualmente.

3. Il Primo Ministro e i Ministri sono responsabili collegialmente degli atti del Consiglio dei Ministri.

Art. 84
Responsabilita' penale del Primo Ministero e dei Ministeri

1. Il primo Ministro e i Ministri sono responsabili dei reati commessi nell'esercizo delle loro funzione.

2. Per tali reati il Primo Ministro e i Ministri sono messi in stato di accusa, con delibarazione dell'Assemblea Nazionale, su iniziativa di almeno un quinto dei suoi memberi, approvata con votazione segreta a maggioranza di due terzi dei deputati, e giudicati dalla Corte Suprema costituita in alta Corte di Giustizia.

3. Al di fuori della stessa ipotesi del precedente comma, il Primo Ministro e i Ministri non possono essere sottoposti a giudizio penale per alcun reato, se non nei casi in cui l'Assemblea ne dia autorizzazione, approvandola con votazione segreta a maggioranza dei terzi Deputati.

4. Il Primo Ministro e i Ministri deferiti all'Alta Corte di Giustizia non sospesi di diritto dall'esercizio delle loro funzioni.

Art. 85
Potere regolamentare

I regolamenti sono emanate con decreto del Presidente della Repubblica, su progetto approvato dal Consiglio dei Ministri. Il potere di amanare regolamenti in particolari materie puo' essere attribuito dalla legge ad altri organi dello Stato e ad Enti Pubblici.

Art. 86
Decentramento amministrativo

Le funzione amministrative sono decentrate per quanto possiblie agli organi locali dello Stato e a Enti Pubblici.

Art. 87
Nomina di alto funzionari

Gli atli funzionari e i comandanti delle forze militari indicate dalla legge sono nimonati dal Presidente della Repubblica su proposta del Ministro compatente, approvata dal Consiglio dei Ministri.

Art. 88
Funzionari ed impiegati pubblici

1. I funzionari e gli impiegati pubblici debbono esercitare le loro funzioni in conformita' alla legge, al solo scopo del bene pubblico.

2. I funzionari e gli impiegati pubblici non possono essere dirgenti di partiti politici.

3. La legge determina le categoria dei dipendenti pubblici che non possono appartenere a partiti politici e le alter attivita' incompatibili con le mansione esercitate.

4. Il dipendente pubblico collocate in aspettativa per qualsiasi motivo, non puo' conseguire promozioni se non per anzianita'.

5. Lo statuto degli impiegati pubbliche e' stabilito con legge.

6. L'accesso ai ruoli organaci del pubblico impiego avviene solo per concorenso pubblico, salvo nei casi indicate dalla legge.

Art. 89
Commissione del Pubblico Impiego

1. La legge istituisce una Commissione del Pubblico Impiego stabilendone la composizione e le attribuzione.

2. La legge istitutiva della Commissione del Pubblico Impiego deve l'indipendenza di funzioni a tale organo.

SEZIONE III
ORGANI AUSILIARI

Art. 90
Migistrato ai Conti

1. Il controllo preventive di leggittimita' sugli atti del governo che importino oneri finanziaria e il controllo successivo sulla gestione del bilancio dello Stato sono esercitati dal Magistrato ai Conti.

2. Il Magistrato ai Conti perticipa, nei modi stabiliti dalla legge, al controllo sulla gestione finanziaria degli enti cui lo Stato contribuisce in via ordinaria od anche in via straodrinaria, ma in misura rilevante.

3. Referisce sui risultati del riscontro all'Assemblea Nazionale.

4. La legge regola l'organizzazione di questo organo, assicurando ad esso l'indipendenza di funzioni ed agli organi ed enti controllati la granzia del controdittorio.

Art. 91
Consiglio Nazionale dell'Ecconomia e del Lavaro

Il Consiglio Nazionale dell'Ecconimia e del Lavaro e' composta nei modi stabiliti dalla legge, di esperti e reppresentanti delle categorie produttive, in misura che tenga conto della loro importanza numerica e qualititiva.

E' organo di consulenza dell'Assemblea Nazionale e del Governo per le materie e secondo le funzioni che gli sono attribuite dalla legge.

TITOLO IV
LA MAGISTRATURA

Art. 92
Funzione Giudiziaria.

La funzione giudiziaria e' esercitate dalla Magistratura.

Art. 93
Indipendenza del potere giudiziario

Il potere giudiziario e' indipendente dall'escutivo e dal legislative.

Art. 94
Cotre Suprema

1. La Corte Suprema e' il piu' alto organo giudiziario della Repubblica. Ha giurisdizione su tutto il territorio dello Stato in materia civile, penale, amministrative, contabile e in ogni altra materia stabilita dalla Costituzione e dale leggi.

2. Le norme relative all'ordinamento della corte Suprema e degli altri organi giurisdizionali sono stabilite con legge.

Art. 95
Unita' della giurisdizione

1. Non possono essere istituiti organi giurisdizionali straordinari e speciali.

2. Possono soltanto essere istituite, presso gli organi giurisdizionali ordinari, sezioni spcializzate in particulari materie, anche con partecipazione di cittadini esperti estranei alla Magistratura.

3. I Tribunali Militari in tempo di Guerra hanno la giurisdizione stabilita dalla legge. In tempo di pace essi hanno giurisdizione soltanto per i reati militari commessi da appartenenti alle Forze Armate.

4. Il popolo participa direttamente ai giudizi di assise, nei modi stabiliti dalla legge.

Art. 96
Guarentigie giudiziare

1. Nell'esercizio della funzione giudiziaria, i Magistrati sono soggetti

solo alle legge.

2. Le norme relative allo Stato giuridico ed alla nomina dei Magistrati sono stabilite con legge.

3. Le norme sono inamovibili salvo nei casi previsti dalla legge.

4. I Magistrati non possono esercitare uffici, servizi o attivita' incompatibili, a norma di legge, con la lore funzione.

5. I prevvedimento ammininstrativi della Repubblica, su proposta del Ministero di Grazie e Giustizia, sentito il Consiglio Superiore Giudizario.

Art. 97
Proccedura giudiziario

1. I dibattimenti giudiziaria sono pubblici, ma il giudice puo' disporre, per motive di buon costume, di igiene o di ordine pubblico, che il dibattimento si svolga a porte chiuse.

2. Nessuna decisione giurisdizionale puo' essere prese senza che tutte le parti abbiano a voto la possibilita' di esporele proprie deduzioni e difesa.

3. Tutti le decisioni giurisdizionale e tutti provvedimento relativi alla liberta' personale devono essere motivate e sono soggetti ad impugnazione a norma di legge.

4. Gli organi giurisdizionali dispongono direttamente dalla forza pubblica per il compimento degli atti inerenti alle loro funzione.

Cosi modificato con Legge 30 Genneio 1963, n.6

Mudane C/risaaq Xaaji Xussein Xassan
Ra'iisul Wasaarihii ugu dambeeyay dowladdii Aadan cadde
Intii u dhaxeysay 1964tii ilaa 1967dii

Madaxweynihii Jamhuuriyadda Soomaaliya ee lagu dilay magaalada
Laasnood ee Dalka Soomaaliya 15kii Oktoobar 1969kii
Dr. C/rashiid Cali Sharmaarke
1dii Juun 1967 ilaa 15kii Oktoobar 1969kii

Ra'iisul wasaarihii ugu Dambeeyay ee Dowladdii rayidka aheyd
Soomaaliya **Mudane Maxamed Xaaji Ibraahim Cigaal**
Sanadkii 10kii July 1967dii ilaa 21kii Oktoobar 1969kii

Madaxweynahaii Somaliland
Maxamed Xaaji Ibraahim Cigaal
1994 - 04/05/2002dii

The Election Results 1960- 69

The Election: Somalia March 1959 and Somaliland Protectorate Febraury 1960

Political Party	Number of Seats
Somali Youth Leage (Lega dei Giovani Somali)	83
United National League	20
United Somali Party	12
Other (HDMS and PLGS) Parties	05
National United Front	01
Total	**121**

The Election: Somalia March 1964

Political Party	Number of Seats
Somali Youth League (Lega dei Giovani Somali)	69
Somali National Congress	22
Somali Democratic Union	15
Independence Constitution Somali Party	9
Other Parties	8
Total	**123**

The Election: Somalia March 1969

Political Party	Number of Seats
Somali Youth League (Lega dei Giovani Somali)	73
Somali National Congress	11
Other Parties	39
Total	**123**

Source: The Somali News (The Government Weekly News Paper)

Xoghayihii Guud ee Xisbigii Hantiwadaagga Kacaanka Soomaaliyeed
Madaxweynihii Jamhuuriyadda Dimoqraadiga Soomaaliya
Jaalle Sarreeye Gaas Maxamed Siyaad Barre
21kii Oktoobar 1969kii- 26kii Janaayo 1991kii

Guddigii Siyaasadda Golihii Sare ee Kacaankii Oktoobar
  1. **Mohamed Said Barre**
  2. **Mohamed Ali Samatar**
  3. **Hussein Kulmiye Afrax**
  4. **Ahmed Suleiman Dafle**
  21/10/1969 - 26/01/1991

Xaashiyihii

Kacaankii Oktoobar 1969kii

1

First Charter of the Revolution
21/10/1969

2

Second Charter of the Revolution
Mog, Gennaio 1971

3

Third Charter of the Revolution
Mog, 1July 1976

First Charter of the Revolution

21 OTTOBRE 1969

**RIVOLUZIONE SENZA
SPARGIMENTO DI SANGUE:**

**IN NOME DEL POPOLO SOMALO
IL CONSIGLIO RIVOLUZIORAIO SUPREMO**

CONSAPEVOLE: DEL SACRO DIRITTO DEI POPOLI SOLENNEMENTE CON CONSECRATO NELLA CARTA DELLE NAZIONE UNITE E DELL'ORGANIZZAZIONE DELL'UNITA' AFRICANA;

DETERMINATO: A COLLABORARE CON TUTTI I POPOLI PER IL CONSOLIDAMENTO DELLA LIBERTA', DELLA GIUSTIZIA SOCIALE;

FERMAMENTE: DECISO A CONSOLIDARE E TUTELARE L'INDIPENDENZA DELLA NAZIONE SOMALA E PER CREARE UNA SOCIATA' FONDATA SULLA SOVRANITA' POPOLARE E SULL'UGUAGLIANZA DE DIRITTI E DEI DOVERI DI TUTTI I CITTADINI SENZA DISTINZIONE DI SESSO E DI CONDIZIONE SOCIALE.

DICHIARA

A: POLITICA INTERNA

1. Costituire una sociata' basata sul lavoro e sul principio della gustizia sociale, considerando le particolarita' dell'ambiente e delle condizioni del popolo;
2. Preparare e orientare lo sviluppo economico, sociale e culturale per raggiungere un rapido progresso del Paese;
3. Liquidare l'analfabetismo e sviluppare il patrimonio culturale del popolo Somalo;
4. Costituire, con priorita' le condizioni base per la scrittura della lingua somala;
5. Liquidare la corruzione, l'anarchia, il tribalismo ed ogni altro fenomeno di malcostume sociale nell'attivita' statale;
6. A bollire i partiti politici;
7. Indire, nel momento opportuno, un'elezione popolare con assoluta imparzialita'

B: POLTICA ESTERA

1. Appoggiare la solidariata' internazionale ed i movimenti di liberazione nazionale;
2. Lottare contro ogni forma di colonialismo e neocolonialismo;
3. Lottare per l'unita' della Nazione Somala;
4. Riconoscere pienamente il principio della coesistanza pacifica tra tutti i popoli;
5. Proseguire la via della politica delle neutralita' positive;
6. Rispettare e riconoscere tutti impegni internazionali precedentemente conclusi dalla Repubblica Somala.

Second Charter of the Revolution

REPUBBLICA DEMOCRATICA SOMALA

PRESIDENZA DEL CONSIGLO RIVOLUZIONE
SECONDO CARTA DELLA RIVOLUZIONE

IL PRESDENTE
del CONSIGLIO RIVOLUZIONARIO SUPREMO

VISTO La prima Carta della Rivoluzione del 21 Ottobre 1969 che stabilisce la politica interna ed estera della Repubblica Somala;

CONSIDERATO In necessita' di chiarire ulterormente gli obietivi dello Stato;

PRESO NOTA dell'approvazione del Consiglio Rivoluzionario Suprema;

DICHIARA

Che,
poiche' prima Carta della Rivoluzione stabilisce che lo scopo basilare dello Stato e' quello di creare una sociata' basata sul lavoro e sui principi della giustizia sociale; e che,
Considerato che il Socialismo e l'unico sistema filo-sofico che aiutera' a formare detta sociata';

La REPUBBLICA DEMOCRATICA SOMALA ha, con effetto dal 21 Ottobre 1970, addottato il SOCIALISMO SCEINTIFICO come suo ambito traguardo;

e adottera' qualsiasi passo necesario per la sua piena attuazione per il progresso e la prosperita' del Popolo Somalo.

Mogadiscio, Gennaio 1971

IL PRESIDENTE
del CONSIGLIO RIVOLUZIONARIO SUPREMA
Gen. di Div. Mohamed Siad Barre

Third Charter of the Revolution

JAMHUURIYADDA DIMUQRAADIGA SOOMAALIA
MADAXTOOYADA GOLAHA SARE EE KACAANKA

XAASHIDII SADDEXAAD EE KACAANKA

GUDDOONSHAHA
GOLAHA SARE EE KACAANKA

ISAGOO ARKAY: Xaashidii koowaad iyo tii labaad ee Kacaanka iyo Sharcigii 1aad ee soo baxay 21kii Oktoobar 1969:

ISAGOO ARKAY: Horukaca ay Ummadda Soomaaliyeed gaartay dhinaca Siyaasadda, Dhaqaalaha iyo Bulshada ka dib intii uu jiray Kacaanka Oktoobar;

ISAGOO TIXGALIYAY: Guulaha waaweyn ee uu xaqiijiyay Kacaanka Oktoobar iyo hirgalinta mabaadii'da caddaaladda, sinaanta iyo midnimada iyo biseylka garaadka siyaasiga ah ee ay Ummadda Soomaaliyeed gaartay;

ISAGOO AQOONSADAY: In Ummadda Soomaaliyeed hadda diyaar u tahay in ay si toos ah uga qeyb qaadato siyaasadda iyo Maamulka Guud ee Dalka, sidaas darteedna loo baahan yahay in la abuuro xisbi Hantiwadaag ah oo salka ku haya mabaadiid'da iyo himolooyinka Kacaanka Oktoobar;

ISAGOO FULINAAYA: Mabaadii'da iyo ujeedooyinka lagu cadeeyay Xaashida Koowaad iyo tan Labaad ee Kacaanka;

ISAGOO TIXGALIYAY: Go'aankii ka soo baxay Golaha sare ee Kacaanka fadhigiisii 8da Juunyo 1976;

WUXUU GUDDOOMIYEY

1. Marka laga bilaabo 1da Luulyo 1976 waxaa la dhisay Xisbi Siyaasi ee waddani ah laguna magacaabo Xisbiga **HANTIWADAAGGA EE KACAANKA SOOMAALIYEED.**
2. Xisbiga wuxuu lahaan doonaa astaan iyo jiritaan sharci ah.
3. Xisbiga Hantiwadaagga Kacaanka Soomaaliyeed waa midka qura ee ka jiri kara Dalka Jamhuuriyadda Dimuqraadiga Soomaaliya, lamana abuuri karo Xisbi kale ama urur siyaasi ah oo aan aheyn midka ku xusan Qodobka kowaad ee Guddoonkan.
4. Xisbiga xaruntiisa waxay noqoneysaa Xamar, wuxuuna ku yeelan karaa laamo iyo xubno Gobollada, Degmooyinka, Tuulooyinka, Wasaaradaha, Wakaaladaha, Warshadaha, Xarumaha ciidamada Qalabka-sida, iyo meeshii looga baahdo.
5. Calaamadda Xisbiga waa **BURRIS** iyo **YAAMBO** isdhaafsan oo **XIDDIGTA** Calanka Soomaaliyeed kor ka saran tahay iyo labo **CALEEMOOD** oo ku wareegsan.
6. Xisbiga wuxuu sii wadayaa Mabaadii'dii iyo siyaasaddii Kacaanka ee ku cadeyd Xaashidii Koowaad iyo tii Labaad ee Kacaanka Oktoobar: ujeedadiisuna waa hirgalinta Mabda'a Hantiwadaagga Cilmiga ku dhisan ee ku cad Xaashida Labaad ee Kacaanka.
7. Xisbiga wuxuu yeelan doonaa dastuur u gaar ah iyo xeer hoose oo sameeya qaabka iyo habka maamulka Xisbiga.
8. Marka laga bilaabo 1da Luulyo 1976, Golaha sare ee Kacaanku, xukunkii iyo awoodii maamulka Dalka ee uu kula wareegay Sharciga lambarkiisu yahay 1 (kow) ee soo baxay 21kii Oktoobar 1969, wuxuu ku wareejiyay Xisbiga Hantiwadaagga Kacaanka Soomaaliyeed - Golaheeda Siyaasiga ah.
9. Muddo Shan sano gudaheed, haddii aaney iman dhibaato laga fursan waayay, waa in la soo saaro Dastuurkii lagu maamulaayay Dalka.
10. Mudada ku meel gaarka ah, ka hor intaan la soo saarin Dastuurka Dalka, awoodda sharci dejinta Dalka waxay Guddiga dhexe ee Xisbiga u xil saari doontaa Guddi gaar ah oo uu Guddoomiye ka yahay Xoghayaha Guud ee Xisbiga ama cid ka wakiil ah.
11. Xubnaha guddiga kor ku xusan iyo habka uu ku shaqeyn doono waxaa lagu soo saari doonaa xeer u gaar ah.
12. Guddoonkani wuxuu dhaqan galayaa marka uu saxiixo Madaxweynaha Golaha Sare ee Kacaanka, waxaana lagu soo saari doonaa Faafinta Rasmiga ee Jamhuuriyadda Dimuqraadiga Soomaaliya.

Muqdisho, 1 Luulyo 1976.

(Sarreeye Gaas Maxamed Siyaad Barre)
Madaxweynaha G. S. K.

Guddoomiyihii Golihii Shacbiga Qaranka Soomaaliyeed
Sarreeye Gaas **Muxamad Ibraahim Muxamad Liiq-liiqato**
Sanadkii 1983dii ilaa 1989kii

Jamhuuriyadda Soomaaliya

DASTUURKII

ay ciidamadu soo saareen

Muqdishu, Luulyo 1979kii

DASTUURKII JAMHUURIYADDA DIMOQRAADIGA SOOMAALIYA

QEYBTA KOOWAAD

Mabaadi' guud

XUBINTA KOOWAAD
Jamhuuriyadda

Qodobka 1aad
(Qaranka Soomaaliyeed)

1. Jamhuuriyadda Dimoqraadiga Soomaaliya waa Qaran Hantiwadaag ah oo ay hogaamineyso dabaqadda xoogsatada ahi, waana qeyb ka mid ah Ummadaha Carabta iyo Shucuubta Afrika.
2. Awoodda oo dhan waxaa leh Dadweynaha wuxuuna ugu isticmaalayaa isagoo adeegsanaya hey'adahiisa masila.

Qodobka 2aad
(Calanka, Astaanta iyo Magaalo- madaxda)

1. Calanka Qaranka midabkiisa waa buluug furan, muuqaalkiisuna waa laydi ay dhexda kaga taal xiddig cad oo shan geesleey ah, madaxyo siminna leh.

2. Astaanta Soonaaliya waxay ka kooban tahay gaashaan buluug ah oo leh xaddiyad dahabiya, dhexdana ku leh xiddig shan geesleey ah oo dheeh qalin ah leh, Gaashaanka dushiisa waxaa ku yaal shan madax oo dahabiya oo labada geesaha ku yaali ay qaaraan yihiin. Hareeraha waxaa ka haya laba shabeel oo dabiici ah, isuna tusmeysan, kuna kala taagan labo waran ee isku weydaarsanaya caarada hoose ee gaashaanka, ayna weheliyaan labo caleen cowbaar oo dabiici ah, diilin cadina ay ku qoofalan tahay.

3. Magaalo madaxda Jamhuuriyadda Dimoqraadiga Soomaaliya waa Muqdisho (Xamar).

Qodobka 3aad
(Diinta iyo Afka)

1. Diinta Islaamka waa Diinta Qaranka.

2. Af Soomaaligu waa afka qura ee shacbiga Soomaaliyeed ku wada hadlo, iskuna aqoonsado, Afka Carabiguna waa afka Shacbiga Soomaaliyeed, waana midka ku xiriiriya Ummadaha Carbeed oo uu ka mid yahay, labadubana waa afafka rasmiga ah ee Jamhuuriyadda Dimoqraadiga Soomaaliya.

Qodobka 4aad
(Midnimada Shacbiga Soomaaliyeed)

1. Shacbiga Soomaaliyeed waa shacbi mid ah, jinsiyadda Soomaaliyeedna waa mid qura.

2. Sharciga ayaa xaddidaya sida lagu heli karo ama lagu waayayo jinsiyadda Soomaaliyeed.

Qodobka 5aad
(Dhulka Qaranka)

1. Dhulka Qaranku waa muqadas, waana laguma xadgudbaan.

2. Gobannimada dhulka waxay koobeysaa berriga, jasiiradaha, biyaha gobolleed, dhulka uurkiisa hoose, hawada sare iyo xeebaleyda.

Qodobka 6aad
(Sinaanta Muwaadiniinta)

1. Muwaadiniinta oo dhan iyagoon loo eegin lab iyo dheddig, diin dhalasho, iyo af toona xuquuqda iyo waajibaadka waa u siman yihiin sharciga hortiisa.

XUBINTA LABAAD
XISBIGA

Qodobka 7aad
(Awoodaha iyo hogaaminta Xisbiga)

1. Xisbiga Hantiwadaagga Kacaanka Soomaaliyeed waa midka qura ee ka jira Dalka Jamhuuriyadda Dimoqraadiga Soomaaliya, lamana abuuri karo xisbi kale ama urur siyaasi ah.

2. Xisbiga Hantiwadaagga Kacaanka Soomaaliyeed ayaa leh awoodda ugu sarreysa ee hoggaaminta siyaasadda, dhaqaalaha iyo bulshada Jamhuuriyadda Dimoqraadiga Soomaaliya.

Qodobka 8aad
(Midnimada hogaanka Dalka)

1. Hoggaaminta Dalku waxay ku dhisan tahay midnimada hoggaanka siyaasadeed ee Xisbiga iyo kan Qaranka.

Qodobka 9aad
(Doodaha go'aanka iyo fullinta)

1. Hey'adaha siyaasadeed ee la doortaa waxay ku shaqeynayaan, heer kasta oo ay yihiin, mabda'a WADARTA DOODAHA, AQLABIYADDA GO'AANKA iyo U WADAJIRKA FULLINTA.

2. Hey'adaha Xisbiga dhexooda, mabda'aasi wuxuu farayaa aragti, dareen iyo doonis mideysan iyo siku duubni shaqo.

Qodobka 10aad
(Iskaabidda waajibaadka Xisbiga iyo Qaranka)

1. Hey'adaha Xisbiga iyo kuwa Qaranku waxay qabanayaan howlaha mid kasta u gaarka ah ee sharciyadu tilmaamayaan, iyagoo u maraya jidad kala duwan, si ay u gaaraan ujeedo mid ah.

2. Abaabulka siyaasadeed ee Dalku wuxuu ku dhisan yahay iskaabidda

waajibaadka hey'adaha Xisbiga iyo kuwa Qaranka, sida sharciyada ay ku dhisan yihiin tilmaamayaan.

Qodobka 11aad
(Xeerka Xisbiga)

1. Qaabka dhisamaha hey'adaha Xisbiga iyo shaqadooda waxaa caddeynaya Xeerla Xisbiga Hantiwadaagga Kacaanka Soomaaliyeed.

Qodobka 12aad
(Ururada Bulshada)

1. Qaranku wuxuu jideynayaa dhismaha ururo bulsho oo ka kooban shaqaale, iskaashatooyin, dhallinyaro iyo haween.

2. Ururda bulshada wxay ku dhismayaan heer Qaran, heer degaan, heer wax soo saar iyo xarun waxbarasho.

3. Dhismaha, Xeerarka iyo Barnaamijyada gaar ahaaneed ee ururada Bulshadu waa in ay waafaqsanaadaan danaha guud ee Dadweynaha, Dastuurka, Xeerka iyo barnaamijka Xisbiga Hantiwadaagga Kacaanka Soomaaliyeed.

Qodobka 13aad
(Awoodda iyo waajibaadka Ururada Bulshada)

1. Ururada Bulshada waxay ka qeybgalayaan ,si waafaqsan waajibaadka xeerarkooda gaar ahaan u xilsaarayaan, hoggaaminta arrimaha Qaranka iyo Bulshada iyo xallinta arrimaha la xiriira siyaasadda, dhaqaalaha, bulshada iyo dhaqanka.

Qodobka 14aad
(Dimoqraadiyadda Guddoonka Dhexe)

1. Abaabulka iyo howlaha Xisbiga iyo Qarankaba waxaa saldhig u ah Mabda'a Dimoqraadiyadda Guddoonka Dhexe.

XUBINTA SEDDEXAAD
(SIYAASADDA DIBEDDA)

Qodobka 15aad
(Mabda'a Aayakatalinta)

1. Jamhuuriyadda Dimoqraadiga Soomaaliya waxay aaminsan tahay Mabda'a aaya-katalinta dadyoowga Adduunka, waxayna si buuxda u taageereysaa dhaqdhaqaaqa gobannimodoonka iyo dhamaan dadyoowga u halgamaya xorriyadda iyo madax bannaanidooda.

2. Waxay si adag uga soo horjeedaa gumeysiga, gumeysiga cusub, imberyaaliyadda caalamiga ah iyo midabtakoorka.

Qodobka 16aad
(Dalalka Soomaaliyeed ee la gumeysto)

1. Jamhuuriyadda Dimoqraadiga Soomaaliya, iyadoo isticmaaleysa dariiq nabadgalyo iyo qaanuun, waxay taageereysaa xoreynta Dalalka Soomaaliyeed ee weli ku jira gacanta gumeysiga, waxayna soo dhaweyneysaa midowga shacbiga Soomaaliyeed ee ku yimaada dariiq nabadeed iyo rabitaanka dadka ay khuseyso.

Qodobka 17aad
(Siyaasadda Dhexdhexaadka iyo Nabad-kuwada noolaanshadooda)

1. Jamhuuriyadda Dimoqraadiga Soomaaliya waxay ku soconeysaa siyaasadda dhexdhexaadka wax ku oolka ah.

2. Waxay si buuxda u aqoonsan tahay mabda'a nabad kuwada noolaanshaha Dadyoowga Adduunka.

Qodobka 18aad
(Siyaasadda wax-wada qaybsiga)

1. Jamhuuriyadda Dimoqraadiga Soomaaliya waxay horumarineysaa wax wada qabsiga Dadyoowga iyo Qaramada Adduunka ee ku

dhisan kala faa'iideysiga sinnaanta iyo xormeynta Gobannimada iyo habka siyaasadeed ee qola kasta u gaarka ah.

Qodobka 19aad
(Qaanuunka Dowliga ah)

1. Jamhuuriyadda Dimoqraadiga Soomaaliya waxay aqoonsan tahay Baaqa caalamiga ee xuquuqda Aadmiga iyo Qaanuunada Dowliga ah ee guud ahaan la aqoonsan yahay.

QEYBTA LABAAD XUQUUQDA, XORRIYAADKA IYO WAAJIBAADKA ASAASIGA AH EE MUWAADINKA IYO QOFKA

Qodobka 20aad
(Xuquuqda siyaasiga, dhaqaalaha, bulshada iyo hiddaha)

1. Muwaadin kasta wuxuu xaq u leeyahay in uu ka qeybgalo howlaha siyaasadeed, dhaqaale, bulsho iyo hiddaba, si waafaqsan Dastuurka iyo Shuruucda.

Qodobka 21aad
(Xaqqa Shaqada)

1. Muwaadin kasta wuxuu xaq u leeyahay shaqo, Shaqadu waa waajib, sharaf iyo saldhigga Bulshada Hantiwadaagga ah.

2. Qaranku wuxuu horrumarinayaa abuurista goobo shaqo si loo xaqiijiyo xaqqa muwaadinka ee shaqada.

Qodobka 22aad
(Xaqqa doorashada)

1. Muwaadin kasta oo buuxiya shuruudaha sharciga tilmaamayo wuxuu xaq u leeyahay in uu wax doorto, lana doorto.

Qodobka 23aad
(Xaqqa Tacliinta)

1. Muwaadin kasta wuxuu xaq u leeyahay tacliin lacag la'aan ah.

Qodobka 24aad
(Xorriyadda banaanbaxa, faafinta qoraallada iyo ra'yiga)

1. Muwaadin kasta wuxuu xor u yahay in uu ka qeyb galo kulan, bannaanbax ama abuubulkooda.

2. Wuxuu kaloo muwaadinku xor u yahay daabacaadda qoraallada, hadalka iyo bandhigga ra'yigiisa si kastaba haku muujiyee.

3. Ku isticmaalka xorriyadda ku qoran lambarka 1aad iyo 2aad ee Qodobkan waa ineysan ka hor iman Dastuurka iyo Shuruucda Dalka, anshaxa guud iyo xasilloonida Dalka, waxna u dhiman xorriyadda muwaadiniinta kale.

Qodobka 25aad
(Xaqqa nolosha iyo nabadgalyada qofka)

1. Qof kasta wuxuu xaq u leeyahay noloshiisa nabadgalintaqofnimadiisa.

2. Sharciga ayaa tilmaamaya xaaladaha qofku mu muteysan karo ciqaab dil.

Qodobka 26aad
(Xorriyadda Qofnimo)

1. Qof kasta wuxuu xaq u leeyahay xorriyaddiisa shakhsiga ah.

2. Qofna lama xiri karo, xorriyaddiisa qofnimana ciriiri lama gelin karo, haddii aan loogu iman isagoo debmi faraha kula jira, ama aan lagu qaban amar ka soo baxay Hay'adaha Garsoorka ee awoodda sharciyadeed u leh, iyadoo la raacayo habka Sharcigu tilmaamayo.

3. Qofkii nabadsugid awgeed loo xiro, waa in si degdeg ah loo horgeeyo Hey'adaha Garsoorka ee awoodda sharciyadeed u leh dembiga loo heysto, muddada sharcigu farayo dhexdeeda.
4. Qof kasta ee xorriyaddiisa shakhsiga ah laga qaado waa in isla markiiba la ogeysiiyaa dembiga lagu tuhunsan yahay.
5. Qofna shakhsi ahaan looma baari karo haddii aysan jirin shuruudaha ku tilmaaman lambarka 2aad ee Qodobkan ama shuruucda ku saabsan arrimaha la xiriira garsoorka, caafimaadka iyo maaliyadda ama nabadgalyo awgeed, iyadoo mar kasta la raacayo habka Sharcigu tilmaamayo, lana dhowrayo sharafta iyo xornimada qofka.

Qodobka 27aad
(Nabadgelinta qofka xorriyaddiisa shakhsiga ah laga qaado)

1. Qofka xorriyaddiisa shakhsiga ah laga qaado looma geysan karo waxyeello jirkiisa ama moralkiisa.

2. Ciqaabta jirku waa mamnuuc.

Qodobka 28aad
(Lahaanshaha gaar ahaaneed)

1. Lahaanshaha gaar ahaaneed waa la damaanad qaadayaa Sharciga ayaana xaddidaya dariiqa lagu kasbi karo ama lagu waayi karo, nuxurkeeda iyo xuduudda isticmaalkeeda si loo ilaaliyo dowrka bulshadeed ee ay leedahay.

2. Isticmaalka lahaanshaha gaar ahaaneed waa in uusan marna wax u dhimin danta guud ee bulshada, waana in uusan ka hor iman ujeedooyinka Kacaanka.

3. Lahaanshaha gaar ahaaneed waxaa lagula wareegi karaa dan guud awgeed gebi ahaanteed ama si ku meel gaar ah, iyadoo qofkii lahaa la siinayo cawilcelin munaasib ah.

Qodobka 29aad
(Xurmada Hoyga)

1. Qofna gurigiisa ama meeshii kale ee isaga u gaar ah lama geli karo, haddii aysan jirin shuruudaha ku xusan lambadrrada 2aad iyo 5aad ee Qodobka 26aad.

Qodobka 30aad
(Xorriyadda Isgaarsiinta)

1. Qarsoodiga warqadaha iyo waxyaabaha kale ee war isgaarsiinta la xiriira lama far galin karo, haddii aysan jirin shuruudaha sharcigu tilmaamyo.

Qodobka 31aad
(Xorriyadda Diinta)

1. Qof kasta wuxuu xaq u leeyahay in uu rumeeyo diinta ama caqiidada kale ee uu aaminsan yahay.

Qodobka 32aad
(Xaqqa dacwada iyo Isdifaaca)

1. Qof kasta wuxuu xaq u leeyahay inuu dacwad sharciga waafaqsan ka furto Maxkamadda awoodda u leh.
2. Qof kasta wuxuu xaq u leeyahay inuu iska difaaco Maxkamadda horteeda.
3. Xaaladaha Sharciga tilmaamyo, Qaranku wuxuu kafaala qaadayaa inuu bixiyo difaac lacag la'aan ah.

Qodobka 33aad
(Mas'uuliyadda ciqaabta)

1. Mas'uuliyadda ciqaabta waa shakhsi.
2. Eedeysanuhu wuxuu la mid yahay qof aan dembi gelin ilaa Maxkamadi si kama dambeys ah ugu caddeyso dembiga loo heysto.

Qodobka 34aad
(Dib u noqosho la'aanta Sharciga Ciqaabta)

1. Qofna looma ciqaabi karo fal markii uu ku kacay sharcigu dembi uusan u aqoonsaneyn, sida aan loo xukumi karin ciqaab aan sharcigu ku xusneyn.

Qodobka 35aad
(Isu celinta eedeysanayaasha ama dembiilaha iyo magangelyada siyaasadeed)

1. Jamhuuriyadda Dimoqraadiga Soomaaliya dib waa u celin kartaa qof dembi ka soo galay dalkiisa ama dal kale oo ku soo cararay Dalka Soomaaliyeed, haddii uu jiro heshiis dhexmaray Qaranka Soomaaliyeed iyo kan soo weydiistay celinta eedeysanaha ama dembiilaha.

2. Jamhuuriyadda Dimoqraadiga Soomaaliya waxay siin kartaa xaq magangelyo siyaasadeed qofkii uga soo carara dalkiisa ama dal kale cadaadin siyaasadeed awgeed, isagoo u halgamaya daryeelka danaha dadweynaha, xuquuqda aadamiga ama nabadgalyada.

Qodobka 36aad
(Illalinta hantida guud)

1. Muwaadin kasta waxaa waajib ku ah ilaalinta iyo xoojinta hantida guud.

Qodobka 37aad
(Ka qeybgalka kobcinta dhaqaalaha Dalka)

1. Qof kasta waxaa wajib ku ah inuu ka qeyb galo kobcinta dhaqaalaha Dalka, bixinta canshuuraadka iyo ka qeybgalka kharashka Qaranka si waafaqsan awooddiisa iyo shuruucda Dalka.

Qodobka 38aad
(Difaaca Dalka Hooyo)

1. Difaaca dalka Hooyo iyo adkeynta midnimada shacbiga Soomaaliyeed waa waajib muqadas ah oo saaran muwaadin kasta.

Qodobka 39aad
(Dhowrista Dastuurka iyo Shuruucda)

1. Qof kasta waxaa waajib ku ah in uu si daacad ah u dhowro Dastuurka iyo Shuruucda Qaranka.

QEYBTA SEDDEXAAD
SALDHIGGA DHAQAN DHAQAALE

XUBINTA KOOWAAD
DHAQAALAHA

Qodobka 40aad
(horumarinta Dhaqaalaha)

1. Qaranku wuxuu horumarinayaa dhaqaalaha dalka iyo kordhinta wax soo saarka, isla markaana wuxuu xaqiijinayaa in si caddaalad ah dadweynaha wax loogu qeybsho.

2. Si loo dedejiyo horumarinta Dalka, Qaranku wuxuu dhiirigalinayaa Mabda'a Iskaa Wax u Qabso.

Qodobka 41aad
(Qeybaha Dhaqaalaha)

1. Dhaqaalaha Jamhuuriyadda Dimoqraadiga Soomaaliya wuxuu ka koobmaa qeybaha soo socda:-

A. QEYBTA HANTIDA QARANKA:- oo ah horseedka horumarinta

dhaqaalaha Dalka, lehna mudnaan gaar ah.

B. QEYBTA HANTIDA ISKHAASHATOOYINKA:- oo lagu horumarinaayo dhaqaalaha xubnaha Iskaashatooyinka, isla markaana lagu kobcinayo dhaqaalaha guud ee Dalka, Qarankuna qorshaheeda iyo dhiirigalinteeda ka qeyb galo.

C. QEYBTA HANTIDA GAAR AHAANEED:- oo ah lahaansho gaar ahaaneed ee aan ku dhisneyn isku-dulnoolaansho.

D. QEYBTA HANTIDA ISKU DHAFKA AH:- oo ah hanti ay wada leeyihiin Qaranka Soomaaliyeed iyo cid kale.

Qodobka 42aad
(Kheyraadka dhulka iyo Badda)

1. Dhulka kheyraadka dabiiciga ah iyo kuwa badda iyo berriga, waa hanti Qaran.
2. Sida ugu habboon oo kheyraadkaas looga faa'iideysanaayo Qaranka ayaa sharci ku habeynayana.

Qodobka 43aad
(Qorshaha Dhaqaalaha)

1. Dhaqaalaha Dalku wuxuu ku dhisan yahay qorshe Qaran ee Hantiwadaag ah.

2. Qorshuhu wuxuu leeyahay awood sharci oo ka sarreysa tan Shuruucda kale.

3. Waxaa jireysa hey'ad sare ee qorshaha Qaranka, Sharciga ayaana tilmaamaya qaabka dhismaheeda, waajibaadkeeda iyo awooddeeda.

Qodobka 44aad
(Ganacsiga dibedda iyo gudaha)

1. Qaranka wuxuu hoggaaminayaa ganacsiga dibedda iyo gudaha, isagoo ku hirgalinaaya horumarinta dhaqaalaha Dalka.

Qodobka 45aad
(Ilaalinta Lacagta)

1. Qaranku wuxuu habeynayaa nidaamka maaliyadda iyo lacagta ee Dalka, wuxuuna sharci ku goynayaa canshuuraha.

XUBINTA LABAAD
HORUMARINTA TACLIINTA IYO CILMIGA

Qodobka 46aad
(Tacliinta)

1. Qaranka wuxuu mudnaan gaar ah siinayaa horumarinta, ballaarinta iyo faafinta tacliinta iyo cilmiga, wuxuuna tacliinta u arkaa maalgalinta ugu habboon ee kaalinta ugu weyn ka qaadaneysa horumarinta siyaasadda, dhaqaalaha, iyo bulshada Soomaaliyeed.

2. Tacliinta Dalka Jamhuuriyadda Dimoqraadiga Soomaaliya waa mid u daneyneysa dabaqadda xoogsatada ah, kuna habeysan waayaha iyo degaanka gaar ahaaneed ee Bulshada Soomaaliyeed.

3. Tacliinta farsamada iyo xirfaddu waxay leeyihiin mudnaanta koowaad.

Qodobka 47aad
(Tacliinta khasabka ah)

1. Jamhuuriyadda Dimoqraadiga Soomaaliya tacliintu waa lacag la'aan, waana khasab ilaa iyo dhamaadka dugsiga dhexe.

Qodobka 48aad
(Ciribtirka Jahliga)

1. Ciribtirka qoris iyo akhris la'aan iyo waxbarashada dadka waa weyn waa waajib ummadeed, waana in Dadweynaha iyo Qaranba awoodda la isugu geeyaa fulinta waajibkaas.

Qodobka 49aad
(Horumarinta Cilmiga iyo Adaabta)

1. Qaranku wuxuu horumarinayaa cilmiga iyo adaabta, wuxuuna dhiirigalinayaa hindisaha cilmiga iyo adaabta.

2. Xuquuqda qoraalka iyo hindisaha sharci ayaa habeynaya.

Qodobka 50aad
(Dhallinyarada iyo Isboortiga)

1. Si dhallinyarada loogu xaqiijiyo koritaan jir iyo maskaxeed ee caafimaad qaba, barbaarintooda iyo garaadkooda, siyaasadeedna kor loogu qaado, Qaranku wuxuu ahmiyad siinayaa horumarinta iyo dhiirigalinta ciyaraha jirka iyo isboortiga.

XUBINTA SADDEXAAD
DHAQANKA IYO DARYEELKA BULSHADA

Qodobka 51aad
(Horumarinta hiddaha iyo dhaqanka)

1. Qaranka wuxuu horumarinyaa hiddaha iyo dhaqanka horusocodka ah ee Shacbiga Soomaaliyeed, iyadoo isla markaa laga faa'iideysanayo aqoonta caalamiga ah ee bulshada aadamiga.

2. Wuxuu dhiirigalinayaa fanka, suugaanta iyo ciyaaraha waddaniga ah ee dadweynaha.

3. Wuxuu ilaalinaya, daryeelayaa, waxyaabaha iyo xarumaha, Taariikhiga ah ee Dalka.

Qodobka 52aad
(Caadooyinka Bulshada)

1. Qaranku wuxuu dhowrayaa caadooyinka hagaagsan, wuxuuna bulshada ka xoreynayaa caadooyinka haraaga ah, iyo kuwa laga dhaxlay gumeysiga, gaar ahaan qabiilka, eexda goboleysiga iwm.

Qodobka 53aad
(Xannaanada Dhallaanka)

1. Qaranka wuxuu horumarinayaa guryaha xannaanada iyo carruurta xarumaha dhallinta Kacaanka.

Qodobka 54aad
(Horumarinta Miyiga)

1. Qaranku wuxuu xoojinayaa barnaamijka Joogteynta Ololaha Horumarinta Reer miyiga si loo tirtiro jahliga, leysuguna soo dhaweynayo nolosha reer miyiga iyo reer magaalka.

Qodobka 55aad
(Caafimaadka)

1. Qaranku, isagoo fulinaya siyaasadda daryeelka caafimaadka guud, wuxuu xoojinayaa ka hortagga cudurrada faafa, daryeelka nadaafadda guud iyo daaweynta lacag la'aanta ah.

Qodobka 56aad
(Daryeelka Qoyska)

1. Qaranku wuxuu daryeelayaa Qoyska isagoo u arkaya aasaaska bulshada, wuxuuna taakuleynayaa hooyada iyo ilmaha.

2. Qaranku wuxuu iska xal saarayaa xannaada naafada, carruurta aan waalidkooda la aqoon iyo dadka duqooba, haddeyan laheyn cid kale oo xanaaneysa.

3. Qaranku wuxuu kafaala qaadayaa carruurta waalidkood ku geeriyoodo difaaca Dalka.

Qodobka 57aad
(Shaqada iyo Shaqaalaha)

1. Qaranku wuxuu dhowrayaa, horumarinayaana shaqada iyo noocyadeeda kala duwan.

2. Dalka Jamhuuriyadda Dimoqraadiga Soomaaliya, da'da ugu yar ee shaqada loo qaadan karo waa 15 sano.

3. Xoogsatadu waxay xaq u leeyihiin, iyadoo aan sina loo kala soocin, mushaar u dhigma howsha ay qabtaan iyo qiimaheeda.

4. Xoogsatadu waxay xaq u leeyihiin nasasho todobaad iyo fasax sannadeed.

0

5. Sharcigu wuxuu xaddidayaa saacadaha shaqada, habka iyo dadka loo qaadan karo shaqooyinka qaarkood.

Qodobka 58aad
(Qiimeynta Shaqada)

1. Qiimeynta shaqada Qaranku wuxuu dabbaqayaa mabda'a:- QOF KASTA INTA AY KARTIDIISU LA EG TAHAY INUU QABTO, QOF KASTANA INTA AY SHAQADIISU TAHAY INUU QAATO.

Qodobka 59aad
(Taakuleynta iyo Badbaadinta Bulshada)

1. Qaranku wuxuu horumarinayaa habka taakuleynta iyo badbaadinta Bulshada, wuxuuna xoojinayaa hey'adaha ceymiska guud ee Dalka.

QEYBTA AFRAAD
QAABKA DHISMAHA QARANKA

MADAXA KOOWAAD
GOLAHA SHACBIGA

XUBINTA KOOWAAD
NIDAAMKA IYO HOWLAHA GOLAHA SHACBIGA

Qodobka 60aad
(Awoodda sharci dejinta)

1. Awoodda sharci dejinta Jamhuuriyadda Dimoqraadiga Soomaaliya waxay u gaar tahay Golaha Shacbiga.

Qodobka 61aad
(Doorashada Golaha Shacbiga)

1. Golaha Shacbigu wuxuu ka kooban yahay xildhibaano Dadweynuhu ku soo doortay madaxbanaani, toos iyo qarsoodi.

2. Xilka Xildhibaannimada Golaha Shacbiga waxaa loo dooran karaa qof kasta oo Soomaali ah oo da'diisa ay gaartay 21 sano. Sharciga ayaa xaddidaya xaaladaha qofka aan la dooran karin.

3. Tirada Xildhibaanada, shuruudaha iyo habka doorashada waxaa tilmaamaya sharci gaar ah.

4. Madaxweynaha Jamhuuriyadda Dimoqraadiga Soomaaliya wuxuu u magacaabi karaa Xildhibaanada Golaha Shacbiga ilaa lix qof oo laga dhex doorto dadka si gaar ah ugu soocmay goobaha Cilmiga, Adabka, Fanka ama leh qiimo sare ee waddaninimo.

Qodobka 62aad
(Muddada Xilka)

1. Mudada xilka Golaha Shacbigu waa shan sano, laga soo bilaabo maalinta la soo saaro natiijada doorashada.

2. Markii ay timaado daruuf suurta gelin weyda in doorasho la qabto, Madaxweynaha Jamhuuriyadda Dimoqraadiga Soomaaliya, isagoo la tashaday Golaha Dhexe ee Xisbiga Hantiwadaagga Kacaanka Soomaaliyeed wuxuu awood u leeyahay inuu muddada ku kordhiyo waqti aan hal sano ka badneyn.

Qodobka 63aad
(Kala diridda Golaha Shacbiga)

1. Golaha shacbiga waa la kala diri karaa isagoon waqtigiisu dhamaan, marka ay talo ku soo jeediyaan saddex meelood meel Xildhibaanada Goluhu, ayna ku raacaan seddex meelood laba.

2. Waxaa kale oo kala diri kara Madaxweynaha Jamhuuriyadda, isagoo la tashaday Golaha Dhexe ee Xisbiga Hantiwadagga Kacaanka Soomaaliyeed iyo guddiga joogtada ee Golaha Shacbiga.

3. Doorashada Golaha cusubi waxay dhaceysaa seddex bilood gudahood laga bilaabo maalinta lagu dhawaaqo go'aanka kala dirka Golaha.

Qodobka 64aad
(Kalfadhiyada)

1. Golaha Shacbiga sanadkiiba wuxuu yeelanaya laba kalfadhi.

2. Goluhu wuxuu isugu imaan karaa fadhi aan caadi aheyn markii uu sidaas go'aan ku gaaro Guddiga Joogtada ah, ama ay codsadaan saddex meelood Xildhibaanada Goluhu.

3. Madaxweynaha Jamhuuriyadda Dimoqraadiga Soomaaliya wuxuu awood u leeyahay inuu Golaha isugu yeero fadhi aan caadi aheyn.

Qodobka 65aad
(Fadhiyada iyo go'aannada Golaha)

1. Golaha Shacbigu wuxuu fadhigiisu ugu horreeya ka dhex dooranayaa xubnihiisa Guddoomiye, Guddoomiye ku xigeenno iyo Guddiga Joogtada ah.

2. Fadhiyada Goluhu waa u furan yihiin dadweynaha. Hase yeeshee fadhiyo qarsoodi ah waa la qaban karaa haddii ay soo jeediyaan Madaxweynaha Jamhuuriyadda, Guddiga Joogtada ah , Dowladda ama ugu yaraan afar meelood meel Xildhibaanada Goluhuna oggolaado.

3. Fadhiga Goluhu wuxuu ku ansaxayaa marka ay ka soo qeybgalaan Xildhibaanada intooda badan.

4. Go'aanada Goluhu waxay ku ansaxayaan cod hal dheeri ah, haddii Dastuurka ama Sharcigu uusan tilmaamin aqlabiyad gaar ah.

Qodobka 66aad
(Xeer Hoosaadka Golaha)

1. Habka shaqada Golaha Shacbiga waxaa lagu nidaaminayaa Xeer Hoosaadka Goluhu guddoonsado.

Qodobka 67aad
(Awoodda Golaha)

Golaha Shacbigu wuxuu leeyahay awoodaha soo socda:-

1. Wax ka beddelidda Dastuurka;

2. Dejinta sharciyada iyo oggolaanshaha go'aannada saameeya horumarka Dalka;

3. Doorashada iyo xil ka qaadidda Madaxweynaha Jamhuuriyadda Dimoqraadiga Soomaaliya sida ku cad Qod. 80aad ee Dastuurka;

4. Doorashada iyo xilka qaadidda Guddiga Joogtada ah ee Golaha Shacbiga;

5. Oggolaanshaha heshiisyada caalamiga ah ee ku saabsan siyaasadda, dhaqaalaha, ganacsiga, ama heshiisyada Qaranka u keenaya mas'uuliyad lacageed;

6. Hubinta dhowridda Dastuurka iyo sharciyada Dalka;

7. Oggolaanshiyaha qorshaha horumainta dhaqaalaha Dalka;

8. Oggolaanshiyaha miisaaniyadda sannadka iyo miisaaniyadda xisaabxirka;

9. La xisaabtanka Dowladda iyo Xubnaheeda;

10. Awoodaha kale ee Dastuurku siiyay Golaha;..

Qodobka 68aad
(Xilsaarasho Sharci dejin)

1. Golaha Shacbigu wuxuu Dowladda u wakiilan karaa in ay ka soo saarto sharci, waqti xaddidan guddahiis, arrimo la isla meel dhigay, Sharciga xilsaarashada waa lagu tilmaami karaa mabaadi'da ama tusaalooyinka in Dowladdu raacdo loo baahan yahay.

2. Sharciga Dowladda loo wakiishay waxaa lagu soo saarayaa xeer Madaxweyne.

Qodobka 69aad
(Sharciyada degdegga ah)

1. Markii ay jiraan daruuf gaar ahaaneed ee degdeg ah, Dowladdu waxay dejin kartaa sharci leh dhaqan ku meel gaar ah oo lagu soo saaro Xeer Madaxweyne. Muddo bil ah gudaheed waa in sharcigaas lagu hor geeyaa Golaha Shacbiga ama Guddiga Joogtada ah , si loogu dhigo mid rasmi ah.

2. Golaha Shacbiga , haddii uu kulansan yahay, ama Guddiga Joogtada

ah, marka uusan Goluhu kulansaneyn, waa in ay go'aan ka gaaraan 15 maalmood gudahood laga bilaabo taariikhda sharciga la soo hordhigay.

Qodobka 70aad
(Talo-Sharci)

1. Talo Sharci waxaa soo jeedin kara Madaxweynaha Jamhuuriyadda Dimoqraadiga Soomaaliya, Guddiga Joogtada ah kan Dowladda. Waxaa kaloo talo sharci soo jeedin kara xildhibaanada Golaha Shacbiga haddii ay soo jeedintaa isku raacaan saddex meelood meel xildhibaanada Goluhu.

Qodobka 71aad
(Sharciyada Saameynaya Istarateejiyadda Xisbiga)

1. Mashruuc ama talo sharci oo kasta ee saameynaya istaraatiijiyadda Xisbigu ku xaqiijinaayo himilooyinka Kacaanka iyo nidaamka uu Dalka ku hoggaaminaayo waa in Golaha Dhexe ee Xisbigu soo oggolaadaa, inta aan Golaha Shacbiga go'aan kama dambeys ah ka gaarin.

Qodobka 72aad
(Soo saaridda iyo faafinta Sharciga)

1. Sharci kasta ee Golaha Shacbiga ama Guddiga Joogtada ah isku raaco waxaa soo saaraya Madaxweynaha 15 maalmood gudahood.

2. Madaxweynaha Jamhuuriyadda Dimoqraadiga Soomaaliya wuxuu awood u leeyahay, muddada ku xusan lambarka 1aad ee qodobkan dhexdeeda, in uu sharcigaas dib ugu celiyo Golaha Shacbiga, isagoo sababta raacinaya, codsanayana in dib looga doodo, go'aanna laga gaaro.

3. Haddii Goluhu mar kale saddex meelood laba meel xubnihiisa sharcigaas isku raaco, Madaxweynahu waa in uu ku soo saaraa 45 maalmood gudahood.

4. Sharciga Goluhu isku raaco, Madaxweynuhu soo saaro waxaa lagu baahinayaa Faafinta Rasmiga ah, wuxuuna dhaqan galayaa 15 maalmood ka dib marka lagu soo saaro Faafinta Rasmiga ah. Hadduusan sharcigu muddo ka duwan sheegin.

Qodobka 73aad
(Xildhibaanka)

1. Xildhibaan kasta wuxuu masilayaa danta guud ee Dadweynaha Soomaaliyeed.

2. Xildhibaanku marka uu howsha Golaha bilaabayo wuxuu marayaa dhaarta soo socota:-
"Waxaan magaca Ilaahay iyo kan Waddanka ku marayaa inaan ammaano, kalsooni iyo hagar la'aan ugu adeego Shacbiga Soomaaliyeed, inaan fuliyo mabaadi'da Kacaanka 21ka Oktoobar 1969. inaan dhowro Dastuurka iyo Shuruucda Dalka. Inaan hirgaliyo mabaadi'da Hantiwadagga, Inaan ilalaiyo danta guud ee Shacbiga iyo danaha Qaranka Soomaaliyeed, Inaan kartideyda oo dhan ku daafaco xorriyadda, madaxbanaanida iyo midnimada Dalka, Inaan danta guud ka hormariyo danteeyda gaar ahaaneed, Inaan dadka Soomaaliyeed ku dhaqo sinaan iyo caddaalad.

3. Xildhibaanka dhibaato kama soo gaari karto fikradaha iyo aaraada uu ka hor dhiibto Golaha iyo Guddiyadiisa isagoo gudanaya xilkiisa.

4. Xildhibaanka Golaha laguma qaadi karo dacwad ciqaabeed, lama xiri karo, lama baari karo qof ahaan iyo hoygiisa, haddaan lagu qaban isagoo fal dambiyadeed faraha kula jira, ama laga heysan oggolaansho Golaha Shacbiga, markuusan kulansaneyna Guddiga Joogtada ah isagoo dib uga ansixinaya Golaha Shacbiga.

5. Xildhibaanka Goluhu wuxuu xilkiisa gudanayaa isagoo wata howlihiisii hore ee caadiga ahaa. Inta ay ka socdaan kalfadhiyadu ama marka loo diro howl la xiriirta xilka Golaha, Xilshibaanku wuxuu xaq u yeelanayaa gunno lagu xaddidi doono sharci gaar ah.

Qodobka 74aad
(Xil ka qaadidda Xildhibaanka)

1. Xildhibaan kasta ee oofin waaya shuruudaha Xildhibaannimada, ama ka soo bixi waaya waajibaadka xilkiisa la xiriira waxaa laga qaadayaa xilka.

2. Xildhibaan kasta dadweynihii soo doortay waa kala noqon karaan kalsoonida, waxaana codsigaas soo jeedin kara afar meelood meel doortayaasha.

3. Xil ka qaadidda Xildhibaanka waxaa hal dheeri xubnihiisa ku guddoominaya Golaha Shacbiga.

Qodobka 75aad
(Kormeeridda Golaha)

1. Xildhibaan kasta wuxuu xaq u leeyahay inuu u jeediyo Dowladda ama xubnaheeda su'aalo iyo afti oo ay waajib ku tahay inay ka jawaabaan labaatan maalmood gudahood.

2. Goluhu wuxuu amri karaa in baaris lagu sameeyo isagoo u xilsaaraya waajibkaas guddiyo ka kooban Xildhibaannadiisa.

XUBINTA LABAAD
GUDDIGA JOOGTADA AH

Qodobka 76aad
(Xilka Guddiga Joogtada ah)

1. Guddiga Joogtada ah waa hey'adda hoggaamisa howlaha Golaha, wuxuuna qabtaa xilka Golaha Shacbiga, muddada u dhaxeysa kalfadhiyada, marka laga reebo awoodaha ku xusan Qod. 67aad, lambarkiisa 1, 3, 7 iyo 8, iyo Qod. 82aad, lambarkiisa, 3 iyo 12aad ee Dastuurka.

Qodobka 77aad
(Xubnaha Guddiga Joogtada ah)

1. Guddiga Joogtada ah wuxuu ka kooban yahay xubnaha soo socda:-
   A. Guddoomiye
   B. Guddoomiye Ku-xigeenno
   C. Xoghaye iyo;
   D. Toban xubnood.

2. Guddoomiyaha iyo Guddoomiye Ku-xigeennada Golaha Shacbiga ayaa noqonaya Guddoomiyaha iyo Guddoomiye ku-xigeennada Guddiga Joogtada ah.

Qodobka 78aad
(Awoodda Guddiga Joogtada ah)

Guddiga Joogtada ah wuxuu leeyahay awoodaha soo socda:-

1. Dejinta iyo wax ka beddelidda Sharciyada muddada u dhaxeysa kalfadhiyada Golaha, isagoo ka dib ka ansixinaya Golaha Shacbiga;

2. Fasiraadda Sharciyada iyo go'aannada Goluhu soo saaro.

3. Isugu yeeridda kalfadhiyada iyo fadhiyada aan caadiga aheyn ee Golaha Shacbiga;

4. Ilaalinta maamulka doorashada Xildhibaanada Golaha Shacbiga;

5. Wax alla wixii awood ah ee Dastuurku siiyay ama Golaha Shacbigu u xil saaro.

MADAXDA LABAAD

MADAXWEYNAHA JAMHUURIYADDA DIMOQRAADIGA SOOMAALIYA

Qodobka 79aad
(Madaxa Qaranka)

1. Madaxweynaha Jamhuuriyadda Dimoqraadiga Soomaaliya waa madaxa Qaranka, wuxuuna misilaa awoodda Qaranka iyo midnimda Shacbiga Soomaaliyeed.

Qodobka 80aad
(Doorashada iyo muddada xilka)

1. Madaxweynaha Jamhuuriyadda Dimoqraadiga Soomaaliya waxaa soo sharaxaya Golaha Dhexe ee Xisbiga Hantiwadagga Kacaanka Soomaaliyeed, Golaha Shacbiga ayaana dooranaya.

2. Dooqrashada Madaxweynaha waa in ay isku raacaan saddex-meelood laba Xildhibaanada Golaha Shacbiga, aftida koowaad iyo labaad. aftida saddexaad waxaa ku filan cod hal dheeri ah Xildhibaannada Golaha.

3. Golaha Shacbigu waa casili karaa Madaxweynaha isagoo raacaya hababka ku xusan lambarka koowaad iyo labaad ee Qodobkan.

4. Madaxweynaha Jamhuuriyadda wuxuu xilka heynayaa lix sano laga bilaabo maalinta la dhaariyo, dibna waa loo dooran karaa.

5. Marka uu howsha bilaabayo, Madaxweynaha Jamhuuriyaddu wuxuu marayaa dhaarta ku xusan Qod. 73aad ee dastuurka.

Qodobka 81aad
(Shuruucda Doorashada)

1. Waxaa loo dooran karaa jagada Madaxweynaha Jamhuuriyadda Dimoqraadiga Soomaaliya qof kasta oo Soomaali ah, aabihii iyo

hooyadiina Soomaali asal ah yihiin, horey aan u guursan, intuu xilka hayana aan guursanin, qof aan Soomaali asal ah aheyn shuruudaha lagu dooran karo xildhibaanka Golaha Shacbiga da'diisuna gaartay afartan sano.

Qodobka 82aad
(Howsha iyo Awoodaha Madaxweynaha)

Madaxweynaha Jamhuuriyadda Dimoqraadiga Soomaaliya awoodaha iyo howlaha Dastuurka iyo Sharciyaddu `siinayaan waxaa u wehliya kuwa soo socoda:-

1. Masilaadda xiriirka Qaranku la leeyahay dibedda.

2. Misaaladda Midnimada hoggaanka siyaasadda ee Xisbiga iyo Qaranka.

3. Meelmarinta heshiisyada caalamiga ah ee saameynaya difaaca iyo nabadda, Qarannimada iyo Madaxbanaanida Jamhuuriyadda Soomaaliya, ka dib marka ay oggolaadaan Golaha dhexe ee Xisbiga iyo Golaha Shacbiga.

4. Meel marinta heshiisyada kale ee caalamiga ah.

5. Qaabilaadda iyo Aqoonsiga danjirayaasha iyo madaxda ergooyinka shiyeeyaha.

6. Guddoominta shirarka ay u wada jiraan hey'adaha Xisbiga iyo kuwa Qaranka.

7. Magacaabidda iyo xil ka wareejinta Guddoomiyaha Maxkamadda Sare iyo Xeer Ilaaliyaha Guud ee Qaranka isagoo dhageystay talada Golaha Dhexe ee Xisbiga.

8. Magacaabidda iyo xil ka qaadidda saraakiisha sare ee Qaranka, isagoo dhegeystay talada Golaha Wasiirada.

9. Inuu bixiyo Masaabax, ciqaabta dhimo.

10. Magacaabidda iyo xil kawareejinta Wasiirro iyo Ku-xigeennada.

11. Waa taliyaha Sare ee Ciidamada Qalabka Sida iyo Guddoomiyaha Guddiga Difaaca Qaranka.

12. Ku dhawaaqidda xaalaha dagaalka iyo nabadda, ka dib marka ay go'aamiyaan Golaha Dhexe ee Xisbiga iyo Golaha Shacabku.

13. Inuu dadweynaha u bandhigo afti markii ay Dalka la soo gudboonaadaan arrimo muhiim ah.

14. Inuu soo saaro xeerar Madaxweyne.

15. Bixinta billadaha iyo aqoonsiyada mudnaanta iyo kale.

Qodobka 83aad
(awoodda aan caadiga aheyn ee Madaxweynaha)

1. Madaxweynaha Jamhuuriyadda Dimoqraadiga Soomaaliya wuxuu awood u leeyahay, isagoo la tashaday Guddiga Difaaca Qaranka, inuu xukun degdeg ah ku soo rogo, tilaabo kasta oo ku habboonna ka qaado, Dalka guud ahaantiis ama qeyb ka mid ah, marka ay la soo gudboonaadaan arrimo qatar gelinaaya qarranimada, nabadgalyada gudaha iyo dibedda ee Dalka, ama mar kasta oo ay jirto baahi lagama maarmaan ah.

2. Xaaladaha dagaalka, Madaxweynuhu wuxuu la wareegayaa awoodda Dalka oo dhan, ku dhaqanka qodobadda Dastuurka ee aan la socon karin xaaladahaasna waala laalayaa.

Qodobka 84aad
(Madaxweyne Ku-xigeennada)

1. Madaxweynaha Jamhuuriyadda Dimoqraadiga Soomaaliya wuxuu magacaabi karaa Madaxweyne Ku-xigeen ama Madaxweyne Ku-xigenno, isagoo dhageystay ra'yiga Golaha Dhexe ee Xisbiga iyo

Golaha Shacabka.

2. Madaxweyne ku xigeennadu marka ay howshooda bilaabayaan, waxay marayaan dhaarta ku xusan qodobka 73aad ee Dastuurka.

Qodobka 85aad
(Xil gudasho karid la'aan)

1. Marka ay geeri timaaddo, ama shaqo ka fariisad, ama sabab joogto ah ee ka reebeysa Madaxweynaha Jamhuuriyadda Dimoqraadiga Soomaaliya inuu xilkiisa gutto, waxaa la dooranayaa Madaxweyne cusub lixdan casho gudahood, iyadoo la raacayo habka ku xusan Qodobka 80aad ee Dastuurka.

2. Inta ay doorashada Madaxweynaha cusub ka dhaceyso iyo mar kata oo ay jiraan sababo aan joogto aheyn ee ka reebeysa Madaxweynaha in uu gutto xilkiisa, waxaa jagadiisa sii heynaya Madaxweyne Ku-xigeenka Koowaad ee Jamhuuriyadda.

MADAXA SADDEXAAD
DOWLADDA

XUBINTA KOOWAAD
MAAMULKA DOWLADDA DHEXE

Qodobka 86aad
(Golaha wasiirada)

1. Golaha Wasiiradu waa hey'adda ugu sarreysa fulinta maamulka Dowladda.

2. Golaha Wasiiradu wuxuu ka kooban yahay Guddoomiyaha Golaha Wasiirada iyo Wasiirada.

3. Guddoomiyaha Golaha Wasiirada waxaa noqonaya Madaxweynaha Jamhuuriyadda Dimoqraadiga Soomaaliya.

4. Madaxweynuhu wuxuu magacaabi karaa haddii ay la haboonaato, Wasiirka Koowaad.

Qodobka 87aad
(Awoodda Golaha Wasiirada)

Awoodda Dastuurka iyo sharcigu siinaayo ka sokow, Golaha Wasiiradu wuxuu leeyahay awoodaha soo socda:-

1. Inuu hordhigo Golaha Shacbiga talooyin sharci;
2. Inuu jiheeyo, iskuna duwo, kormeeraana howlaha Dowladda;
3. Inuu soo saaro Xeerar;
4. Inuu hoggaamiyo howlaha la xiriira difaaca iyo nabadgalyada Qaranka;
5. Inuu diyaariyo miisaaniyadda sannadka iyo xisaab xirkeeda;
6. Inuu dejiyo qorsha lagu horumarinaayo dhaqaalaha Dalka;
7. Inuu la galo heshiisyo waddamada dibedda iyo hey'adaha caalamiga ah;
8. Inuu qaado tallaabo kasta oo uu ku ilaalinaayo danta Qaranka iyo nabadgalyada dadweynaha, isagoo dhowraya xadka Dastuurku u gooyay awooddiisa.

Qodobka 88aad
(Nidaamka Dowladda)

1. Awoodda iyo xilka Golaha Wasiiradda ee aan Dastuurkan ku xusneyn, tirada iyo xilka wasaradaha, waxaa lagu caddeeyay sharci gaar ah.

2. Habka dhismaha Golaha Wasiirada, Wasaaradaha iyo Xafiisyada la xiriira, waxaa lagu nidaaminayaa Xeer Madaxweyne.

Qodobka 89aad
(Mas'uuliyadda ciqaabeed ee Wasiirada)

1. Wasiirada waxay mas'uul ka yihiin dembiyada la dhasha fulinta xilkooda.

2. Sharciga ayaa tilmaamaya habka Wasiirada loogu qaadayo dembiyada ka dhasha fulinta xilkooda iyo dembiyada kaleba.

Qodobka 90aad
(Dhaarta)

1. Xubnaha Dowladda, marka ay xilkooda bilaabayaan, waxay Madaxweynaha Jamhuuriyadda hortiisa ku marayaan dhaarta ku xusan Qod. 73aad ee Dastuurka.

Qodobka 91aad
(Barnaamijka Dowaldda)

1. Dowladdu magacaabiddeeda ka dib, waxay Golaha dhexe ee Xisbiga iyo Golaha Shacbiga soo hordhigeysaa barnaamijka ay dooneyso iney hirgaliso.

Qodobka 92aad
(Wasiiro Ku-xigenno)

1. Wasiirada waxaa xilkooda ku kaalin kara Wasiiro ku-xigenno uu magacaabo Maxadweynaha Jamhuuriyadda, isagoo dhegeystay talada Golaha Wasiirada.

XUBINTA LABAAD
BAAHINTA AWOODDA IYO MAAMULKA DALKA

Qodobka 93aad
(Fidinta Maamulka)

1. Xilka maamuleed ee Qaranka waxaa lagu fidinayaa, inta ay ka suurta gal ka tahay, maamulka hoose iyo wakaaladaha.

Qodobka 94aad
(Maamulka Hoose ee Qaranka)

1. Awoodda maamulka hoose waa qeyb ka mid ah awoodda Maamulka Dhexe ee Jamhuuriyadda Dimoqraadiga Soomaaliya.

2. Sharciga ayaa nidaaminaya awoodda maamulka hoose, si waafaqsan mabda'a dimoqraadiyadda guddoonka dhexe.

Qodobka 95aad
(Golayaasha Shacbiga ee Degaanka)

1. Dadweynaha si toos ayuu u dooranayaa Xubnaha Golayaasha Shacbiga ee Degaanka.
2. Sharcigu wuxuu tilmaamayaa dhismaha awoodda, ilaha dhaqaale iyo xiriirka Golayaasha Shacbiga ee degaanka la leeyihiin Xisbiga, Golaha Shacbiga iyo Dowladda.

MADAXA AFRAAD
GARSOORKA

XUBINTA KOOWAAD
MABAADI'DA GARSOORKA

Qodobka 96aad
(Ujeeda Garsoorka)

1. Maxkamadaha iyo Xeer ilaalintu waxay ilaalinayaan nidaamka Qaranka Hantiwadaagga ah iyo dhismihiisa bulsho.

2. Maxkamadaha iyo xeer ilaalintu gudasha xilkooda, waxay ku barbaarinayaan muwaadinka Soomaaliyeed inuu ka qeyb qaato dhismaha Dalka, Difaaca nidaamka Hantiwadaagga, dhowrista sharciyada, habka wada noolaashada bulshadeed iyo daacadnimo u gudashada waajibaadka Qaranka iyo Bulshada ku leeyihiin.

3. Garsooruhu wuxuu sugaa dhowridda sharciyada, wuxuuna kafaalo

qaadaa ilaalinta xorriyadda, xuquuqda iyo sharafta qofka aadamiga ah.

Qodobka 98aad
(Madaxbannaanida Garsoorka)

1. Garsoorayaasha Maxkamadaha iyo xeer Ilaaliyayaashu waa u madax bannaan yihiin howshooda, lagama qaadi karo xilka, xaaladaha Sharcigu tilmaamay mooyaane, waxayna u hoggaansamayaan Sharciga oo kaliya.

Qodobka 99aad
(Doodaha Maxkamadaha)

1. Doodaha Maxkamadaha mabda' ahaan waa tiraab, dadweynuhu waa dhageysan karaa. Sharciga ayaa tilmaamaya xaaladaha Maxkamadaha albaabka loo xiri karo.

2. Xukunka Maxkamahada waxaa lagu soo saarayaa Magaca Dadweynaha Soomaaliyeed.

XUBINTA LABAAD
MAXKAMADAHA

Qodobka 100aad
(Maxkamadaha Jamhuuriyadda)

1. Maxkamahada Jamhuuriyadda Dimoqraadiga Soomaliya waa kuwa soo socda:- Maxkamadda Sare, Maxkamadaha Rafcaanka, Maxkamadaha Gobollada, Maxkamadaha Degmooyinka, Guddiyada Garsoorka ee goobaha shaqada iyo Maxkamadaha Ciidamada Qalabka Sida.

2. Waxaa la dhisi karaa Maxkamado gaar ah ee awoodda iyo dhismahooda lagu jideeyay Sharci.

3. Guddiyada Garsoorka e Maxkamadaha waxaa ka qeyb gala Garsoorayaal dadweyne ee Sharci gaar ah lagu dhisay.

Qodobka 101aad
(Maxkamadda Sare)

1. Maxkamadda Sare waa hey'adda ugu sarreysa Garsoorka Jamhuuriyadda Dimoqraadiga Soomaaliya. Waxay habeysaa, kormeertaana howlaha Maxkamadaha oo dhan.

Qodobka 102aad
(Habka Shaqada Maxkamadaha)

1. Habka shaqada Maxkamadaha Jamhuuriyadda Dimoqraadiga Soomaaliya iyo magacaabidda Garsoorayaasha waxaa nidaaminaya sharci gaar ah.

XUBINTA SADDEXAAD
XEER ILAALINTA

Qodobka 103aad
(Xeer Ilaalinta Guud ee Qaranka)

1. Xeer Ilaalinta Guud ee Qaranku waxay ka kooban tahay:- Xeer Ilaalinta Guud iyo Ku-xigeennadiisa.

2. Qaabka dhismaha Xeer Ilaalinta Guud iyo howlaha Xubnaheeda waxaa nidaaminaya Sharci gaar ah.

Qodobka 104aad
(Xilka Xeer Ilaalinta Guud ee Qaranka)

1. Xeer Ilalinta Guud ee Qaranku waxay ilaalisaa ku dhaqanka dhabta ah ee Sharciyada Dalka.

2. Waxay hubisaa in go'aannada awaamiirta iyo tusaalooyinka Hay'adaha Qarunku waafaqsan yihiin Dastuurka iyo Sharciyada Dalka.

3. Waxay dacwad ku soo oogtaa qofkii gala fal dembi ah.

4. Waxay kormeertaa Xabsiyada iyo xarumaha dib u edbinta Carruurta.

5. Waxay Ilaalisaa xuquuqda Dadka tabarta yar.

6. Waxay fulisaa howlaha kale ee Sharcigu u xil saaro.

XUBINTA AFRAAD
GOLAHA SARE EE GARSOORKA

Qodobka 105aad
(Xilka Golaha Sare ee Garsoorka)

1. Golaha Sare ee Garsoorku waa hey'adda hoggaamisa siyaasadda iyo maamulka Guud ee Garsoorka.

2. Golaha sare ee Garsoorku wuxuu talo ka dhiibtaa saamaxaadda Madaxweynaha Jamhuuriyaddu bixiyo, magacaabidda, bedelka, dalacaadda iyo shaqo ka fariisinta Garsoorayaasha iyo Xeer Ilaaliyayaasha.

3. Wuxuu kormeeraa howl-qabadka iyo anshaxa Garsoorayaasha iyo Xeer ilaaliyayaasha.

Qodobka 106aad
(Guddoominta Golaha Sare ee Garsoorka)

1. Madaxweynaha Jamhuuriyadda Dimoqraadiga Soomaaliya ayaa ah Guddoomiyaha Golaha Sare ee Garsoorka.

Qodobka 107aad
(Dhismaha Golaha Sare ee Garsoorka)

1. Dhismaha Golaha Sare ee Garsoorka iyo habka shaqadiisa waxa nidaaminaya sharci gaar ah.

QEYBTA SHANAAD
DIFAACA IYO NABADGALYADA DALKA

Qodobka 108aad
(Xilka Ciidamada Qalabka Sida)

1. Ciidamada Qalabka Sida waxay ilaalinayaan gobannimada iyo madaxbannaanida Jamhuuriyadda Dimoqraadiga Soomaaliya, waxay guulaha iyo miriha Kacaanka ka ilaalinayaan cadowga gudaha iyo dibedda, waxay sugaan nabadgalyada iyo xasilloonida gudaha, kaalin ka qaataan dhismaha Dalka.

2. Qaranku wuxuu xoojinayaa Ciidamada Qalabka Sida, kor u qaadidda garaadkooda siyaasadeed, ku beeridda ruuxa waddaninimo iyo naf u huridda Dhulka Hooyo.

Qodobka 109aad
(Dhismaha Ciidamada Qalabka Sida)

1. Sharci u gaar ah ayaa tilmaamaya dhismaha qaabka ay u habeysan yihiin Ciidamada Qalabka Sida.

Qodobka 110aad
(Guddiga Difaaca Qaranka)

1. Guddiga Difaaca Qaranka xilkiisu wuxuu yahay inuu qiimeeyo Xaaladaha la xiriira difaaca iyo nabadgalyada Dalka, gurmadiyana wax kasta oo waxtar u leh haqabtirka baahida difaaca Dalka.

2. Guddiga Difaaca Qaranka waxaa Guddoomiye ka ah magacaabana xubnihiisa Madaxweynaha Jamhuuriyadda Dimoqraadiga Soomaaliya.

3. Sharciga ayaa tilmaamaya awoodda Guddiga Difaaca Qaranka waqtiga nabadda iyo dagaalkaba.

QEYBTA LIXAAD
QODOBO KALA DUWAN

Qodobka 111aad
(Saldhigga Sharciyada)

1. Dastuurka wuxuu leeyahay awoodda sharci ee ugu sarreysa.

2. Dhamaan Shauruucda, Xeerarka iyo awaamiirta hey'adaha Qaranka waxaa saldhig u ah Dastuurka Jamhuuriyadda Dimoqraadiga Soomaaliya, waana in ay waafaqsanaadaan.

Qodobka 112aad
(Wax ka beddelka Dastuurka)

1. Talo wax ka beddel Dastuurka waxaa soo jeedin kara:- Madaxweynaha Jamhuuriyadda Dimoqraadiga Soomaaliya, Golaha Dhexe ee Xisbiga iyo saddex meelood meel Xildhibaanada Golaha Shacbiga.

2. Golaha Shacbigu wax ka beddelka Dastuurka wuxuu ku guddoominayaa go'aan ay isku raacaan saddex meelood laba xubnihiisa.

3. Wax ka beddelka Dastuurka ma saameyn karo arrimaha soo socda:-

    A. Nidaamka Jamhuuriyadda ee Dalka;
    B. Doorashada mabda'a Hantiwadagga;
    C. Midnimada dhulka;
    D. Xuquuqda iyo xorriyadda aasaasiga ah ee muwaadinka iyo qofka.

Qodobka 113aad
(Ku dhaqan ku meel gaar ah)

1. Sharciyadda hadda jira waa lagu sii dhaqmayaa, iyadoo intooda aan Dastuurka waafaqsaneyn lagu beddeli doono hal sano gudaheeda.

2. Ilaa iyo inta laga dhisaayo hey'adaha Dastuurkani tilmaamayo, awoodahoodii waxaa sii fulinaya hey'adaha imminka Dalka ka jira.

Qodobka 114aad
(Dhaqalgalka Dastuurka)

Dastuurkani wuxuu dhaqan galayaa laga bilaabo maalinta la soo saaro natiijada aftida oggolaanshada Shacbiga.

Muqdisho, 1979

Madaxweynihii hore iyo Madaxweyne ku xigeenkii Soomaaliya
Mohamed Siyaad Barre iyo Maxamed Cali Samatar
21/10/1969 - 26/01/1991

Madaxweyne Ku-xigeenkii 2aad ee Soomaaliya
Guddoomiyihii ugu dambeeyay ee Golahii Shacbigii Qaranka
Soomaaliyeed
Sarreeye Gaas Xussein Kulmiye Afrax
1989kii ilaa 26kii January1991dii

Jamhuuriyadda Soomaaliya

DASTUURKII

ay soo jeediyeen in dalka lagu dhaqo

1990kii

COSTITUZIONE
DELLE
REPUBBLICA DEMOCRATICA SOMALA

PREAMBOLO

Il popolo Somolo, che vive nel Corno di Africa dall'inizio della civilta' umana, e si ispira alla sua lotta costante e alla sua storia basata su consuetudini democratiche e sulla fede mussulmana, ha conquistato l'indipendenza e l'unita' nazionale su due dei territori in cui i colonailisti hanno diviso la Somalia, istituendo la Repubblica, che in quest'anno compie trenta anni di vita.

Il popolo Somalo, in base all'esperianza fatta, successivamente all'ottenimento della sovranita' e dell'indipendenza, con dure esperienze di vita difficile, guerre e calamita' naturali, e dopo ci diversi, ha approvato la suguente Costituzione, che si bassa sui seguenti principi ed obietivi.

- tutela dell'indipendenza e dell'unita' della Repubblica Somala e appoggio all'autodeterminazione e alla liberazione dei territori Somali;
- assicurazione della giustizia e dell'ugualianza sociae per il popolo;
- potenziamento della difesa unitaria dello Stato;
- vigilanza sulla pace e la stabilita' interna;
- progresso e assistenza alla vita sociale della nazione;
- rispetto e applicazione dei diritti e delle liberta' del cittadino e della persona umana e appoggio alla pace mondiale e alla co-oprazione fra I popoli del mondo;
  ed invoca da dio appoggio alla sua applicazione e al suo successo.

COSTITUZIONE DELLA REPUBBLICA DEMOCRATICA SOMALA

PARTE PRIMA
PRINCIBI GENERALI

TITOLO I
ORDINAMENTO DELLO STATO

Art. 1
(La Repubblica)

1. La Somalia e' una Repubblica fondata sul lavoro e sulla giustizia: essa e' parte integrente della Nazione Araba e dei popoli Africani.

2. La sovranita' appartiene al popolo che la esercita attraverso le istituzioni rappresentative, conformemente alla Costituzionee alle leggi.

Art. 2
(Bandiera, Stemma, Capitale)

1. La bandiera nazionale e' di colore azzuro chiaro, di forma rettangolare, e rica al centro una stella Bianca a cingue punte uguali.

2. Lo stemma della Somalia e' composto di uno scudo azzurro bordato di oro con una stella a cingue punte bordata d'argento. Lo scudo e' normontat da una merlatura di cingue punte moresche d'oro con le due laterali smussate: esso e' sostenuto ai due lati da due leopardi al naturale affrontati e controrampanti, poggiati su due lance incrocianti, sotto la punta dello scudo stesso, con due foglie di palma (al naturale) interecciate da un nastro bianco.

3. La capitale della Repubblica e' Mogadiscio.

Art. 3
(Religione)

1. L'Islam e' la religione dello Stato.
2. E'viettata la propaganda di religioni diverse dall'Islam.
3. Il diritto islamico (Sharia) e' una fonte importante della lagislazione.

Art. 4
(Lingue Officiale)

1. Il Somalo e l'arabo sono le lingue ufficiali della Repubblica.

Art. 5
(Il popolo Somalo)

1. Il popolo Somalo e' una unita' indivisibile.
2. La nazionalita' Somala e' una e la legge determina i modi del suo acquisto e della sua perdita'.
3. La cittadinanza non puo' essere perduta o negate per i motive politici.

Art. 6
(Territorio nazionale)

1. Il territorio nazionale e' secro, inviolabile ed indivisibile.
2. La sovranita' territoriale comprende il territorio continentale, le isole, le acque territoriale, la piattaforma continentale, lo spazio aereo sovrastante, e le coste.

Art. 7
(Uguaglianza dei cittadini)

1. Tutti i cittadini, senza distinzione di sesso, di religione, di posizione sociale, di idée politiche, di origine, di lingua, sono uguali davanti

alla legge ed hanno pari diritti e pari doveri.

Art. 8
(Partiti politici)

1. Nella Repubblica Democratica Somala vige il sistema pluripartico.

2. I partiti politici concorrono in modo pacifico e democratico nella direzione politica del Paese.

3. Per le scopo spcificato nel paragrafo precedente, I partiti politici sono considerati, siano essi al potere o all'opposizione, dei pilastri importanti della vita politica e domocratica del Paese.

4. I partiti politici sono regolati da legge speciale.

TITOLO II
POLITICA ESTERA

Art. 9
(Principio di autodeterminazione)

1. La Repubblica Democratica Somala riconosce il principio dell'autodeterminazione dei popoli e presta pieno sostegno ai movement di liberazione nonche' ai popoli che lottano per la propria liberta'.

Art. 10
(Unificazione dei territori Somali)

1. Lo Stato Somalo sostiene con tutti i mezzi pacifici e leciti la liberazione dell'territori Somali, e favarisce il conseguimento pacifico dell'unificazione della Nazione Somala in conformita' alla volonta' delle genti interessate.

Art. 11
(Politica di neutralita' e di coesistenza Pacifica)

1. La Rebubblica Somala adotta la politica della neutralita' positive.

2. Essa riconosce pienemente il principio della coesistenza pacifica fra i popoli.

Art. 12
(Politica della co-oparazione)

1. Lo Stato Somalo promuove la politica della co-operazione fra i popoli e fra gli Stati, basata sulla reciprocita', sulla parita', sul rispetto della sovranita', dell'indipendenza e del sistema politico da ciascuno adottato.

Art. 13
(Diritto Internazionale)

1. Le norme del diritto internazionale generalmente riconosce e gli accordi e trattati internazionali di cui la Somalia e parte e che sono stati debitamente ratificati, hanno forze di legge nel territorio della Repubblica.

Art. 14
(Diritti Umani)

1. Lo stato riconosce la Dichiarazione Universale dei Diritti Umani dell'O.N.U. del 1948.

PARTE SECONDA

DIRITTI, LIBERTA' E DOVERI FONDAMENTALI DEL CITTADINO E DELLA PERSONA

TITOLO I
DIRITTO DEL CITTADINO

Art. 15
(Elettorato)

1. Ogni cittadino in possesso dei requisiti dalla legge gode dell'elettorato attivo e passivo.
2. Il voto e personale, liberta', segreto e uguale per tutti.

Art. 16
(Diritto di accesso alle pubbliche funzioni)

1. I cittadini in possesso dei requisiti stabiliti dalla legge hanno diritto di accedere in condizioni di uguaglianza alle pubbliche funzioni.

Art. 17
(Diritto alla risidenza e alla circolazione)

1. Tutti i cittadini hanno diritto di residenza e di circolazione liberamente ovungue nel territorio nazionale e non possono essere sottoposti e deportazione.
2. Ogni cittadino ha diritto di uscire dal territorio nazionale e di rientrarvi.

Art. 18
(Diritto di associazione politica)

1. I cittadini hanno il diritto di costituire partiti politici in comfermita' alle legge.
2. E' vietato qualsiasi partito politico avente carattare segreto o

militare, o che intende impossessarsi del potere con le armi, o avente demonizione trabile.

Art. 19
(Diritto alla costituzione di sindacati)

1. I cittadini hanno il diritto di costituire sindacati, aventi personalita' giuridica, per la tutela dei loro interessi economici.

Art. 20
(Diritto di sciopero)

1. Il diritto di sciopero e riconosciuto e si esercita entro i limiti stabiliti dalla legge. E'vietato ogni atto discriminatorio o limitativo del diritto di liberta' sindicale.

Art. 21
(Diritto alla costituzione di associazioni sociali)

1. I cittadini sono liberi di costituire associazioni sociali.

2. Nessumo puo' essere obbligato a entrare a far parte o rimanere in una associazione di qualsiasi tipo .

3. Sono vietate le associazioni cociali segreteo aventi forma militare o paramilitare.

Art. 22
(Liberta' di Manifestazione)

1. Ogni cittadino e' libero di participare a riunione e manifestazioni cosi come di promuoverle.

2. Egli e' altresi libero di manifestare pubblicamente il proprio pensiero con lo scritto, la porala, e ogni altro mezzo di diffusione, esclusa ogni forma di censura.

3. L'esercizio dei diritti di cui numeri 1 e 2 del presente articolo non

deve essere in contrasto con la Costituzione e con le leggi che tutelano l'ordine pubblico e la stabilita' del Pease.

Art. 23
(Liberta' di stampa)

1. Lo Stato garantisce la liberta' di stampa e di diffusione, che non sara' regolata da legge speciale.

TITOLO II
DIRITTI FONDAMENTALI DELLA PERSONA

Art. 24
(Diritto alla vita e all'integrita' personale)

1. Chiunque ha diritto alla vita e all'integrita' personale.
2. La pena di morte puo' essere comminata solo per i piu' gravi delitti contro la vita umana e contro la personalita' dello Stato.

Art. 25
(Liberta' personale)

1. Chiunque ha diritto alla liberta' personale.

2. Nessuno puo' essere arrestato, o altrimenti limitato della sua liberta' personale, se non in flagranza di reato oppure in esecuzione di provvidimento dell'autorita' giudiziaria competente.

3. Nei casi di urgente necessita', espressamente previsti dalla legge, in cui una persona viene arrestata perche' indiziata di reato, o viene limitata nella sua liberta' personale, si deve informare entro 48 ore la autorita' giudiziaria competente per la convalida entro il termine fissato dalla legge.

4. Chiunque sia private della liberta' personale deve essere posto a conoscenza, al momento dell'arresto, del reato di cui e indiziato.

5. Nessunno puo' essere sottoposto a misure di sicurezza, salvo nei

casi previsti dalla legge. Tali misure vengono prese su dicisione motivate dell'autorita' competente.

6. Nessuno puo' essere sottoposto a perquisizione personale se non in presenza delle condizioni previste dei commi 2 e 3 del presente articolo e negli altri casi stabiliti dalla legge e relative ad esigenze di giustizia, sanitarie, fiscali o di pubblica incolminita'; ed in ogni caso con l'osservanza della modalita' di legge e nella salvaguardia della dignita' del rispetto della persona.

Art. 26
(Tutela della persona private della liberta')

1. La persona private della liberta' personale non puo' essere sottoposta violenza fiscale o morale.

2. Sono vietate le sanzioni corporale.

3. Qualsiasi violenza corporale o morale costituisce reato ed e' punibile.

4. La persona private della liberta' personale puo' a sua richiesta avere colloqui in qualsiasi momento con I propri familiari e con il proprio legale, o a richiesta di questi.

Art. 27
(Proprieta' private)

1. La proprieta' private e' garantita dalla legge che ne determina i modi di acquisto e di perdita', il contenuto di esercizio allo scopo di assicurarne la funzione sociale.

2. La proprieta' private puo' essere esproprieta per motive di pubblica utilita' contro equo e tempestivo indennizzo.

3. La legge determina quando ricorrono casi di pubblica utilita' che possono comportare l'esproprio di una proprieta' private.

4. Venuta meno lo scopo dell'esprepriazione, la proprieta' viene restituita all'avente diritto.

Art. 28
(Inviolabilita' del domicilio)

1. Nessuno puo' introdursi nell'abitazione altrui o in altro luogo di private dimora se non nei casi previsti dai numeri 2, 3 e 5 dell'art. 25.

Art. 29
(Liberta' di communicazione)

1. La legge segretezza della corrispondenza e di ogni altra forma di comunicazione e' inviolabile, salve le condizioni stabilite della legge.

Art. 30
(Liberta' Religiosa)

1. Chiunque e' libero di professare la propria religione cosi come qualsiasi propia convinzione di fede.

Art. 31
(Diritto di azione e di difesa)

1. Chiunque ha diritto di agire in conformita' alla legge davanti all'organo giudiziario competente.

2. Chiunque ha diritto alla difesa in ogni stato e grado del processo.

3. Lo stesso garantisce, alle condizioni stabilite della legge, la concessione del gratuito patrocinio.

Art. 32
(Ricorso contro gli atti dell'amministrazione pubblica e diritto di indennizzo)

1. E' ammesso il ricorso alle autorita' giudiziario contro i provvedimenti dell'amminstrazione pubblica nei modi e con gli

effetti stabiliti dalla legge.

2. Chiunque sia stato danneggiato da funzionari o dipendenti dello Stato o di Enti Pubblici, nel'esercizio delle loro funzioni, ha -diritto di ottenere il risarcimento dallo Stato o degli Enti Pubblici interessati.

3. La responsabilita' penale, civile e amministarativa dei funzionari e dei dipendenti dello Stato di cui al cooma precedente, e regolata dalla legge.

Art. 33
(Responsabilita' penale)

1. La responsabilita' penale e personale.
2. L'imputato si presume non colpevole fino alla candanna definitive.

Art. 34
(Irretroattiva' della legge penale)

1. Nessuno puo' essere punito per fatto che, al momento in cui fu promesso, non era considerato reato dalla legge, cosi come non puo' essere condannato a pena non prevista dalla legge.

Art. 35
(Estradizione e asilo politico)

1. Puo' essere astradata la persona che abbia commesso un reato nel proprio paese o altrove, che si trova nel territorio Somalo, purche' lo provede una convenzione internazionale con lo Stato richiedente la estradizione dell'imputato o del condannato. L'estradizione non puo' riguardare reati politici.

2. Lo Stato puo' concedere asilo politico alla persona che abbia abbandonato il proprio paese o alro paese per motive politici dipendenti dalla lotta per la salvaguardia degli interessi del popolo, dei diritti dell'uomo o della pace.

TITOLO III
DOVERI DEL CITTADINO E DELLA PERSONA

Art. 36
(Tutela della proprieta' collettiva)

1. Ogni cittadino ha il dovere di tutelare e rafforzare la proprieta' collettiva.

Art. 37
(Difesa del territorio nazionale)

1. La difesa del territorio nazionale ed il consonlidamento dell'unita' nazionale sono sacro dovere di ogni cittadino.
2. Il servizio nazionale e obbligatorio ed e' regolata dalla legge.

Art. 38
(Obblighi fiscali)

1. Caiscuno e' tenuto a pagere i tribute, in confermita' alle legge.
2. La legge determina le modalita' di quest'obbligo, che e basato sui principi della giustizia sociale.

Art. 39
(Osservanza della Costituzione e delle leggi)

1. Tutti hanno il dovere di osservare lealmente la Costituzione e le leggi dello Stato.

PARTE TERZA
FONDAMENTO SOCIO-ECONOMICO

TITOLO I
L'ECONOMIA

Art. 40
(Sviluppo economico)

1. Lo Stato stabilisce la politica generale dell'economica nazionale basata sulla collaborazione fra capitale pubblico e private, in modo da assicurare l'incremento di produzione, l'elevazione del tenore di vita' la creazione di posti di lavaro e in generale il progesso economico del Paese.

Art. 41
(Appartenenza delle risorse naturali)

1. Le risorse naturali del suolo, del sottosuolo e delle acque territoriali sono di proprieta' del Stato, il quale ne regola per legge il migliore sfruttamento.

2. Lo Stato favorisce la tutela dell'ambiente.

Art. 42
(Cllaborazione sociale)

1. Lo Stato incrraggia e rafforza costantamente ogni forma di collaborazione sociale di cui organisazione e gestione appartengono al pubblico, e in particolare le co-operative e l'auto-assistenza, che considera forme organizzate, e la co-operazione, che ha un rulo importante pregresso del paese.

Art. 43
(INiziativa economica)

1. L'iniziativa economica private e libera ed e' incorregiata dallo Stato.

Art. 44
(Investimenti esterni)

1. Lo Stato favorisce gli investimenti esterni, il cui regime e' disciplinato da legge speciali.

TITOLO II
SVILUPPO CULTURALE SCIENTIFICO E APTISTICO

Art. 45
(Istruzione pubblica)

1. Lo Stato attribuisce speciale proprieta' alla promozione, all'incremento e alla diffusione della cultura, della scienza e della tecnica, e considera l'istruzione come l'investimento proprietario fra quali finalizzati allo sviluppo politico, economico e sociale del Paese.

2. L'istruzione nel Paese al servizio della sociata' Somala.

3. L'insegnamento della religione islamica e obbligatorio per gli alievi delle scuole statali e delle scuole private parificate.

4. E' permesso istituire senza oneri allo Stato, scuole o istituti private, in conformita' alle legge.

Art. 46
(Isttruzione di base ed eliminazione dell'analfebetismo)

1. Lo Stato attribuisce prorita' all'istruzione di base.

2. L'istruzione e garatuita ed obbligatoria ed un diritto di tutti i cittadini garantito dallo Stato.

3. Lo Stato si preoccupa dell' estendere a tutti le localita' del Paese l'intruzione di base.

4. L'eliminazione dell'analfabetismo e l'istruzione degli adulti costituiscono dovere nazionale, al cui adempimento concorrono i cittadini e lo Stato.

Art. 47
(Sviluppo scientifico e artistico)

1. Lo Stato promuove le scienze e le arti ed incorraggia la produzione scientifica ed artistica.
2. La legge disciplina il diritto d'autore ed il diritto di brevetto.

Art. 48
(Gioventu' e sport)

1. Al fine di assicurare alla gioventu' un sano sviluppo fisico e mentale, nonche' di elevare l'educazione e la sensibilita' politica, lo Stato attribuisce particulare attenzione allo sviluppo ed all'incorraggiamento dell'edeucazione fisica e dello sport.

2. L'"educazione fisica e lo sport sono material fondomentale inclusa nel programma delle scuole statli e parificate.

TITOLO III
TRADIZIONE E PROTEZIONE SOCIALE

Art. 49
(Sviluppo delle tardizioni e della cultura nazionale)

1. Lo Stato sviluppa le tradizione e le consuetudini del popolo Somalo anche traendo profitto dalle conoscenza umane a livello Internazionale.

2. Esso incorraggia e promuove l'arte la letteretura e il folklore nazionale.

3. Esso tutela la conservanzione degli oggetti e delle localita' storiche e promuove le conoscenza e le tecniche necesarie a tale scopo.

4. Esso favorisce il mantenimento delle tradizioni valide e si propone di eliminare quale retrograde che danneggiano l'unita', la civilta') e il benessere della sociata'.

Art. 50
(Sviluppo rurale)

1. Lo Stato promuove la sedentarizzazione della popolazione rurale, creando le condizioni oggettive ate a incorrggiarla, e sosotiene il programa socio-economico e amministrativo stabilito a questo fine.

Art. 51
(Sanita')

1. Lo Stato si fa carico della sanita' pubblica creando nel paese condizioni autosufficienza per quanto riguarda i mezzi di prevenzione a cura delle malatie.

2. In particulare, si fa in carico delle salute infantile e maternal e della prevenzione delle malatie infettive.

3. Esso incoraggia il progresso dei servizi senitari e la creazione di centri di assistenza private sanitaria.

Art. 52
(Tutela della famiglia)

1. La famiglia e' il fondemento della sociata', che poggia sulla religione, la morale e la morale e l'morale patrio.

2. Lo Stato ne assicura la protezione e incoraggia il matrimonio.

3. Lo Stato garantisce assistenza alla maternita' e infanzia emanando le leggi necessarie.

4. Lo Stato garantsce ogni opportune provvidenza a favore dei figli dei caduti per la difesa della patria.

5. Il mantinemento, l'educazione e l'istruzione dei figli incombe ai genitori a norma di legge.

6. Il mantenimento dei genitori che non possono provvedere a 10% stessi incombe ai figli maggiorenni dei medessimi.

Art. 53
(Assistenza agli indifesi)

1. Lo Stato assume a proprio carico la cura degli invalidi, dei bambini figli di ignati e degli anziani, se non vi e chi provveda per loro.

2. Lo Stato promuove le case di cura per i bambini e i centri giovanili.

Art. 54
(Le donne)

1. Lo Stato offer alle donne la responsabilita' di participare attivamente alla vita politica, economica e sociale del paese.

Art. 55
(Lavoro e lavortori)

1. Lo Stato tutela e promuove il lavoro nelle sua varie forme.

2. E'vietata qualsiasi forma di lavoro obbligatorio, salvo i casi previsti della legge a motivo di necessita' militari, civili o di condanna penale.

3. I lovoratori hanno diritto, senza alcuni discriminazione, ed uguale retribuzione in rapporto al valore del lavoro prestato.

4. I lavoratori hanno diritto al riposo settimanale e alle annuali retrebuite e non possono essere obbligati a rinunciarvi.

5. La legge determine l'orario di lavoro, l'eta' per accedere al lavoro e la remunerazione minima, e garantisce ai minorenni e alle donne posti di lavoro adatti.

6. Lo Stato garantisce ai suoi dipendenti Civili e Militari il diritto alla penzione. Garantisce altresi assistenza contro gli infortuni le malattie professionali, in conformita' alle legge.

Art. 56
(Assistenza e salvaguardia della sociata')

1. Lo Stato determina con legge e promuove la salvaguardia della sociata' e le assicurazzioni sociali, rafforzando gli enti pubblici di assicurazione sociale e di assistenza di ceta meno favorite.

PARTE QUARTA
STRUTTURA DELLO STATO

Capo Primo
Assemblea del Popolo

TITOLO I
ORDINAMENTO E FUNZIONE DELLA ASSEMBLEA DEL POPOLO

Art. 57
(Potere lagislativo)

1. Il potere legislative nella Repubblica e esercitato dalla Assemblea del popolo.

Art. 58
(Elezione dell'assemblea del popolo)

1. L'Assemblea del popolo e' composta di deputati eletti dai cittatdini a suffragio libero, diretto e segreto, e di altri deputati stabiliti dalla Costituzione.

2. Il numero dei deputati, i requestiti e il procedimento per le elezioni sono determinati da legge speciale.

3. E' eleggibile a deputato ogni cittadini Somalo che abbia compiuto venticinque anni di eta'. La legge determina i casi di incompatibilita' di funzioni e altri casi di ineleggibilita'.

4. Il presidente della Repubblica puo', al di fuuori del numero dei deputati elettivi, nominare all'Assemblea fino a quarto deputati scelti fra persone che siano particolarmente affermate nel campo delle scienza, della letteratura e delle arti o che si siano distinte per alti meriti patriottici.

5. Chi e stato Presidente Repubblica e' di diritto deputato a vita', al di fuori del numero dei deputati alettivi, salvo i reati di cui all'art.85 della Costituzione.

Art. 59
(Durata della legislature)

1. La durata della legislature dell'Assemblea del popolo e di cinque anni, a decorrere dale proclamazione dei risultati elettorali.

2. Le elezioni per la nuovo legistatura sono proclamate del Presidente della Repubblica e sono tenute negli ultimi 30 giorni della legislature uscente.

3. La nuovo legislature tiene la prima seduta entro 30 giorni dalla proclamazione dei risultati delle elezioni.

4. Quando si presentano circostanze che rendano impossibile lo svolgimento delle elezioni, il Presidente delle Repubblica, sentito il Presidente la legsislatura per un periodo non superiore ad un anno.

Art. 60
(Scioglimento dell'Assemblea de Popolo)

1. L'Assemblea del Popolo puo' essere sciolta prima del sua proposta di un terzo dei deputati e con l'approvazione di due terzi di essi.

2. L'Assemblea del popolo puo' inoltre essere sciolta dal Presidente

della Repubblica, sentito il Presidente dell'Assemblea del popolo, qualora essa non possa esercitare le sue funzioni ovvero le eserciti in modo tale da pregiudiziomento dell'attivita' lagislativa.

3. L'Assemblea non puo' essere sciolta nel primo anno della legislature e nell'ultimo anno del mandato presidenziale.

4. L'elezione della nuova Assemblea ha luogo entro tre della data di scioglimento.

5. L'Assemblea cessante conserva in ogni caso i suoi poteri fino alla proclamazione dei risultati delle elezioni della nuova Assemblea.

Art. 61
(Sessioni)

1. L'Assemblea del popolo tiene due sessioni l'anno.

2. Essa puo' essere convocata in essione straodrinaria su richiesta del Presidente della Repubblica ovvero dal Presidente del Governo o di un terzo dei deputati.

Art. 62
(Sedute e deliberazioni)

1. L'Assembllea del popolo nella sua prima seduta elegge fra i suoi membri il Presidente, il Vice Presidenti e gli altri membri dell'ufficio di Presidenza.

2. Le sedute dell'Assemblea sono pubbliche. Possono tuttavia tenersi sedute chiuse su richieste del Presidente della Repubblica, del Governo o di almeno un quarto, con l'approvazione della Assemblea stessa.

3. Le sudute dell'Assemblea sono valide con la presenza della maggioranza dei suoi membri.

4. Le deliberazioni dell'Assemblea sono valide a maggioranza

semplice, salvo che la Costituzione o la legge richiedano una maggioranza speciale.

5. Spetta al Presidente dell'Assemblea o chi per lui assicurare l'ordine dale seduta.

Art. 63
(Partecipazione dei memberi del Governo)

1. Il primo Ministro, i Ministri e Vice Ministry possono participare alle sedute dell'Assemblea e delle sua commissioni e possono chiedere la parola. Possono altresi parteciparvi ed essere ascoltati gli funzionari cui il Governo abbia affidato compiti particulari.

2. I membri del Governo debbono essere presenti alle sedute quando l'Assemblea lo richiede.

3. I membri del Governo che non siano deputati non hanno diritto al voto.

Art. 64
(Regolamento dell'Assemblea)

1. Il funzionamento dell'Assemblea del popolo e' disciplinato da un regolamento approvaro dall'Assemblea stessa, su proposta del Presidente dell'Assemblea o di minimo di cinque deputati.

Art. 65
(Attribuzione dell'Assemblea)

L'Assemblea del popolo ha le seguenti attribuzioni:-

1. Emendamento della Costituzione;

2. Formazione delle leggi e approvazione dei provvedimenti relative allo sviluppo nazionale;

3. Ratifica dei trattati internazionali relavati alla difesa e sicurezza, alla

sovranita' e indipendenza della Repubblica, nonche' quelli in material politica, economica e commerciale o che importino oneri finanziari per lo Stato;

4. Approvazione del pianodi sviluppo economico nazionale;

5. Richiesta di rendiconto al Governo o ai suoi membri;

6. Le alter funzioni attribuite dale Costituzione.

Art. 66
(Deputato)

1. Ogni deputato rappresenta l'intresse generale del popolo somolo.

2. Nell'assumere le proprie funzioni nell'Assemblea, il deputato presta giuramento come segue:- " Giuro in nome di Dio di osservare la Costituzione e le leggi dello Stato, di difendere con tutte le mie forza l'indipendenza, la sovranita' e l'unita' del Paese e del popolo somolo, di servire con fidelta' e senza riserva gli intressi dei popolo somolo" (Questo formula si aggiunge la formula somala del giuramento:- Walaahi, Billaahi, Tallaahi).

3. Il deputato non essere perseguito per le idée, le opinioni o il voto espresso davanti all'Assemblea e alle Commissioni nell'esercizio delle sue funzioni.

4. Senza l'autorizzazione dell'Assemblea, il depunon puo' essere sottoposto a procedimento penale, ne' arrestato o sottoposto a perquisizione personale o domiciliare o di altri luoghi private, salvo che sia stato colto nell'atto di commettere un dellitto per il quale e' obbligatorio il mandato di cuttura; inoltre senza autorizzazione dell'assemblea non puo' essere arrestato e detenuto in esecuzione di una sentenza giudiziaria, anche se passata in giudicato.

5. Quando non si taratti di procedimenti penali le azioni possono sempre essere intentate nei confronti dei deputati senza autorizzazione dell'Assemblea del popolo.

6.   Al deputato spetta una indennita' e una diaria per le seduta fissate da una legge speciale.

Art. 67
(Contestazione dei deputati)

1. Il potere di decidere sulle contestazione circa la mancanza dei requisiti per l'elezione a deputato o per la consrvazione della carica spetta alla Corte Suprema.

2. Ogni elettore puo' presentare contestazione motivate entro 30 giorni dalla data della proclamazione dei risultati elettori o dalla data in cui si sono manifestati motive di non eleggibilita' o incompatibilita' di funzioni.

3. La Corte Suprema decide entro 90 giorni dalla scedenza termine di cui al comma secondo del presente articolo.

4. Ove la Corte Suprema riconosce la validita' della contestazione, la Assemblea dichiara la vacanza del seggio, che e successivamente assegnato in conformita' alle legge.

TITOLO II
ESERCIZIO DEL POTERE LEGISLATIVO E ELTRI POTERI

ART. 68
(Progetti di legge)

1. Un progetto di legge puo' essere presentato al Presidente della Repubblica o dal Governo. Puo' inoltre essere presentato dai deputati o di 10.000 elettori.

2. La legge determina la forma in cui I cittadini presentato un progetto di legge, che non puo' riguardare la materiale tribuita.

3. Nel caso di un progetto di legge di iniziativa parlamentare, almeno cinque deputati devono appoggiarlo perche' sia accettato per la

discussione.

4. Prima che un progetto di legge venga discuso dall'Assemblea, esso viene esaminato a fondo dalla Commissione parlamentare competente che riferisce all'Assemblea sull'esito di tale esame.

5. Un progetto di legge respinto dall'Assemblea puo' essere ripresentato all'Assemblea stessa non prima di mesi dalla data in cui e stato respinto.

Art. 69
(Promulgazione e pubblicazione delle leggi)

1. Le leggi approvate dall'Assemblea vengano promulgate dal Presidente della Repubblica entro 30 giorni.

2. Entro il termine di cui al precedente comme, il Presidente Repubblica puo' rinviare la legge la legge all'Assemblea, motivando la sua decisione e chiedendo che che la legge venga venga nuovamente posta in discussione.

3. e due terzi dei membri dell'Assemblea approvano detta legge, il Presidente della Repubblica deve promulgarle enrto 30 giorni.

4. Se l'Assemblea, a maggiorenza semplice, dichiara urgente una legge, essa deve essere promulgate entro un massimo di cinque giorni.

5. Ogni legge approvata dall'Assemblea e promulgate dal Presidente della Repubblica viene pubblica sul Bollettino Ufficiale ed entra in vigore 15 giorni dopo la data di pubblicazione, salvo che la legge stessa non indichi una data diversa.

Art. 70
(Leggi delegate)

1. L'Assemblea puo', in circostanze particolari, delegare il Governo ad emanare, entro un termine stabilito, norme aventi forza di legge. Nella delega possonoessere indicate I principi e I criteri da seguire.

2. Le leggi delegate vengono emanate con decreto del Presidente della

Repubblica.

Art. 71
(Decreto-Legge)

1. In caso di urgente necessita', il Governo puo' emanare norme provvisorie aventi forza di legge mediante decreto presidenziale, che dovra' entro 30 giorni, essere presentato all'Assemblea per la conversione in legge.
2. L'Asseblea decide in merito, se in sessione, entro 15 giorni dalla data di emanazione del decreto-legge, o, se non e' in sessione, entro 15 giorni dalla sua prima seduta.
3. Ove non sia convertito in legge, il devreto-legge decade, con effetto dalla data di emanazione. Peraltro l'Assemblea puo' indicare una diverza data di scedenza o regolare in altro modo I rapporti giuridici che ne sono derivati.

Art. 72
(Amnistia generale e speciale)

1. L'Assemblea puo' delegare al Presidente della Repubblica il potere di concedere amnistiagenerale o speciale con legge approvata da due terzi dei deputati.
2. L'amnistia generale e quale speciale non possono riguardare i reati commessi successivamente all'emanazione delle legge.

Art. 73
(Bilancio)

1. Il Governo presenta all'Assemblea il progetto di bilancio di previsione dello tato con almeno due mesi di anticipo sulla fine dell'esercizio finanziario. Il bilancio entra in vigore all'atto dell'approvizione con legge dall'Assemblea.
2. Il bilancio viene discusso e approvato capitolo per capitale.
3. Se il bilancio non viene approvato prima dell'inzio del nuovo

esercizio, si applica il bilancio dell'anno precedente per periodo non superiore a tre mesi.

4. L'Assemblea approva con legge lo storno da uno ad altro capitolo di bilancio.

5. La legge di approvazione del bilancio non puo' stabilire nuovo imposte e spese.

6. Il Governo deve, entro i primi sei mesi del nuovo esercizio, presentare i conti consuntivi all'approvazione dell'Assemblea.

7. La legge determina il modo di preparazione dei bilanci e dell'erogazione degli stanziamnti.

Art. 74
(Tributi)

1. I tribute possono essere stabiliti, modificati, abroghati o sospesi solo per legge.

2. I tribute e le alter entrate dello Stato sono versati alla Tesoreria e vengono a far parte dei fondi di bilancio, ove la legge non disponga altrimenti.

3. I progetti de legge che importino spese aggiuntive o superiori alle previsioni di bilancio debbono indicare le fonti di cpoertura di tali spese.

Art. 75
(Stato di Guerra)

1. La dichiarazione dello Stato di Guerra e' autorizzata dall'Assemblea del popolo che conferisce al Governo i poteri necessari.

Art. 76
(Controllo dell'Assemblea)

1. Ogni deputato ha diritto di porre al governo e ai suoi membri interrogazioni e interpellanza, cui il governo e' tenuto a rispondere entro venti giorni. Ogni deputato ha il diritto di proporre una mozione di censura.

2. L'Assemblea puo' disporre inchieste a mezzo di commissioni composted a deputati e altri esperti.

Capo Secondo
Il Presidente della Repubblica

Art. 77
(I Capo dello Stato)

1. Il Presidente della Repubblica e il Capo dello stato e rappresenta il poter statli e l'indipendenza del popolo somolo.

Art. 78
(Requisiti per l'elezione)

1. E'eleggibile alla carica di Presidente della Repubblica ogni cittadino somolo mussulmano, di genitori Somali originari che non abbia contratto ne' contragga matrimonio con persona non cittadina originaria, che che abbia compiuto il quarantacinquesimo anno di eta'.

2. Durante il suo mandato il Presidente della Repubblica non puo' esercitare alter funzioni pubbliche, esclcso il diritto di voto, egli non puo' inoltre svolgere una libera comprare o affitare proprieta' dello Stato o vendere o affittare sue proprieta' allo Stato.

Art. 79
(Elezione)

1. Il Presidente della Repubblica viene eletto a suffragio diretto dal popolo, ed e' candidate dai partiti politici. Puo' altresi candidarsi

qualunque ciitadino in possesso dei requisiti di cui all'articolo 78.

2. La procedura delle elezioni presidenziale e' stabilita una legge speciale.

3. L'elezione deve essere disposta almeno sessante giorni prima della fine del mandato del Presidente in carica, e deve aver luogo venti giorni prima della scedenza del mandato.

4. E' eletto Presidente della Repubblica il candidate che consegue la maggioranza del suffragio elettorale. Se nessuna dei candidati consegue tale maggioranza, si indice tra due candidati che hanno ottenuto il maggior numero di voti una nuova elezione entro 30 giorni dalla data proclamazione dei risultati elettorali e viene eletto Presidente chi consegue la maggioranza dei voti.

Art. 80
(Durata del mandato e giuramento)

1. Il Presidente della Repubblica dura in carica sei anni a decorrere dalla data del giuramento e puo' essere rieletto solo una volta.

2. Nell'aasumere le proprie funzioni il Presidente delaa Repubblica presta il giuramento di cui all'articalo 66 davanti all'Assemblea del popolo.

Art. 81
(Assegni)

1. Gli assegni e le proprieta' dell Stato in dotazione al Presidente della Repubblica sono stabiliti dalla legge.

Art. 82
(Impedimento)

1. In caso di impedimento, dimissioni o incapacita' permanente del Presidente della Repubblica, le nuova elezioni presidenziali si svolgonocon le modalita' di cui all'art. 79. le elezioni devono aver luogo entro 60 giorni.

2. Fino alle nuovo elezioni, o nel caso di sospensione dale funzioni di cui all'art. 85 o in ogni altro caso di capacita' temporanea, le funzioni del Presidente della Repubblica sono esercitate ad interim dal Presidente dell'Assemblea, ad eccezione dei casi previsti dal 2 comma dell'art. 60, dalla lettera (e) dell'articolo 83, dal 3 e 4 comma dell'art. 87, dal 2 comma dell'art 88, e dal 1 comma dell'art.118.

3. In caso di dimissione, il Presidente della Repubblica e tenuto a sottoporre per iscritto la sua decissione all'Assemblea.

Art. 83
(Attribuzione e compiti)

1. Il Presidente della Repubblica, oltre ad esercitare le le funzioni conferitegli dalla Costituzione e dale leggi, ha le seguenti attribuzioni:-

    A. Garantisce l'osservanza della Costituzione e delle leggi;
    B. Autorizza il Governo a presentare progetti di legge all'Assemblea;

C. Ratifica I trattati internazionali approvati di legge all'Assemblea del popolo;

D. Ratifica gli altri trattati internazionali di cui il Governo o I suoi membri sono parte;

E. Sottopone a referendum le questioni relative agli interessi piu' importanti del paese.

F. Riceve ed accredita gli agenti diplomatici e I capi delle missioni esterne;

G. Nomina e roveca gli altri funzionari dello Stato previa approvazione del Consiglio dei Ministri;

H. Concede la grazia e comuta la pena;

I. E Comandante in Capo delle Forze Armata;

J. Dichiara lo Stato di Guerra, previa l'autorizzazione dell'Assemblea del Popolo, in confermita' all'art.75;

K. Conferisce medaglie e altre onorificenza al merito.

2. Il Presidente della Repubblica esercita le funzioni conferitegli dalla Costituzione mediante decreti.

Art. 84
(Poteri straordinari del Presidente)

1. Ove insorgano situazioni che possono mettere in grave pericolo la sovranita', l'integrita' territoriale, o la sicurezza interna o esterna del Paese, o il funzionamento degli organi costituzionali, il Presidente delle Repubblica, sentiti il Presidente dell'Assemblea e il Primo Ministro, adotta misure preventive contro tali situazioni.

2. Il Presidente informa il popolo e presenta, entro 30 gioni, le misure adottate all'Assemblea del Popolo per l'approvazione.

3. Le misure adottate dal Presidente della Repubblica devono mirare ad assicurre prontamento agli organi costituzionali del Paese il pienno esercizio delle loro funzioni. La loro applicazione non puo' superare sei mesi; peraltro, se la situazione perduta, l'Assemblea puo' prolungarne la durate.

Art. 85
(Responsabilita')

1. La responsabilita' delle decisioni emeses con atto del Presidente della Repubblica, contrfirmato dal Primo Ministro e dal Ministro di volta in volta competente, e' assunta da questo ultimi.

2. Il Presidente della Repubblica rispondedei reati di alto tradimento e attentato alla Costituzione.

3. Il Presidente della Repubblica viene messo in stato di accusa per iniziativa di almeno due terzi deputati, che deve avere l'approvazione dell'Assemblea con la maggioranza di due terzi, e niene giudicato dalla Corte Suprema costituita in Alta Corte di Giustizia.

4. Salvo i casi di cui al precedente comma, il Presidente della Repubblica non puo' essere sottoposto a procedimento penale se non con l'autorizzazione dell'Assemblea del popolo, che decide a maggioranza di due terzi.

5. L'autorizzazione a procedure cntro il Presidente della Repubblica comporta la sua sospensione dalla carica.

CAPO TERZO
IL GOVERNO
TITOLO I
ORDINAMENTO DEL GOVERNO

Art. 86
(Il potere esecutivo)

1. Il Gverno e' il Massimo organo esecutivo al Presidente della Repubblica e al Governo lo esercitano conformita' alla Costituzione.

Art. 87
(Struttura del Governo)

1. Il Governo e' il Massimo organismo esecutivo e amministrativo dello Stato ed e' composo del Primo Ministro e dei Ministri.

2. Il Primo Ministro e i Ministri riuniti in seduta formano il Consiglio dei Ministri.

3. Il Primo Ministro e nominato e revocato dal Presidente della Repubblica.

4. I Ministri sono nominate e revocati dal Presidente della Repubblica su proposto del Primo Ministro.

5. Ogni Minstro e responsibile delle attivita' del suo Ministero.

6. I membri del Governo sono collettivamente responsabili delle attivita' del Consiglio dei Ministeri.

7. Le dimissioni del Primo Minstro comportano lo scioglimento del Governo.

Art. 88
(Vice Ministri)

1. Nell'adempimento delle sua funzioni un ministro puo' essere assistito da un Vice Ministro, che esercita le funzioni ad esso delegate.

2. I Vice Ministero sono nominate e revocati dal Presidente della Repubblica, su proposta del Primo Ministro.

Art. 89
(Requisiti dei membri del Governo)

1. Le persone nominate alla carica di ministero o Vice ministro debbono avare la cittadinanza somala, aver compiuto 30 anni di eta' possedere i requisiti per l'elezione e deputato.

2. Un Ministro o Vice ministro non puo', finche' e in carica, esercitare altre funzioni pubbliche ad esclusione del diritto di voto e della funzione di deputato. E' altresi vietato l'esercizio di libere professioni, o attivita' commerciali lucrative o attivita' industriali, ovvero acquistare o affittare proprieta' dello Stato o vendere o dare in affitto proprieta di loro appartenenza allo Stato.

Art. 90
(Giuramento)

1. Primo di assumare le loro funzioni, i Ministri e Vive Ministri prestano, dinanzi il Presidente della Repubblica, il giuramento di cui al'art. 66.

Art. 91
(Fiduica dell'Assemblea del popolo)

1. Il Governo dopo la sua formazione presenta all'Assemblea del popolo il programa che si propone di realizzare.

2. Il Governo entra 30 giorni della sua formazione deve chiedere la fiducia all'Assemblea del popolo, che concede o rifiuta con voto palese a maggioranza semplice.

3. La mozione di sfiducia puo' essere proposta davanti deputati, deve essere motivate, ed e discussa entro Cinque dalla sua presentazione. L'Assemblea decide in merito con voto palese a maggioranza semplice.

4. La fiducia dell'Assemblea comporta le dimissioni del Governo.

5. Il Governo dimissionario resta in carica per lo svolgimento delle attivita' di ordinaria amministrazione fino alla formazione di un nuovo Governo.

TITOLO II
ATTIVITA' DEL GOVERNO ORGANI AUSILIARI

Art. 92
(Attribuzioni del Consiglio dei Ministri)

1. Consiglio dei Ministri ha le seguenti attribuzione:-

A. Determina insieme al Presidente della Repubblica la politica generale del Governo di cui assicura l'atuazione;

B. Autorizza decreta amministrati e di attuazione in conformita' alle legge;

C. Prepara e presenta i disegni di legge all'Assemblea del popolo;

D. Elobora il bilancio preventive e il contro consuntivo;

E. Elebra il piano di sviluppo economico del Pease;

F. Vigilia sull'applicazione delle legge e sulla sicurezza del Paese e tutela gli interessi dello Stato;

G. Autorizza la nomina e la revoca degli alti funzionari dello Stato;

H. Esercita glialtri poteri attribuitigli dalla Costituzione o dalla legge.

Art. 93
(Attribuzioni Primo Ministro)

1. Il Primo Ministro e responsabile della dirazione della politica generale del Governo e vigila sull'uniformata' della politica governitiva, controllando e coordinando l'attivita' dei Ministri.

2. Ove necessario, le decisioni del Primo Ministro sono controfirmate dal Ministro competente.

Art. 94
(Ordinamento del Governo)

1. Le attribuzioni del Primo Ministro e del Consiglio dei Ministri non previste dalla Costituzione e le funzioni e il numero dei Ministri sono oggetto di legge speciali.

2. La struttura dell'ufficio del Primo Ministro, dei Ministri e degli uffici dependenti e' stabilita con decreto presidenziale.

Art. 95
(Responsabilita' penale dei Ministeri)

1. Il Primo Ministro e i Ministri sono responsabili dei reati commessi nell'esercizio delle loro funzioni.

2. Per i reati di cui precedente comma i membri del Consiglio dei Ministri possono essere deferiti a giudizio su proposta di un un quirto dei deputati approvata dall'Assemblea del popolo con la maggioranza dei due terzi e vengono giudicati dalla Corte Suprema costituiti in alta Corte di Giustizia.

3. Al di fuori di tali ipotesi, non possono essere deferiti a giuzio per reati penali se non con l'autorizzcione dell'Assemblea a maggioranza di due terzi.

4. I membri del Governo deferiti all'Alta Corte di Giustizia sono sospesi dall'esercizio delle loro funzioni.
5. Le norme di cui sopra si applicano anche ai Vice Ministri.

Art. 96
(Potere regolamentotare)

1. I regomalente sono emanati con decreto del Presidente delle Repubblica in seguito all'approvazione del Consiglio dei Ministri.

2. Il potere di emanare regolamenti in particulari materie puo' essere sttribuito dalle leggi ead altri organi dello Stato o ad Enti Pubblici autonomi.

Art. 97
(Funzionari e dipendenti dello Stato)

1. I funzionari e i dipendenti dello Stato svolgono i loro compiti esclusivamente in conformita' alla legge e all'interesse generale.

2. Essi non possono ricoprire incarichi dirigenziali in un partito politico.

3. La legge stabilisce le categorie del personale statale cui e' vietato far parte di partiti politici o svolgere attivita' incocompatibili con l'esercizio delle loro funzioni.

4. Lo statuto giuridico del personale statale e' regolato dalla legge.

5. L'ammissione al pubblico impiego avviene unicamento per concorso pubblico, salvo i casi previsti dalla legge.

Art. 98
(Commisione del Pubblico Impiego)

1. La struttura e i poteri della Commissione del Pubblico Impiego sono regolati dalla legge.

2. La legge istitutiva della Commissione deve garantire l'autotomia delle sue funzioni.

TITOLO III
FORZE ARMATE E COMMISSIONE PER LA DIFESA NAZIONALE

Art. 99
(Forze armate)

1. Solo lo Stato puo' istituire le Forze Armate. E'vietato a qualsiasi altro entre o formazione sociale dicostituire un'organizzazione di natura militare o paramilitare.

2. Spetta alle Forza Armate il compito di vigilare sulla sovranita' e indipendenza della Repubblica e sull'unita' e sicurezza del Paese.

3. L'istituzione e l'organizzazione delle Forze Armate sono regulate da legge speciale.

Art. 100
(Commissione per la difesa nazionale)

1. Sara' istituita la Commissione per la Difesa Nazionale, preseduta dal Presidente della Repubblica, con il compito di esaminare le questioni relative alla difesa e alla sicurezza del Paese.

2. Le altre funzioni della Commissione e dei suoi membri sono determinate dalla legge.

TITOLO IV
DECENTRAMENTO DEL POTERE AMMINTRATIVO

Art. 101
(Decentramento dell'amministrazione)

1. Le funzioni amministrative dello Stato sono delegate, per quanto possibile, agli enti locali e pubblici.

2. Gli enti locali della Repubblica sono le Regioni e i Destretti.
3. La legge puo' istituire enti locali diversi da qualli sopra indicate.

Art. 102
(Poteri degli enti locali)

1. Il potere e l'amministrazione degli enti locali fanno parte del potere centrale dello Stato.

2. Gli enti locali hanno personalita' giuridica e autonomia nell'amministrazione locali.

3. La legge regola i poteri degli locali su base democratica.

Art. 103
(Assemblea popolari locali)

1. Gli enti locali hanno assemblee popolari i cui membri sono eletti dal popolo con voto libero, diretto e segreto.

2. La struttura, le procedure di elezione, la periodicita' delle sedute, le funzioni, le risorse finanziarie, le immunita' dei membri e il potere regolamentare Assemblee popolari degli enti locali sono determinati da legge speciale, che mira a trasferire ad esse il potere amministrativo dello Stato secondo la loro capacita', tenuto conto del progresso politico, economico e sociale raggiunto a livello locale.

TITOLO V
ORGANI AUSILIARI

Art. 104
(Magistrato ai Conti)

1. Il magistrate ai conti e' l'organo competente a esercitare il controllo preventive di leggitimita' sugli atti di governo che importino oneri finanziari, e il controllo successivo sulla gestione del bilancio dello Stato.

2. Esso ispeziona nei modi stabiliti dalla legge la gestione finanziaria degli organi statali e degli enti alle cui spese lo Stato concorre in via normale o eccezionale.

3. Esso riferisce il risultato della sua ispezione al Presidente della Repubblica e al Consiglio dei Ministri.

4. La legge istitutiva del Magistrato ai Conti garantisce al Magistrato ai Conti l'indipendenza del suo operato, e agli enti oggetto di ispezione la possibilita' di difendersi.

Art. 105
(Commissione Nazionale per l'Economia e il Lovoro)

1. La Commissione Nationale per l'Economia e il Lavoro e un ente consultattivo dell'Assemblea del popolo e del Governo nelle meterie dell'economia e del lavoro, in conformita' alla legge istitutiva.
2. La Comissione e' composta da esperti e rappresentanti dei diversi settori produttivi, tenuto conto della loro importanza quantitiva e qualitivo.

CAPO QUARTO
LA MAGISTRATURA

Art. 106
(Poteri e indipendenza della Magistratura)

1. Il potere giudiziario spetta alle Corti.

2. Il magistrate e indipendente del potere legislative ed esecutivo.

3. Il prestigio della magistratura e l'integrita' dei magistrate costituiti la base e la garanzia diritti e delle liberta' del popolo e della giustizia.

Art. 107
(Funzione giudiziaria)

1. La magistratura tutela l'ordinamento dello Stato, la Costituzione e le leggi del Paese.
2. Il magistrate garantisce e assicura, in confermita' alla legge, le liberta' personali e diritti del cittadino e della persona umana.

Art. 108
(Corte Suprema)

1. La Corte Suprema e' il Massimo organo giurisdizionale della Repubblica e ha giurisdizione su tutto il territorio della Repubblica, in material sia civile che penale, amministrativa, contabile e ogni altra material indicate alla Costituzione o delle leggi.

2. La composizione delle Corte Suprema e stabilita dalla legge.

3. La legge determina altresi le altre corti e gli altri ograni giudiziari, la loro composizione, tipo e grado e i loro poteri.

Art. 109
(Unita' della giurisdizione)

1. La giurisdizione della Repubblica e unica.
2. Non si possono istituire organi giudiziari straordinari e speciali.
3. All'interno delle corti ordinarie possono, in circostanza particolari, essere istituite sezioni speciale.
4. Il pubblico e ammesso, in comformita' aala legge, alle udienze relative a casi penali gravati.
5. la legge determina I poteri dei tribunali militari in tempo di pace di Guerra. In tempo di pace, il loro poteri sono limitati ai reati commessi da appartenenti alle Forze Armate.

Art. 110
(Immunita' dei magistrate)

1. Nell'esercizio delle loro funzioni, i magistrate sono soggetti soltnto alle legge.

2. Il magistrate e inamovibile all'infuori dei casi previsti dalla legge.

3. I requisiti per la nomina, la promozione, il tarsferimento, la revoca, e in generale lo statuto giuridico dei magistrate sono determinati dalla legge.

4. I magistrate non possono essercitare professioni, servizi o attiva' incompatibili con le loro funzioni.

5. I provvedimenti amministrativi e disclinari riguardanti i magistrate sono emesis con decreto del Presidente della Repubblica, su

proposto del Ministro della Giustizia, sentito ilparere del Consiglio Superiore della Magistratura.

6. L'incrimanazione dei magistrate per reati relative all'esercizio delle loro funzioni e autorizzati dal Presidente della Repubblica, sentito il Consiglio Superiore della Magistratura.

7. il Consiglio Superiore della Magistratura e competeper le attivita' degli organi giudiziari ed e' l'organo che garantisce ai magistrate indipendenza nell'esercizio delle loro funzioni. La legge determina la composizione, le attribuzioni e le procedure del Consiglio Superiore della Magistratura.

Art. 111
(Udienza)

1. I dibattimenti davanti alle Corti sono in via di principio orali e pubblici, all'infuori dei casi straordinari previsti dalla legge.

2. La Corte non puo' decidere se non vengono ascoltate tutte le parti.

3. Le decisioni delle Corte relative alla liberta' personale e le alter decisioni devono essere motivate e sono appellibili.

4. Nell'esercizio delle loro funzioni I magistrate possono avvalersi direttemente dell'dell'auslio delle forze dell'ordine.

5. Le sentenza vengono emeses in nome del popolo somolo.

Art. 112
(Procura Generale dello Stato)

1. La Procura Generale e' un organo giudiziario unitario, le cui funzioni sono determinate dalla legge.

CAPO V
GARANZIE COSTITUZIONALI

TITOLO I
COSTITUZIONALITA' DELLE LEGGI

Art. 113
(Fonte del potere dello Stato)

1. La legge e la fonte del potere statale.
2. Le Leggi e le norme aventi forza di legge debbono conformarsi alla Costitituzione e ai principi generali dell'Islam.
3. Il modo di istituzione degli enti statli e i rapporti fra lo Stato e le persone private e pubbliche, sono regolati dalle legge.
4. I provvedimenti amministtrativi contrari alle legge e le leggi e le norme aventi forza di legge contrarie alla Costtuzione possono essere oggetto di ricorso dap arte degli interessati seguendo la procedura prevista dalla legge.

Art. 114
(Corte Costituzionale)

1. Le azioni giudiziarie relative all'incostituzionalita' delle leggi e norme aventi forza di legge sono di competenza delle Corte Suprema costituita in Corte Costituzionale, integrate da due membri nominate dal Presidente della Repubblica e da due membri eletti dall'Assemblea del popolo a maggioranza semplice, i quali tutti non debono essere deputati dell'Assemblea del popolo.

2. Le procedure di lavoro della Corte Costituzionale, i requisiti dei membri integrativi e la durata delle loro funzioni sono determinati dalla legge.

Art. 115
(Decisioni della Corte Costituzionale)

1. La decisione raggiunta dalla Corte Costituzionale in merito alla incostituzionalita' delle leggi provvedimenti aventi forza di legge e' trasmessa al Presidente della Repubblica, al Presidente dall'Assemblea del popolo e al Primo Ministro ed e' pubblicata sul Bollettino Ufficiale.

2. La decisione di cui al comma precedente ha frza di legge.

TITOLO II
INCRIMINAZIONE DEL PRESIDENTE DELLA REPUBBLICA EDEI MEMBRI DEL GOVERNO

ART. 116
(Icriminazione)

1. La decisione di porrein stato di accusa il Presidente della Repubblica e i membri del Governo, presa dall'Assemblea del popolo, deve essere conforme agli articoli 85 e 95 deve indicare il fatto illecito e gli eventuali complici.

2. L'Assemblea del popolo nomina, nell'ambito della Corte Suprema costituita in alta Corte di Giustizia, da uno a tre membri con funzioni di Pubblico Ministero.

Art. 117
(Alta Corte di Giustizia)

1. La Corte Suprema, costituita in alta Corte di Giustizia, giudica con l'ausilio di sei membri scelti dal Presidente della Corte Suprema per sorteggio in seduta pubblica fra diciotto cittadini che siano in possesso dei requisiti per l'eleggibilita' a deputato eletti dall'Assemblea del popolo all'inizio di ogni sezione e che non siano membri dell'Assemblea.

2. La procedura di lavoro della Corte e' stabilita dalla legge.

TITOLO III
EMENDAMENTI DELLA COSTITUZIONE

Art. 118
(Emendamento e integrazione)

1. Le proposte di modifica o integrazione possono essere presentate dal Presidente della Repubblica, dal Governo o da un terzo dei membri dell'Assemblea, o da diecimila cittadini con diritto di voto.

2. L'Assemblea decide in merito con due votazioni a tre mesi di distanza una dall'altra. La prima votazione e valida a maggioranza semplice dei voti; la seconda a maggioranza di due terzi.

Art. 119
(Limitazioni)

1. Emendamenti di cui al precedente articolo non possono riguardare le seguenti materie:-

   A. La forma repubblicana;
   B. L'integrita' del territorio;
   C. I diritti e le liberta' fondamentali del cittadino e della persona umana.

Ra'iisul wasaarihii ugu dambeeyay ee labadii xukuumadood ee ay kala Hogaaminayeen

General Maxamed Siyaad Barre iyo Mudane Cali Mahdi Maxamed
Mudane Cumar Carte Qaalib
1990kii ilaa 1991kii

Madaxweynihii KMG ahaa ee Soomaaliya ka dib markii xukunka laga tuuray Xukuumaddii Milateriga aheyd ee Genaral Maxamed Siyaad Barre

Mudane Cali Mahdi Maxamed
28kii Janaayo 1991 ilaa Bishii Maarso 1993dii

Madaxweynihii
Dowladdii Salbalaar ee uu Koofurta Magaalada Muqdisho kaga dhawaaqay

General Maxamed Faarax Xassan "Ceydiid"
15kii Juun 1995 ilaa 1dii August 1996dii

Madaxweynihii ugu horreeyay ee maamulka Gobollada Waqooyi ee Soomaaliya ka dib markii ay ku dhawaaqeen in ay ka go'een Soomaaliya inteeda kale

Mudane C/raxmaan Axmed Cali "Tuur"
18/05/1991kii

Madaxweynahaii Somaliland
Maxamed Xaaji Ibraahim Cigaal
1994 - 04/05/2002dii

Somaliland

DASTUURKA

Dastuurka Somaliland

1997 - 2004

Madaxweynaha Maamulka Gobollada Waqooyi ee
Jamhuuriyadda Soomaaliya lana baxay Somaliland
Mudane Col. Daahir Riyaale Kaahin

QAYBTA KOOWAAD
TILMAANTA QARANKA, MABAADI'DA GUUD IYO XORRIYAADKA ASAASIGA AH
XUBINTA KOOWAAD
QODOBKA KOOWAAD
Qaranka Jamhuuriyadda Somaliland

1. Dalkii Maxmiyadda ahaa ee 26kii Juun 1960kii gobannimadiisa ka qaatay Boqortooyadii Midowday ee Ingiriiska iyo Waqooyiga Ayrland (United Kingdom of Great Britain and Northern Ireland), lana odhan jiray Maxmiyadda Somaliland, kuna biiray Soomaaliya 1dii July 1960kii si ay u wada curiyaan Jamhuuriyadda Soomaaliya [Somali Republic] ee kula soo noqday gooni-isu-taagiisa Go'aankii Shirkii Beelaha Somaliland ee Burco 27kii April ilaa 15 May 1991kii, waxa uu halkan ku noqonayaa sida waafaqsan Dastuurkan dal

madax bannaan oo leh xaqa iyo karaamada Qaranimadusa, kuna magacaaban "Jamhuuriyadda Somaliland".

2. Awoodda iyo karaamada Qaranimada waxa leh shacbiga; wuxuuna u adeegsanayaa si waafaqsan Dastuurka iyo xeerarka kale.

QODOBKA 2AAD
DALKA JAMHUURIYADDA SOMALILAND

1. Dalka Jamhuuriyadda Somaliland wuxuu fidsan yahay bed (Area) ahaan dalkii la odhan jirey Maxmiyadda Somaliland oo tilmaan ahaan ku yaalla dhigaha (Latitude) 50 ilaa 110 30' Waqooyiga Dhulbadhaha iyo loolka (Longtitude) 420 45' ilaa 490 Bariga; waxaanay soohdimihiisu ka kooban yihiin berriga1 jasuradaha, biyaha gobolleed, dhulka iyo badaha hoostooda, hawada sare iyo xeebleyda (Continental shelf).

2. Jamhuuriyadda Somaliland waxay xad la wadaagtaa dhinaca Waqooyi Gacanka Cadmeed; dhinaca Bari Soomaaliya; dhinaca Koonfureed iyo dhinaca Galbeed Jamhuuriyadda Federaalka ah ee ltoobiya; dhinaca Waqooyi Galbeed Jamhuuriyadda Jabuuti.

3. Dhulka Qaranku waa muqaddas; waana laguma xad gudbaan.

QODOBKA 3AAD
MAGALO-MADAXDA

Magaalo-madaxda Jamhuuriyadda Somaliland waa Hargeysa.

QODOBKA 4AAD
JINSIYADDA

1. Qof kasta oo u dhashay Somaliland, kana issirran dadkii deggenaa dalka

Somaliland 26kii Juun 1960k iyo ka hor, waxa loo aqoonsanayaa muwaadin Somaliland.

2. Xeer baa caddaynaya sida lagu heli karo ama laga waayi karo jinsiyadda Somali land.

QODOBKA 5AAD
DIINTA

1. Diinta Qaranka Somaliland waa Diinta lslaamka; waxaana geyiga Somaliland ka reebban faafinta diin aan ahayn Diinta lslaamka.

2. Xeerarka dalka waxaa laga qaadanayaa Shareecadda lslaamka; waxaana reebban wixii xeer ah ee ka soo horjeeda.

3. Dawladdu waxay oogaysaa shacaa'irta dimiga ah (umuurta Diinta); waxaanay fulinaysaa axkaamta Shareecadda. Sidoo kale waxay ka hortegaysaa fisqiga iyo anshax- xumada.

4. Tirsiga taariikhda waxa laga raacayaa tan lslaamiga ah ee Hijriyada iyo tan Miilaadiyada ah.

QODOBKA 6AAD
AFKA

I. Afka rasmiga ah ee Jamhuuriyadda Somaliland waa Af-Soomaaliga; afka labaadna waa Af- Carabiga.

2. Afafka kale waxa loo adeegsan karaa wixii looga maarmi waayo.

QODOBKA 7AAD
CALANKA, ASTMNTA & HEESTA QARANKA

1. Calanka Jamhuuriyadda Somaliland wuxuu ka kooban yahay saddex midab oo isle'eg oo ballaadh u goglan. Midabka sare waa Doog,

dhexdiisana ay ku qoran tahay Laa-llaaha lla-Lahu Muxamedu Rasuul-Allaah oo Far-Carabi ah, oo midab cad ah; midabka dhexe waa caddaan ay badhtanka kaga taallo xiddig madow oo shan geesley ah, madaxyo simanna leh; midabka hoose waa casaan saafi ah.

2. Astaanta Qaranku waa Galaydh Bunni ah oo ay laabta kaga qoran tahay "ALLAAHU AKBAR" oo Far Carabi ah; kuna taagan laba gacmood oo is-gacan qaadaya, miisaana ka sarreeyo ay labadusa kafadood hareeraha Galaydhka ka laalaadaan. Laba caleemood oo doog ah ayaa hoosta iyo hareeraha kaga wareegsan Galaydhka; labada caleemood baarkooda inta u dhaxaysa waxa ku qoran "Bisinka" oo Far Carabi ah.

3. Heesta Qaranku waa mid muujinaysa bartilmaameedyada Dastuurka, caqiidada ummadda, hab-dhaqmeedka wadatashi; waxanay yeelanaysaa miyuusik u gaar ah oo ka duwan kuwa dalalka kale; waxaana lagu soo saarayaa xeer.

4. Wax-ka-beddelka ama bedelaadda calanka, astaanta, iyo heesta qaranka, waxa jidaynaya go'aan Golaha Wakulada.

XUB1NTA 2AAD
MABAADI'DA GUUD

QODOBKA 8AAD
SINNANTA MUWAADINIINTA

1. Muwaadiniinta Somaliland iyadoon lagu kala saarayn midabka, qabiilka, dhalashada, luqada, lab iyo dhedig, hantida, mudnaanta, afkaarta iwm, waxay sharciga hortiisa ku leeyihiin xuquuq iyo waajibaad siman.

2. Kala sarraynta iyo takoorka ku salaysan issirka, abtirsiga, dhalashada iyo deegaanku waa reebban yihiin, isla markaa barnaamijyada lagu cidhib tirayo dhaqamada xunxun ee 500 jireenka ah waa waajib Qaran.

3. Ajaanibka dalka Somaliland sharci ku jooga waxay xeerka hortusa ku leeyihiin xuquuq iyo waajibaad la siman tan muwaadiniinta, oo ay ka reebban tahay xuquuqda siyaasiyiga ah ee muwaadiniinta u gaarka ah.

QODOBKA 9AAD
NIDAAMKA SIYMSADEED

1. Nidaamka siyaasadeed ee Jamhuuriyadda Somaliland waxa saldhig u ah nabad, talo-wadaag, dimuqraadiyad iyo hannaanka xisbiyada badan.

2. Tirada xisbiyada siyaasiga ah ee dalka Jamhuuriyadda Somaliland kama badnaan karaan saddex (3) xisbi.

3. Iyada oo xeer gaar ahi habayn doono qaabka loo furan karo xisbi siyaasi ah, waxaa reebban in xisbi lagu dhiso gobollaysi iyo qabyaalad.

QODOBKA 10AAD
XIDHIIDHKA DIBEDDA

1. Jamhuuriyadda Soomaaliland waxay dhawraysaa heshiisyadii ay Dawladdii hore 1o odhan jiray Soomaaliya la gashay shirkad ama dawlad shisheeye, haddii aanu ka hor imanayn danta iyo maslaxadda Jamhuuriyada Soomaaliand.

2. Jamhuuriyadda Soomaliland waxay aqoonsan tahay, kuna dhaqmaysaa Axdiyada Qaramada Midoobay iyo Qaanuunka Dawliga ah; waxa kale oo ay xurmaynaysaa Baaqa Caalamiga ah ee Xuquuqda Aadamiga {Universal Declaration of Human rights}.

3. Jamhuuriyadda Soomaaliland waxay aaminsan tahay mabaadi'ida aayo-ka-talinta ummadaha adduunka.

4. Waxay aaminsan tahay in khilaafaadka siyaasiga ah ee abuurma lagu

xallilo dariiq nabadeed iyo wada-hadal; waxay dhawraysaa jiritaanka soohdimaha dalalka kale.

5. Waxay ku dadaalaysaa in colaaddii raagtay oo dhex ooli jirtay dalalka Geeska Afrika lagu beddelo is af-garad iyo isku soo dhawaansho.

6. Dawladda Jamhuuriyadda Somaliland waa Jamhuuriyad xor ah oo ka mid ah Ummadda Carbeed, Shucuubta Afrika iyo Caalamka lslaamka; sidaas daraaddeed, waxay ku dadaalaysaa siday ugu bun lahayd Jimciyadda Qaramada Midoobay, Ururka Midnimadda Afrika, Jaamacadda Carabta iyo Ururka Dawladaha lslaamka.

7. Dawladda Jamhuuriyadda Somaliland waxay ka soo horjeeddaa falalka argagaxis-nimada iwm, ujeeddo kasta ha lahaadeene.

QODOBKA 11AAD
DHAQMLAHA DALKA

1. Si loo xaqiijiyo kobcinta wax-soo-saarka, kor-u-qaadidda heerka nolosha, abuuridda goobo shaqo, iyo guud ahaan horumarinta dhaqaalaha dalka, Dawladdu waxay dejinaysaa siyaasadda guud ee dhaqaalaha, oo ku salaysan mabaadi'da suuqa xorta ah iyo is-garabsiga hantida gaar ahaaneed; hantid wadareed, hantida Qaranka iyo maalgelinta shisheeyaha.

2. Iyadoo la dhawrayo inaanu habka dhaqaale noqonin mid horseeda in barwaaqadu ku koobnaato ama ku ururto koox ama dad tiro yar, si aanay u dhalan dabaqado dhaqaale oo ka kooban kuwo wax haysta iyo kuwo aan wax haysan; si aanay u balaadhan farqiga dhaqaale ee u dhaxeeya reer magaalka iyo reer miyiga, waxa Dawladda Jamhuuriyada Somaliland xaqiijinaysaa in adeegyada bulsho iyo fursadaha dhaqaale si cadaalad iyo sinnaan ah loo qaybiyo.

3. Maal-gelinta shisheeyaha ee dalka gudahiisa Dawladdaa damaanad qaadaysa; xeer baana lagu nidaaminayaa.

QODOBK 12AAD
HANTIDA-GUUD, KHAYRAADKA DABIICIGA AH IYO WAX-SOO-SAARKA WADANIGA AH

1. Dhulku waa hanti guud oo ka dhaxeeya Ummadda; mas'uuliyadiisana Dawladdaa leh.

2. Daryeelka iyo ilaalinta maalka iyo awqaaffa iyo hantida guud waa waajib saaran Dawladda iyo muwaadiniinta, waxaana geexaya xeer.

3. Xukuumaddu waxay awood u leedahay may yeelato, gacanta ku hayso, hantiguurto ama ma-guurto ah, may ubsato, ubiso, kiraysato, kirayso, ku bedelato qiimo u dhigma ama ku samayso hantidaas tasaruf kasta oo sharciga waafaqsan.

4. Khayraadka dabiiciga ah ee dalka waxaa mas'uul ka ah Dawladda-dhexe, waxaanay qaadaysaa tallaabo kasta oo suurta gal ah si loo baadho, loogana faa'iidaysto khayraadka ku jira berriga iyo badda dalka. llaalinta khayraadka dabiiciga ah iyo sida ugu habboon ee looga faa'iidaysan karo xeer ayaa qeexaya.

5. Hantida guud ee lahaanshaheeda ama ka faa'iidaysigeeda loo baahdo in la wareejiyo waxay ku wareegi kartaa si xeerka waafaqsan.

6. Dawladdu waxay dhiirri-gelinaysaa wax-soo-saarka wadaniga sida beeraha, xoolaha nool, kalluunka, macdanta, faleenka, xabagta iyo warshadaha ku shaqeeya wax-soo-saarka wadaniga ah.

7. Sekadu waa rukun lslaamiya, habaynteedana waxaa caddaynaya xeer-gaar ah.

QODOBKA 13AAD
BAANANKA

Dawladdu waxay yeelanaysaa Baan dhexe oo hoggaamiya siyaasadda iyo ilaalinta Lacagta Dalka. Waxa kale oo la suurto-gelinayaa furitaanka Baanan ganacsi iyo horu-marineed iyada oo mudnaanta la siinayo kuwa gaar-ahaaneed.

QODOBKA 14AAD
CASHUURAHA, TAKAALIIFTA & RIBADA

1. Waajibinta cashuuraha iyo wixii takaaliif ah waxa loo eegayaa danta iyo maslaxadda bulshada. Sidaa darteed, cashuur ama takaaliif aan xeer jidayn lama qaadi karo.

2. Curinta, dhaafidda iyo wax ka beddelka cashuuraha iyo wixii takaaliif ah ee kale xeer ayaa jidaynaya.

3. Ribada iyo macaamilooyinka ganacsi ee dhib u leh bulshada iyo ku xoolaysiga sifo aan sharci ahayni way reebban yihiin.

QODOBKA 15AAD
WAXBARASHADA, DHALLINYARADA
IYO ISBOORTIGA

1. Dawladdu waxay mudnaan gaar ah siinaysaa horumarinta, ballaadhinta iyo faafinta cilmiga iyo tacliinta, iyadoo u aragta inay waxbarashadu tahay maalgelinta ugu habboon ee kaalinta ugu weyn ka qaadan karta horumarinta siyaasadeed, dhaqaale iyo bulsho.

2. Waxbarashadu waa mid u danaynaysa dadweynaha, kuna habaysan waayaha iyo deegaanka gaar ahaaneed ee bulshada Somaliland.

3. Barashada iyo tarbiyadda Diinta Islaamku waa dariiqad asaasi ah; dhammaan heerarka waxbarashadana waa ku khasab, isla markaana horumarinta dugsiyada Qur'aanku waa waajib saaran Dawladda.

4. Muwaadiniinta iyo shisheeyaha dalka deggeni waxay furan karaan dugsiyo iyo barnaamijyo waxbarasho iyo tababaro oo heer kasta ah oo waafaqsan xeerka warbarashada.

5. Dawladdu waxay mudnaanta koowaad siinaysaa waxbarashada

asaasiga ah; waxaanay u hawl galaysaa in gobollada iyo degmooyinka lagu baahiyo waxbarashada asaasiga ah.

6. Cidhib tirka akhris-qoris la'aanta iyo waxbarashada dadka waaweyni waa waajib ummadeed waana in shacab iyo Dawladba awood Ia isugu geeyo fulinta waajibkaas.

7. Siyaasadda Qaran ee waxbarashada asaasiga ahi waa lacag la'aan.

8. Si dhallinyarada loogu xaqiijiyo koritaanka jidhka iyo maskaxda oo caafimaad qaba, korna loogu qaado barbaarintooda iyo dareenkooda Dawladdu waxay ahmiyad gaara siinaysaa horumarinta iyo dhiirigellinta ciyaaraha jidhka iyo isboortiga, kuwaas oo loo aqoonsan doono maadooyinka asaasiga ah oo ka mid ah manhajka waxbarashada dugsiyada dawladda iyo kuwa kale.

QODOBKA 16AAD
HORUMARINTA CILMIGA, SUUGAANTA, HIDDAHA IYO DHAQANKA

1. Dawladdu waxay horumarinaysaa cilmiga iyo suugaanta; waxayna dhiirigelinaysaa hal-abuurka iyo cilmi-baadhista.

2. Xuquuqda qoraalka, hal-abuurka iyo hindisaha xeer ayaa caddaynaya.

3. Dawladdu waxay horumarinaysaa hiddaha iyo dhaqanka suubban ee bulshada iyada oo isla markaa laga faa'iidaysanayo aqoonta bulshada adduunka. Waxa si gaar ah loo dhiirri gelinayaa fanka, suugaanta iyo ciyaaraha wadaniga ah, iyadoo Ia dhawrayo aadaabta lslaamka.

4. Dawladdu waxay horumarinaysaa hiddaha iyo dhaqanka suubban ee bulshada, waxayna tirtiraysaa caadooyinka wax u dhimaya Diinta, horumarka, dhaqanka iyo caafimaadka bulshada. Samaynta khamriga iyo beerista ama ka ganacsiga iyo isticmaalka maandooriyuhu geyiga Somaaliland way ka reebban yihiin.

QODOBKA 17AAD
CAFIMAADKA

1. Dawladdu iyadoo fulinaysa siyaasadda daryeelka caafimaadka guud, waxa waajib ka saaran yahay ka-haqab-tirka dalka qalabka ka-hortagga cudurrada faafa, helitaanka daaweyn lacag la'aan ah iyo daryeelka fayo dhawrka guud.

2. Dawladda waxa xil ka saaran yahay horumarinta iyo baahinta adeegyada caafimaadka iyo xarumaha daryeelka caafimaadka ee gaarka ah.

QODOBKA 18AAD
DEEGMNKA IYO WAX-KA QABASHADA MFOOYINKA

1. Dawladdu waxay mudnaan gaar ah siinaysaa ilaalinta iyo fayo-qabka deegaanka oo asaas u ah caafimaadka bulshadda iyo dhawrista khayraadka dalka. Sidaas darteed, habdhaqanka iyo waxyeelada loo gaysto deegaanka xeer ayaa qeexaya.

2. Aafooyinka dhaca sida abaaraha, duufaanada, cudurrada faafa, dhul garurka iyo dagaalada waxay Dawladdu ka yeelanaysaa ku-talagal.

QODOBKA 19AAD
DARYEELKA QAYBAHA BULSHADA BAYLAHSAN

Dawladdu waxay xil iska saaraysaa caafimaadka, daryeelka, xannaanada iyo waxbarashada hooyada, dhallaanka, naafada cid xannaanaysa aan lahayn iyo dadka aan xiskoodu dhammayn ee aan lahayn awood iyo cid kafaalaqaada.

QODOBKA 20AAD
SHAQADA, FARSAMADA, DARYEELKA
IYO BADBADINTA SHAQAALAHA

1. Shaqadu waa xaq uu leeyahay kuna waajib ah, muwaadin kasta oo gudan kara. Sidaas darteed, dawladdu waxay xil iska saaraysaa shaqo abuuris iyo tayaynta tababarada shaqaalaha.

2. Ka shaqeysunta carruurta, haweenka, shaqeynta saacadaha habeenimo iyo goobaha shaqada, fasaxyada iyo saacadaha shaqada waxaa qeexaya Xeerka Shaqada.

3. Shaqaaluhu waxay xaq u leeyihiin mushahar u dhigma hawsha ay qabtaan, waxayna qof ahaan ama urur ahaanba gorgortan la geli karaan loo shaqeeyaha, waxana reebban shaqada oo la isku khasbo.

4. Dawladdu waxay ku dadaalaysaa in ay ka dhex abuurto shaqaalaha iyo loo shaqeeyaha is-afgarad iyo xaqsoorid iyada oo sidaas xeer ku soo saaraysa.

5. Shaqaalaha dawladdu iyo xubnaha ciidamada qalabka sida waxay xaq u leeyihiin gunnada hawl-gabka iyo kaalmada bukaanka ama shilka iyo kaalmada qofka naafooba oo xeerka waafaqsan.

6. Dawladdu waxay horumarinaysaa habka taakulaynta, caymiska iyo badbaadinta shaqaalaha waxaanay xoojinaysaa hay'adaha ku shaqada leh.

XUBINTA 3AAD
XUQUUQDA QOFKA, XORRIYAADKA ASAASIGA
AH IYO WAAJIBAADKA SMRAN MUWAADINKA

QODOBKA 21AAD
HIRGELINTA IYO FASIRAADDA

1. Waaxaha Xeer-dejinta, Fulinta iyo Garsoorka ee Qaranka iyo kuwa

dawladaha hoose ee gobollada iyo degmooyinka Jamhuuriyadda Somaliland heer kasta ha ahaadeene, waxay u hoggaansamayaan shuruucda ku cad qodobada xubintan.

2. Qodobada la xidhiidha xuquuqda iyo xorriyaadka aasaasiga ah waxa loo fasirayaa si waafaqsan bayaannada caalamiga ah ee xuquuqda aadamaha iyo xeerarka caalamiga ah ee Dastuurka ku xusan.

QODOBKA 22AAD
XUQUUQDA SIYAASADEED, DHAQAALE, BULSHO IYO XAQA DOORASHADA

1. Muwaadin kasta wuxuu xaq u leeya hay in uu ka qayb gab hawlaha siyaasadeed, dhaqaale, buisho1 iyo hiddaha si waafaqsan xeerarka iyo Dastuurka.

2. Muwaadin kasta oo buuxiya shuruudaha xeerku tilmaamayo wuxuu xaq u Ieeyahay in Ia doorto1 waxna uu doorto.

QODOBKA 23AAD
XORRIYADDA DHAQDHAQAAQA IYO IS-ABAABULKA

1. Qof kasta oo muwaadin ah ama Si xeerka waafaqsan dalka ku jooga waxa uu xor u yahay in uu dalka ka maro ama ka dego meel kasta oo uu doono, iyo weliba in uu ka baxo ama ku soo Iaabto dalka marka uu doono.

2. Arrimaha ku xusan faqradda laad ee qodobkan waxa ka reebban meelaha ama waqtiyada xeerku ka reebo mariddeeda ama degitaankeeda.

3. Muwaadiniintu waxay xor u yihiin in ay isu habeeyaan ururro siyaasadeed, cilmiyeed, dhaqameed, bulsheed, xirfadeed, ama kuwa shaqaale si waafaqsan xeerka.

4. Waxaa reebban urur kasta oo leh ujeeddooyin lid ku ah danaha ummadda ama qarsoodi ah ama leh qaab cudan ama hubaysan amaba kuwa kale ee khilaafsan xeerka weji kasta ha lahaadeene.

QODOBKA 24AAD
XAQA NOLOSHA, NABAD GALEYNTA JIDHKA, XURMAYNTA MAGAC-SAMIDA IYO DAMBIYADA LAGA GALO XUQUUQDA AADAMIGA

1. Nafta aadamuhu waa deeq llaahay, waana qaali; qof kastaana wuxuu xaq leeyahay noloshiisa, wuxuuna ku waayi karaa oo keliya marka maxkamad horteed uu ku caddaado dembi uu xeerku jideeyey in dil lagu mutaysan karo.

2. Qofku wuxuu xaq u leeyahay in la nabad galiyo jidhkiisa; ciqaabta jidhka iyo wax yeelo kasta oo loo geysto way reebban tahay.

3. Qof kasta wuxuu xaq u leeyahay in la xurmeeyo sharaftiisa, sumcadiisa iyo noloshiisa gaar ahaaneed.

4. Dambiyada laga gab xuquuqda qofka sida xasuuqa, di maxkamad la'aan ah, jidh dilka iyo wixii la mid ah malaha muddo dhaaf

QODOBKA 25AAD
XAQA XORRIYADDA, DAMMAANAD-QAADKA IYO SHURUUDAHA XUQUUQDA IYO XORRIYMDKA

1. Qofna xorriyaddiisa loogama qaadi karo si aan xeerka waafaqsanayn.

2. Ma bannaana in qofna la qabto, la baadho ama la xayiro, haddii uusan markaa dembi faraha kula jirin, ama aanu amar qabasho oo sababaysan ku soo saarin Garsoore awood u lihi.

3. Dawladda ayaa muwaadiniinta u dammaanad qaadaysa xuquuqda iyo xorriyadaha. Xeer ayaa qeexaya ciqaabta ka dhalan karta ku xad gudubkooda.

4. Dhammaan xorriyaaka qofka waxa shardi ah in ayna ka hor iman xeerarka anshaxa guud, xasiloonida dalka ama xuquuqda qofka kale.

QODOBKA 2 6AAD
CIQAAB IYO DEMBI

1. Ciqaab iyo dembi waa wixii qodob xeer ama qaanuun jideeyey, waxaana reebban in ciqaabta loo fuliyo hab aan xeerka waafaqsanayn.

2. Mas'uuliyadda dembi ciqaabeed waxay ku kooban tahay cidda geysatay oo keliya.

3. Eedaysanuhu waa dembi-laawe inta aanu maxkamad horteed kaga caddaanin dembi.

QODOBKA 27AAD
XUQUUQDA QOFKA XORRIYADDA LAGA QAADAY

1. Qofka xorriyadda laga qaaday waxa uu xaq u leeyahay in uu la kulmo sida ugu dhaqsaha badan qareenkiisa, qaraabadiisa ama ciddi kale ee uu codsado.

2. Qofka xorriyadda looga qaaday fal-dembiyeed lagu eedeeyey awgeed, waxa uu xaq u Ieeyahay in lagu hor geeyo maxkamad 48 (siddeed iyo afartan) saacadood gudahood, laga bilaabo marka Ia qabtay.

3. Waxa reebban in qofka lagu dirqiyo qirasho dembi, marag furid, ama dhaar. Mid kasta oo arrimahaa ka mid ah oo qofka khasab lagu marsiiyaana wax-kasoo qaad ma laha.

4. Waxa reebban in qofka lagu xidho meel aanu xeerku bannayn.

5. Xeerka ayaa xadaynaya muddada ugu badan ee qof loo hayn karo baadhitaan.

6. Eedaysanuhu wuxuu xaq u Ieeyahay in go'aan maxkamadi ku ridday uu racfaan uga qaato maxkamadda ka sarraysa.

7. Marka qof la qabto iyo marka la cusboonaysiinayo sii-hayntiisa waxa uu xaq u leeyahay in la ogeysiiyo arrintiisa cidda uu doorto.

8. Xabsigu waa edbin iyo toosin. Dawladana xilbaa ka saaran kor-u-qaadidda akhlaaqda iyo xirfad baridda maxbuuska si uu ugu noqdo bulshada isaga oo yeeshay dhaqan suubban.

9. Ciqaabta lagu mutaysan karo jebinta faqradaha 1aad ilaa 7aad ee qodobkan xeer ayaa caddaynaya.

QODOBKA 28AAD
XAQA DACWADDA & ISDIFAACA

1. Qof kasta wuxuu xaq u leeyahay inuu dacwad xeerka waafaqsan ka furto maxkamadda awoodda u Ieh.

2. Qof kastaa wuxuu xaq u leeyahay in uu iska difaaco maxkamadda horteeda.

3. Xaaladaha xeerku tilmaamyo Qaranku wuxuu kafaalo qaadayaa inuu bixiyo difaac lacag la'aan ah; iyada oo saboolkana laga dhaafi karo ajuurada maxkamadda

QODOBKA 29AAD
XURMAYNTA HOYGA

Hoyga iyo meelaha kale ee la deggan yahay waxay leeyihiin xurmayntooda; mana bannaana basaasiddooda, baadhidooda iyo geliddooda, haddaanu jirin amar garsoore oo sababaysan. Waxa waajib ah in si toos ah loogu akhriyo amarka garsaooraha mulkiilaha ama degganaha hoyga inta aan la gelin. Baadhaha waxa ka reebban ku xad-gudubka amarka garsooraha.

QODOBKA 30AAD
XORRIYADDA ISGAADHSIINTA

Qofna lama fara-gelin karo qoraalladiisa gaarka ah, waraaqihiisa boosta ama xidhiidhkiisa isgaadhsiineed, marka laga reebo xaaladda uu xeerku baneeyo baadhitaankooda, daba-galkooda, ama dhegaysigooda iyada oo ay markaana waajib tahay in la helo amar garsoore oo sababaysan.

QODOBKA 31AAD
XORRIYADDA LAHAANSHAHA
HANTI GAAR-AHMNEED

1. Qof kastaa waxa uu xaq u leeyahay in uu si gaar ah u yeesho hanti, taas oo ay shardi tahay in uu ku helo waddo xalaal ah.

2. Hantida gaar ahaaneed ee lagu helay si xeerka waafaqsan, lalama wareegi karo dan guud awgeed mooyaane, iyadoo markaana la bixinayo cawil-celin munaasib ah.

3. Xeer ayaa xadaynaya waxyaabaha geli kara danta guud ee keeni kara a wareegidda hanti gaar-ahaaneed.

QODOBKA 32AAD
XORRIYADDA BANNAANBAXA,
RA'YI - DHIIBASHADA, SAXAAFADDA IYO
ARBAHINTA KALE

1. Muwaadin kasta waxa uu xor u yahay in uu ra'yigiisa ku bandhigo qoraal, hadal, muuqaal, suugaan ama qaab kale oo xeerka waafaqsan.

2. Muwaadin kasta wuxuu xor u yahay inuu abaabulo kana qayb qaato, kulan ama bannaan-bax nabadeed oo xeerka waafaqsan.

3. Saxaafadda iyo warbaahinta kale waxay ka mid yihiin xorriyaadka asaasiga ah ee ra'yi- dhiibashada, waxayna leeyihiin madax-bannaanidooda; way reebban tahay tallaabo kasta oo lagu cabudhinayo; hawshoodana xeer baa nidaaminaya.

QODOBKA 33AAD
XORRIYADDA CAQIIDADA

1. Qof kasta wuxuu xor u yahay caqiidadiisa, lagumana qasbi karo inuu qaato tu kale. Shareecadda Islaamku ma oggola in qofka Muslinka ah ka noqdo caqiidadiisa.

2. Masaajidku waa goob cibaado, waxaanu mudan yahay xurmayn. Waa goob lagu fidiyo Diinta iyo hanuuninta ummadda dun iyo adduunyaba. Waxa reebban in laga jeediyo waxyaabaha ummadda kala kaxayn kara; dawladduna waxay ku leedahay ilaalin guud iyo kaalmayn wixi suurto-gal ah.

QODOBKA 34AAD
WAAJIBMDKA MUWMDINKA IYO CIQAABTA GUDASHO LA'AANTA WAAJIBAADKA

1. Muwaadin kasta waxa waajib ku ah adkaynta midnimada ummadda, ilaalinta jiritaanka Qaranimada iyo difaaca dalka iyo dunta si waafaqsan xeerka.

2. Qof kasta waxa ku waajib ah inuu xaq dhawro Dastuurka iyo xeerarka dalka.

3. Qof kasta waxa ku waajib ah inuu si hagar la'aan ah u bixiyo cashuurta iyo takaaliifta kale ee xeerku waajibiyey.

4. Qof kasta waxa waajib ka saaran yahay daryeelka, ilaalinta iyo badbaadada deegaanka.

5. Xeerka ayaa caddeynaya ciqaabta ka dhalan karta gudasha la'aanta waajibaadka ku xusan faqradda laad, 2aad, 3aad iyo 4aad.

QODOBKA 35AAD
ISU-CELINTA EEDAYSANAYAASHA AMA DEMBIILAYAASHA IYO MAGAN-GELINTA IYAASADEED

1. Qofka shisheeyaha ah ee dalka ku soo galay ama ku joogay si xeerka waafaqsan ee weydiista magangelyo siyaasadeed, waa Ia sun karaa haddii uu buuxiyo shuruudaha ku xusan xeerka u dhigan magan-gelinta.

2. Ma bannaana in muwaadinka Somaliland loo dhiibo dawlad shisheeye.

3. Jamhuuriyadda Somaliland waxay dib u celin kartaa dambule ama eedaysane dalkiisa ka soo cararay, haddii uu jiro heshus dhex maray Jamhuuriyadda Somaliland iyo dalka weydustay celintusa.

QODOBKA 36AAD
XUQUUQDA HAWEENKA

1. Xuquuqda, xorriyaadka iyo waajibaadka Dastuurku xaqiijiyey, haweenku ragga way ula siman yihiin, wixii Shareecadda Islaamka midkood u gaar yeeshay mooyaane.

2. Xukuumaddu waa in ay dhiirri-gelisaa xeerna ka soo saartaa xaqa ay haweenku u leeyihiin in ay ka xoroobaan dhaqamada aan Shareecadda waafaqsanayn ee waxyeelada u leh jidhkooda iyo damurkooda.

3. Haweenku waxay xaq u leeyihiin in ay hanti yeeshaan, maamulaan, kormeeraan, adeegsadaan, gudbin karaan si Shareecadda waafaqsan.

4. Si sare Ioogu qaado aqoonta iyo dakhliga haweenka iyo weliba daryeelka qoyska, haweenku waxay xaq u leeyihiin in loo fidiyo waxbarashada dhaqaalaha qoyska iyo in loo furo dugsiyada farsamada iyo xirfadaha gaarka ah iyo kuwa waxbarshada dadka waaweyn.

QAYBTA LABAAD

QAAB-DHISMEEDKA QARANKA

QODOBKA 37AAD
AWOODDA IYO KARAAMADA QARANKA

1. Eebbaha ummadda Somaliland ku beeray geyigani waxa uu ugu deeqay awood iyo karaamo Qaranimo. Shacbiga Jamhuuriyadda Somaliland waxa uu awooddaas iyo karaamadaas sida ku cad Dastuurka u igmaday dawlad ku dhisnaan doonta kuna dhaqmi doonta Dastuurka.

2. Dhismaha Qaranku wuxuu ka kooban yahay saddex waaxood oo kala ah: Xeerdejinta, Fulinta iyo Garsoorka. Kala xadaynta awoodaha saddexda waaxood waxay noqon doonaan sida uu Dastuurku dhigayo. Waax waliba awoodda Dastuurku u gaar yeelay way u madax bannaan tahay.

XUBINTA 1AAD
WAADA XEER-DEJINTA

QODOBKA 38AAD
BAARLAMAANKA IYO
FADHIYADA WADA JIRKA AH

1. Awoodda Xeer-dejinta ee Jamhuuriyadda Somaliland waxay gaar ku tahay Baarlamaanka oo ka kooban laba Gole oo kala ah Golaha Wakulada iyo Golaha Guurtida. Xilka xeer-dejintu uma wareegi karo cid ka baxsan Baarlamaanka.

2. Mashruuc-sharci Baarlamaanku oggolaadeen wuxuu xeer dhaqan gal ah noqonayaa marka uu Madaxweynuhu u soo saaro hab waafaqsan Dastuurka.

3. Baarlamaanku xilgudashadiisa wuxuu ku salaynayaa Dastuurka iyo xeerhoosaadyadiisa.

4. Himilooyinka xilgudashada Baarlamaanka waxa ugu muhiimsan arrimahan soo socda:-

   b - Sugidda nabadgelyada iyo ammaanka Jamhuuriyadda iyo u madax-bannaanida maamulka dhulkeeda, baddeeda, iyo hawadeeda.
   t - In Jamhuuriyadda Somaliland yeelato dhammaan xeerarka ay U baahan tahay dawlad slaam ah.
   j - Hirgelinta xeerarka u degsan Jamhuuriyadda Somaliland iyo xaqiijinta taabbagalka cadaaladda oo saldhig u ah xasilloonida guud ee Jamhuuriyadda iyo isukalsamaanta iyo iskaashiga dadweynaha Somaliland.

5. Labada Gole ee Baarlamanku waxay yeelanayaan fadhiyo ay wadaagaan iyo kuwo gaar u kala ah.

6. Labada Gole ee Baarlamaanku fadhiyo wadajir ah ayey ka yeelanayaan arrimaha ay ka mid yihiin:-

   b - Dhegeysiga Warbixinta Madaxweynuhu ka jeediyo furitaanka labada Gole,
   t - Marka laga doodayo ku buridda Jamhuuriyadda Somaliland urur ama huwan gobolleed ama caalami ah ama ansixinta heshusyada leh dabeecad gobolleed ama caalami.
   j - Go'aaminta iyo ku dhawaaqidda xaaladaha dagaal marka Jamhuuriyadda Somaliland Ia soo gudboonaado dagaal.
   x - Doodaha ku saabsan aafooyinka dabuciga ah; kh- Doodaha Ia xidhiidha xeerarka deg-degga ah;
   d - Ansixinta magacaabidda Guddoomiyaha Maxkamadda Sare.
   r - Arrimaha kale ee 2da Gole Ia habboonaata inay fadhi wada-jir ah ka yeeshaan.

GOLAHA WAKIILADA
QODOBKA 39AAD
TILMAANTA GUUD EE GOLAHA

Golaha Wakiiladu waa xubno ka wakil ah dadweynaha; waana

Qaybta laad ee Xeer-dejinta dalka, ansixinta xeerarka, oggolaanshaha iyo ilaalinta siyaasadda guud ee hoggaaminta dalka.

QODOBKA 40AAD
TIRADA GOLAHA IYO DOORASHADIISA

Golaha Wakiilada waxa uu ka kooban yahay 82 xubnood oo lagu soo doorto doorasho guud oo toos ah iyo cod-bixin qarsoodi ah oo xor ah.

QODOBKA 41AAD
SHURUUDAHA QOFKA ISU-TAAGAYA
DOORASHADA

Qofka isu-taagaya xubinimadda Golaha Wakulada waa inuu yeesho shuruudaha soo socda:-

1. lnuu Muslim yahay, kuna dhaqmaa Diinta lslaamka

2. Inuu Muwaadin yahay, da'diisuna ka yaraan shan iyo soddon sano {35 sano}.

3. lnuu jidh ahaan iyo caqli ahaanba u gudan karo xilkiisa.

4. Inuu leeyahay aqoon dugsi sare ama wax u dhigma ugu hoosayn.

5. lnaanu hore ugu dhicin xukun ciqaabeed oo kama dambays ah, oo maxkamad horteeda kaga caddaaday shantii sano ee ugu dambaysay.

6. Inuu yahay xil-kas; akhlaaqdiisa iyo dhaqankiisuna toosan yihiin.

7. Uma bannaana qof shaqaale Dawladdeed ah inuu isu taago doorasho haddaanu muddada xeerku cayimay ka hor shaqo ka tegid codsan taas oo in laga aqbalaana ay waajib tahay.

QODOBKA 42AAD
MUDDADA XILKA IYO XILLIGA DOORSHADA

1. Muddada xilka Golaha Wakiiladu waa 5 (shan) sano oo ka bilaabmaya maalinta Maxkamadda Sare ay ku dhawaaqdo go'aamada doorashada.

2. Madaxweynaha ayaa ku dhawaaqaya doorashada Golaha cusub bil ka hor dhammaadka muddada Golaha hore.

3. Haddii doorashada Golaha Wakiiladu ku qabsoomi weydo duruufo adag awgeed, Golaha hore ayaa xilka sii haynaya inta ay ka dhamaanayso duruuftaasi, lagana dooranayo Gole cusub. Duruufaha adagi waa: dagaal baahsan, xasilooni darro gudaha ah, aafo dablici ah oo culus sida dhul garlir, cudurrada faafa, abaaro culus; waxaana qiimaynaya kana go'aan gaadhaya Golaha Guurtida ka dib marka Golaha Xukummaddu sidaa soo jeediyo.

QODOBKA 43AAD
XARUNTA GOLAHA WAKIILADA

Xarunta Golaha Wakiiladu waa Magaalo-madaxda.

QODOBKA 44AAD
ISUGU YEEDHIDDA GOLAHA CUSUB

1. Golaha cusub waxa uu qabanayaa fadhigiisa ugu horreeya 30 (soddon) maalmood gudahood oo ka bilaabmaysa maalinta Iagu dhawaaqo go'aamada doorashada; waxaana isugu yeedhaya Madaxweynaha Jamhuuriydda.

2. Haddii Madaxweynuhu isugu yeedhi waayo, Golaha ayaa u kulmaya iskii maalinta 45aad (Shan iyo afartanaad) laga bilaabo maalinta lagu dhawaaqo go'aamada doorasho.

3. Golaha cusub waxaa furaya Guddoomiyaha Maxkamadda Sare oo

dhaarinaya xubnaha. Markaa waxaa guddoominaya shirka xubinta ugu da'da weyn; waxaana Goluhu iska dhex dooranayaa Guddoomiyaha iyo laba Guddoomiye ku-xigeen.

QODOBKA 45AAD
FADHIYADA GOLAHA WAKIILADA

1. Fadhiyada Golaha Wakiiladu waa kuwo furan, kuwo xidhana way noqon karaan; xeer hoosaad baana nidaaminaya.

2. Fadhiga Golaha Wakiiladu waxa uu ku furmi karaa marka ay joogaan kala badh in ka badani, marka laga reebo kuraasida bannaanshahooda la baahiyay.

3. Go'aamada Golaha waxa ay ku ansaxayaan hal dheeri xubnaha jooga fadhiga (aqlabiyad fudud), marka laga reebo xaaladaha Dastuurku ama Xeerhoosaadka Goluhu uu u jideeyo aqlabiyad kale.

4. Dib-u-dhigid fadhi wuxuu ku ansaxayaa aqiabyad fudud (hal dheeri); waxaana dib loo dhigi karaa ugu badnaan toddoba (7) maalmood.

5. Wasurada iyo Wasiir-ku-xigeennada waxa ku waajib ah inay ka qayb galaan fadhiyada Golaha Wakulada iyo Guddiyadiisa haddi qoraal lagaga codsado sidaa; waxaanay xaq u leeyihiin inay ka qayb qaataan doodda; hase yeeshee xaq uma laha codayn. Sidoo kale Madaxweynaha waxaa u bannaan in uu u wakiisho Ku-xigeenka Madaxweynaha ama Wasiir kasta ka qayb-galka fadhiyada Golaha Wakijiada

QODOBKA 46AAD
KAL-FADHIYADA IYO HABAYNTA
GOLAHA WAKIILADA

1. Waxa Goluhu yeelanayaa 3 (Saddex) kal-fadhi oo caadi ah sannadkiiba oo qaadanaya muddo 28 (siddeed iyo Iabaatan) toddobaad ah. Labadi kal-fadhi waxaa u dhaxaynaya ugu yaraan 4

(afar) toddobaad, ugu badnaana 8(siddeed) toddobaad.

2. Kal-fadhiga aan caadiga ahayn ee Golaha Wakiulada waxa uu ku qabsoomi karaa:
   b) Codsi ka yimid Madaxweynaha;
   t) Guddoomiyaha Golaha Wakulada oo isugu yeedha.
   j) 1/3 (saddex-meelood, meel) tirada xubnaha Golaha Wakulada oo qoraal ku codsada.

3. Kal-fadhigiisa ugu horreeya waxa Golaha Wakiiladu ku ansixinayaa xeerhoosaadkiisa; waxaanu ku dhisanayaa guddi-hoosaadyo inta uu U baahdo.

4. Khudbadda Qaranka waxa jeedinaya Madaxweynaha kal-fadhiga u horeeya sannad walba, waxayna ka war bixinaysaa: siyaasadda, barnaamijyada Dawladda, dhaqaalaha, xaaladda lacageed & xaaladda nabadgelyada.

QODOBKA 47AAD
MUSHAHARKA IYO GUNNADA
GOLAHA WAKIILADA

Xubnaha Golaha Wakiiladu waxay yeelanayaan mushahar iyo gunno xeer qeexo.

QODOBKA 48AAD
REEBBANAATA QABASHADA XIL KALE IYO
UGA FAA'IIDEYSIGA XILKA DANO GAAR AH

Xubinta Golaha Wakijiada uma bannaana in ay qabato xii kale oo Dawladeed, iyadoo xilkii loo doortay haysa; umana bannaana inay uga faa'iideysato xilkaasi dano gaar ahaaned.

QODOBKA 49AAD
DHAWRSANAANTA XUBINTA
GOLAHA WAKIILADA

1. Xubinta Golaha Wakiilada loo qaban maayo, waxna loogu qaadi maayo arrin uu ogaaday ama uu Golaha soo hor-dhigay ama arrimo uu ra'yi ka dhiibay.

2. Waxaa ka reebban xukunkaas faqradda laad wixii cay ama aflagaado ah ee xubintu geysato.

3. Ma bannaana in laga qaado xubinta Golaha Wakiilada tallaabo baadhitaan ama waraysi ama qabasho ama xidhitaan ama tallaabo kale oo ciqaab la xidhiidha iyadoo oggolaansho looga helo Golaha Wakiilada mooyaane.

4. Waxa xubinta tallaabo laga qaadi karaa haddii Iagu qabto isagoo dembi faraha kula jira; markaana waxa waajib ah in Golaha si deg-deg ah loo ogeysiiyo.

5. Golaha waxa ku waajib ah inuu hubiyo in tallaabada laga qaaday xubinta ay tahay mid toosan.

6. Haddii aanu Goluhu fadhiyin, waxa waajib ah in oggolaanshaha tallaabada laga qaadayo xubinta laga helo Guddida Joogtada ah ee Golaha Wakiilada; Golahana waxa la soo hor-dhigayaa kal-fadhiga xiga.

7. Dacwadaha aan ciqaabta ahayn waa lagu oogi karaa xubinta Golaha Wakiilada iyadoo aan oggolaanshaha Golaha Wakiilada loo baahnayn.

QODOBKA 50AAD
WAAYIDDA XUBINIMADA GOLAHA WAKIILADA

Xubinimada Golaha Wakuda waxa la waayi karaa haddii:
1. Xubintu geeriyooto ama uu ku yimaado xanuun suurto gelin waaya

gudashada xilkeeda;

2. Xubintu istiqaalad dhiibto, iskeedna shaqada uga tagto; Goluhuna ka oggolaado;

3. Uu jabo shardi ka mid ah shuruudihii lagu soo doortay; ama uu gudan waayo xilkiisa;

4. Uu ku dhaco xukun ciqaabeed kama dambays ah oo maxkamad horteed kaga caddaaday;

5. Uu ka maqnaado Golaha 20 (Iabaatan) fadhi oo isku xiga idin la'aan.

QODOBKA 51AAD
BUUXINTA JAGADA GOLAHA WAKIILADA

Haddii ay bannaanaato jagada xubin ka mid ah Golaha Wakuada ka hor lixda bilood ee ugu dambaysa muddada xilka Golaha, waxa loo soo buuxinayaa si waafaqsan xeerka, iyadoo xubinta cusubi ay dhamaystirayso muddada xilka Golaha ka hadhay.

QODOBKA 52AAD
SHAQAALAHA GOLAHA WAKIILADA

1. Golaha Wakiiladu wuxuu yeelanayaa Xoghayn uu madax ka yahay Xoghaye Guud oo aan ka tirsanayn Golaha Wakuada; kana kaalmaynaya Shir-guddoonka Golaha hawlaha xafliska, dhammaan arrimaha maaliyadda iyo maamulka, wuxuuna yeelanayaa Ku-xigeen.

2. Golaha Wakulada wuxuu yeelanayaa lataliyeyaal sida Lataliye-sharci, dhaqaale, siyaasadeed iwm oo lagu xusho khibrad iyo aqoon ay u leeyihiin hawlohooda.

3. Shaqaalaha kale ee Xoghaynta waxa shaqo gelinaya Xoghayaha Guud marka uu ka helo ogolaansho Shir-guddoonka. Xoghayaha Guud, Ku-xigeenka, Lataliyayaasha iyo shaqaalaha kale

magacaabjstooda, xil ka qaadistooda, gunnadooda,iyo xuquuqdooda, waxa Iagu caddaynayaa xeer-hoosaadka Golaha.

QODOBKA 53AAD
AWOODDA IYO WAAJIBAADKA
GOLAHA WAKIILADA

1. Waxa waajib ah inuu oggolaansho Golaha Wakiilada ka helo qof kasta oo loo magacaabo Wasiir, Wasiir-ku-xigeen, iyo Madaxda Hay'adaha Dawladda, iyadoo la raacayo Dastuurka.

2. Golaha Wakiiladu waxa kale oo uu awood u leeyahay ka doodista, wax -kasheegista, celinta oo sababaysan iyo ansixinta Barnaamijka Xukuumadda.

3. Golaha Wakiiladu waxa uu ansixinayaa heshiisyada dawliga ah ee ay ka mid yihiin kuwa siyaasadeed, dhaqaale iyo nabadgelyo ama kuwa keenaya culays maaliyadeed oo cusub oo aan ku soo aroorin miisaaniyadda, ama keenaya soosaarid ama wax-ka beddelid qaanuun.

4. Golaha Wakiiladu waxa uu u gudbinaya Golaha Xukuumadda tallooyin iyo tilmaamo ku saabsan siyaasadda guud ee hogaaminta.

5. Ku-soo rogida dalka, ama qayb ka mid ah xukun deg-deg ah, waxa Golaha Xukuumaddu uu waydiisanayaa labada Gole (Golaha Wakillada & Golaha Guuritda) oggolaansho.

6. Golaha Wakiiladu waxa uu awood u leeyahay inuu U yeedho Xukuumadda ama hay'adaheeda iyo wakaaladaheeda, si uu wax uga waydiiyo gudashada xilkooda.

7. Guddiyada Golaha Wakiiladu waxay awood u leeyihiin in ay Wasiirka ama madaxda hay'adaha Dawladda ama madaxda sare ee kale ee Qaranka ee hawshoodu khusayso, in ay wax ka waydiiyaan gudashada xilkooda.

QODOBKA 54AAD

Awoodda Xeer-dejinta ee Goluhu waa in ay gaadhsiisnaataa arrimaha maaliyadda ee soo socda:

1. Jideynta cashuuraha, takaaliifta, iyo tallaabooyin kale oo kor Ioogu qaadayo dakhliga.

2. Asaasidda kaydka dakhliga Somaliland ama kaydad kale oo loo qoondeeyey xaalado gaar ah. Habka loo maamulaayo, loogu ururinayo iyo looga bixinayo xeer ayaa nidaaminaya.

3. In Ia daabaco lacag, lana soo saaro shahaadooyin rahmadeed, iyo kuwa kale oo leh qumo dammaanadeed.

4. Habaynta nidaamyada dhaqaale iyo kuwa lacageedba.

QODOBKA 55AAD
MIISAANIYADDA

1. Golaha Wakiiladu waxa uu ka doodi karaa, waxna ka beddeli karaa miisaaniyadda, kuna ansixinayaa go'aan Gole.

2. Haddii ansixinta miisaaniyadda cusubi dhammaan weydo ka hor bilowga sannad- maaliyadeedka cusub, waxa lagu dhaqmayaa miisaaniyaddii hore inta ay ka soo baxayso miisaaniyadda cusubi.

3. Golaha Wakiilada ayaa oggolaanaya gelidda kharash kasta oo aan miisaaniyadda ku jirin.

4. Xeer ayaa caddaynaya habka soo diyaarinta miisaaniyadda guud iyo sannad maaliyadeedka.

5. Xeer ayaa caddaynaya miisaaniyadda iyo xisaab-xidhka hay'adaha, wakaaladaha iyo shariikadaha dawladeed ama kuwa ay wax ku leedahay iyo u soo bandhigidooda Golaha Wakijada.

6. Waa waajib u soo bandhigidda Golaha Wakulada xisaab-xidhka

sannadmaaliyadeedkii dhammaaday muddo aan ka badnayn lix bilood oo ka bilaabanta taariikhda dhammaadka sannadmaaliyadeedka, iyadoo Golaha Wakiilladu ka doodayo, go'aanna ka soo saarayaan.

7. U soo bandhigidda xisaab-xidhka miisaaniyadda waxa u xilsaaran Hantidhawraha Guud.

QODOBKA 56AAD
KALA DIRIDDA GOLAHA WAKIILADA

Golaha Wakiilada waxa Ia kala diri karaa:-

1. Marka uu fadhiisan waayo laba kal-fadhi oo caadiya oo isku xiga, iyadoo aanay keenin duruuf awoodooda ka baxsani.

2. Marka ay soo jeediyaan inuu kala dirmo 1/3 {saddex meelood, hal} tirada xubnaha Goluhu; isukuna raacaan 2/3 {saddex meelood laba} tirada guud ee xubnihiisa.

3. Xaaladaha ku xusan faqradaha {1} iyo {2} ee qodobkan waxa go'aan ka soo saaraysa Maxkamadda Dastuurka, iyadoo xaaladda ku xusan faqradda {laad} ay Maxkamaddu u soo gudbinayso Madaxweynaha xaaladda ku xusan faqradda 2aadna Golaha Wakiilada.

4. Golaha Wakiilada waxa kale oo kala diri kara Madaxweynaha, ka dib marka uu dadweynuhu sababaha uu ku dhisay kala diridooda ku oggolaado Afti-qaran oo ay qaban-qaabiso Maxkamadda Dastuuriga ahi.

5. Madaxweynuhu marka uu arko go'aanka Maxkamadda Dastuuriga ee ay ka soo saarto xaaladda ku xusan faqradda {1} ama {2} ee qodobkan, ama natiijada aftida dadweynaha ee ku xusan faqradda { 4} ee qodobkan, waxa uu ku soo saarayaa Xeer-Madaxweyne kala diridda Golaha Wakiilada, isaga oo isla markaa baahinaya taariikhda doorashada Golaha cusub oo ku qabsoomaya 60 {lixdan}

maalmood gudahood.

6. Haddii aftida Qaranku taageeri weydo kala diridda Golaha Wakiilada, ama doorashadu qabsoomi waydo, Golihii hore ayaa xilka haynaya.

7. Ma bannaana kala diridda Golaha Wakulada sannadka u horeeya ee Golaha iyo sannadka u dambeeya ee muddada xilka Madaxweynaha.

XUBINTA 2AAD
GOLAHA GUURTIDA

QODOBKA 57AAD
TILMAANTA GUUD EE GOLAHA

Golaha Guurtida Jamhuuriyadda Somaliland, oo ah Golaha Odayaasha, waa Qaybta 2aad ee Xeer-dejinta waxaanay dib u eegaan xeerarka ka soo baxa Golaha Wakiilada intaan Madaxweynaha loo gudbin; wuxuuna gaar u leeyahay dejinta xeerarka ku saabsan Diinta, dhaqanka iyo nabadgelyada.

QODOBKA 58AAD
DOORASHADA XUBNAHA GOLAHA GUURTIDA IYO MUDDADA XILKA

1. Xubnaha Golaha Guurtida waxa lagu soo dooranayaa doorasho, habka doorashadana waxa nidaaminaya xeer.

2. Muddada xilka Golaha Guurtidu waa 6 {lix sano}, oo ka bilaabmaysa maalinta fadhiga laad qabsoomo.

QODOBKA 59AAD
SHURUUDAHA QOFKA LOO 500 DOORANAYO XUBINIMADA GOLAHA GUURTIDA

Qofka loo dooranayo xubinimada Golaha Guurtida waa in uu

yeesho shuruudaha qofka isu- taagaya xubinimada Golaha Wakulada marka laga reebo da'da iyo heerka aqoonta oo noqonaya sidan hoos ku xusan:-

1. Inaan da'diisu ka yaraan 45 sano {shan iyo afartan sano}.
2. Inuu yahay qof Diinta aqoon fiican u leh, ama oday dhaqan-yaqaan ah.

QODOBKA 60AAD
TIRADA GOLAHA GUURTIDA

1. Tirada xubnaha Golaha Guurtidu waa 82 (Iabba iyo siddeetan} oo iska dhex dooranaya Guddoomiye, laba Guddoomiye ku-xigeen iyo guddi hoosaadyo inta uu u baahdo. Goluhu wuxuu yeelanayaa guddi joogto ah oo 25 {shan iyo labaatan} xubnood ah.

2. Xiilli kasta waxa ku soo kordhaya tiro xubno sharaf ah oo kala ah:

   b - Shan xubnood oo Madaxweynuhu ku soo xulo tilmaamo gaar ah oo ay Qaranka u yeesheen; waxayna muddada xubinimadoodu la cimri tahay muddada xilka Golaha.

   t - Qof kasta oo horay Guddoomiye uga noqday Golaha Guurtida ama Golaha Wakiilada.

   j - Qof kasta oo hore Jamhuuriyada Somaliland uga soo qabtay xilka Madaxweyne ama Madaxweyne ku-xigeen.

   x - Xubno sharafku Golaha cod kuma leh; mana geli karaan Guddida Joogtada ah

QODOBKA 61AAD
AWOODDA IYO WAAJIBMDKA
GOLAHA GUURTIDA

1. Dejinta xeerarka ku saabsan Diinta, dhaqanka iyo nabadgelyada.

2. Dib-u-eegidda xeerarka Golaha Wakiiladu ansixiyo xeerka maaliyadda mooyaane, waxaanu ku celin karaa Golaha Wakiilada hal mar, muddo 30 (soddon) maalmood gudahood oo ka bilaabanta maalinta loo soo gudbiyo xafiiska Shir-guddoonka Golaha Guurtida, isagoo sababaha aragtidiisa qoraal ahaan ugu gudbinaya.

3. Ka-talo-bixinta dhalliilaha maamul ee Xukuumadda iyo ogaysiintooda Golaha Wakiilada.

4. Ka-gacan-siinta Xukuumadda arrimaha la xidhiidha Diinta, nabadgelyada, difaaca, dhaqanka, dhaqaalaha iyo bulshada; iyagoo kaashanaya madaxdhaqmeedka beelaha.

5. U yeedhidda xubnaha Xukuumadda iyo wax-ka-waydjinta gudashada xilkooda.

6- Waxa kaloo Golaha Guurtidu awood u leeyahay inuu Golaha WaRijiada u gudbiyo 500 jeedin mashruuc, si Golaha Wakiiladu uga doodo, go'aana uga gaad ho.

QODOBKA 62AAD
FADHIGA UGU HORREEYA EE
GOLAHA GUURTIDA

Fadhiga ugu horreeya ee Golaha Guurtidu wuxuu qabsoomayaa 30 maalmood gudahood ka dib maalinta la soo dhamaystiro xulashadiisa; waxaana fadhiga furaya xubnahana dhaarinaya Guddoomiyaha Maxkamadda Sare; waxana shirkaas guddoominaya xubinta ugu da'da weyn inta laga dooranayo Guddoomiye rasmi ah iyo labadiisa Ku-xigeen.

QODOBKA 63AAD.
XOGHAYAHA GOLAHA
IYO LA-TALIYAYAAL

Golaha Guurtidu waxa uu yeelanayaa Xoghaye aan xubin ka ahayn Golaha. Waxa kale oo uu yeelan karaa la-taliyayaal uu ka mid yahay La-taliye Sharci.

Dhismaha xoghaynta Golaha Guurtida waxay la mid tahay ta Golaha Wakiilada.

QODOBKA 64AAD
XEER-HOOSAADKA GOLAHA

Kal-fadhigiisa ugu horreeya Golaha Guurtida waxa uu ku ansixinayaa xeer hoosaadka Golaha.

QODOBKA 65AAD
MUSHAHARKA IYO GUNNADA
GOLAHA GUURTIDA

Xubnaha Golaha Guurtida waxay yeelanayaan mushahar iyo gunno xeer qeexo.

QODOBKA 66AAD
DHAWR-SANAANTA XUBINTA
GOLAHA GUURTIDA

Dhawrsanaanta xubinta Golaha Guurtidu waxa ay la mid tahay xubinta Golaha Wakiilada iyadoo dhawrsanaan-ka-qaadista uu leeyahay Golaha Guurtidu.

QODOBKA 67AAD
SHAQO-KA-TEGIDDA XUBINTA
GOLAHA GUURTIDA

Xubinta Golaha Guurtidu waxa ay u gudbin kartaa shaqo-ka-tegideeda Golaha Guurtida, isagaana ka oggolaanaya

QODOBKA 68AAD
WAAYIDDA XIBINIMADA GOLAHA GUURTIDA

1. Xubinta Golaha Guuridu waxa ay waayi kartaa xubinnimadeeda haddii ay burto shuruud ka mid ah shuruudihii Iagu soo xushay, ama ay gudan waydo xilka sida uu u caddaynayo xeer-hoosaadka Golaha Guurtidu.

2. Haddii uu ku dhaco xukun ciqaabeed oo kama dambays ah oo maxkamad horteed kaga caddaaday.

3. Haddii Golahu ka aqbalo istiqaalad.

QODOBKA 69AAD
KALA DIRIDDA GOLAHA

Golaha Guurtida waxa loo kala diri karaa habka loo kala dii karo Golaha Wakiilada.

QODOKA 70AAD
REEBBANAANTA QABASHO XIL KALE
IYO UGA FAA'IIDAYSIGA XILKA DANO GAAR AH

Xubinta Golaha Guurtida uma bannaana inay qabato xil kale oo Qaran iyadoo xilkii loo xulay haysa; umana bannaana may xilka uga faa'iidaysato dano gaar ahaaneed.

QODOBKA 71AAD
FADHIYADA IYO KAL-FADHIYADA

Fadhiyada Golaha Guurtida waa kuwa furan; waxaana ay noqon karaan kuwa xidhan sida ku cad Dastuurka. Tirada ay fadhiyadu ku furmi karaan, aqlabiyadda ay go'aamadiisu ku ansaxayaan iyo cidda isugu yeedhi karta kalfadhiyada aan caadi ahayn, waxay Ia mid yihiin habka Golaha Wakiillada.

QODOBKA 72AAD
BANNAANSHAHA JAGADA GOLAHA GUURTIDA IYO SOO-BUUXINTEEDA

1. Jagada Golaha Guurtidu waxay ku bannaanaysaa haddii ay timaado xaalad ka mid ah xaaladaha ku tilmaaman qodobka 50aad.

2. Haddii ay bannaanto xubin ka mid ah Golaha Guurtidu ka hor lixda bilood ee ugu dambeeya muddada xilka Golaha Guurtida, waxa bo soo buuxinayaa si waafaqsan xeerka, iyadoo xubinta cusubi ay dhamays-tirayso muddada xilka Golaha.

QODOBKA 73AAD
XARUNTA GOLAHA GUURTIDA

Xarunta Golaha Guurtidu waa Magaalo-madaxda.

QODOBKA 74AAD
SOO BANDHIGIDDA MASHRUUC-SHARCI

Mashruuc-sharci waxa Golaha Wakiilada u soo bandhigi kara

1. Golaha Xukuumadda

2. Tirada Xubnaha Golaha Wakiilada ee xeer-hoosaadka Goluhu qeexo.

3. Muwaadiniin leh xaqa cod-bixinta, tiradooduna aanay ka yarayn 5000 {shan kun} oo qof, waxaana ka reebban mashruuc qaanuun-maaliyadeed.

QODOBKA 75AAD
SOO-SAARIDDA, FAAFINTA IYO DHAQAN-GELINTA XEERKA

Xeerarka waxa uu Madaxweynuhu ku soo saarayaa, kuna baahinayaa faafinta rasmiga ah saddex toddobaad {21 maalmood} gudahood, laga bilaabo maalinta Golayaashu u soo gudbiyaan; waxayna Ru dhaqan-gelayaan 30 {soddon) maalmood gudahood oo laga bilaabo maalinta Ia baahiyay, iyada oo ay bannaan tahay in muddada dhaqan-galka Iagu gaabiyo ama Iagu dheereeyo xeerka gudihiisa.

QODOBKA 76AAD

Mashruuc-sharci waxa uu xeer ku noqonayaa ansixinta Golaha Wakiilada waxaanu dhaqan gelayaa ka dib marka uu Madaxweynuhu saxeexo sida ku cad Qod. 38aad.

QODOBKA 77AAD
HABKA LOO RAACO XEER-DEJINTA

1. Labada Gole ee Baarlamanka mid waliba mashruuc-sharci uu ansixiyo wuxuu u gudbinayaa Golaha kale; si uu ula eego talooyinna uga siiyo.

2. Labada Gole mid waliba Golaha kale hal mar oo keliya ayuu mashruuc-sharci ku soo celin karaa.

3. Xeer-hoosaadka Baarlamaanka ayaa qeexaya hab-socodka mashruuc-sharci, waana in uu muujiyaa mudnaanta gaar ah ee ay leeyihiin mashruuc-sharciyada la xidhiidha maaliyadda iyo kuwa Xukuumaddu u aragto degdeg, kuwaas oo mudan in iyaga la hormariyo.

4. Mashruuc-sharci ay labada Gole ee Baarlamaanku ku wada ansixiyeen ama ku wada oggolaadeen aqlabiyadda 2/3 (Saddex meelood, laba) ama ka badan Madaxweynuhu dib uma celin karo ee

wuu saxeexayaa. Haddii uu arko in mashruuc-sharcigaasi ka hor imanayo qodob ama qodobo Dastuurka, waa inuu sidaa ku wargeliyaa Shir-guddoonka iyo Xeer-ilaaliyaha Guud oo u gudbin doona Maxkamadda Dastuuriga ah.

5. Madaxweynuhu mashruuc-sharci looga soo gudbiyey Baarlamaanka, wuxuu ku saxeexayaa saddex toddobaad (21 maalmood} gudahood, laga bilaabo taariikhda mashruucaas-sharci soo gaadhay xafiiska Madaxweynaha haddii aanu Baarlamaanka dib ugu soo celin.

6. Haddii Madaxweynuhu mashruuc-sharci uu u soo gudbiyay Baarlamaanku ku saxeexi waayo muddadaas la gooyey ama ku soo celin waayo Baarlamaanka, mashruuc~sharcigaasi si toos ah ayuu u noqonayaa xeer; waxaana soo saaraya Golaha soo gudbiyay

QODOBKA 78AAD

1. Mashruuc-sharci kasta aan ahayn kuwa maaliyadda oo Golaha Wakiiladu aqlabiyad Ru oggolaado waa in bo gudbiyo Golaha Guurtida, Raas oo markaas:-

    b - Oggolaan kara ama wax-ka-beddel soo jeedin kara.
    t - Haddi Golaha Guurtidu oggolaan waayo, ama wax-ka-beddelid uu soo jeediyay Golaha Wakiiladu ku qanci waayo, Golaha Wakiiladu wuxuu xaq u eeyahay in mashruuca-sharciga kalfadhiga xiga ee Golaha Guurtida dib ugu celiyo. Haddii uu Golaha Guurtidu oggolaan waayo ama ku soo jawaabi waayo bil gudaheed, mashruuc-sharcigu wuu ansaxaya, sidaas ayaana Madaxweynaha loogu gudbinayaa.

2. Mashruuc-sharci kasta uu Golaha Guurtidu aqlabiyad ku ogolaaday waa in loo gudbiyo Golaha Wakiilada, kaas oo markaa:-

    b - Oggolaan kara ama wax ka beddelid soo jeedin kara

t - Haddii Golaha Wakiiladu mashruuc-sharcigaas oggolaan waayo, ku noqosho malaha.

3. Mashruuc-sharci labada Gole soo oggolaadeen ee loo gubdiyey Madaxweynaha, haddi uu sidaa ku oggolaado, wuxuu Madaxweynuhu ku soo saarayaa faafinta rasmiga ah (21) maalmood gudahood. Haddii uu Madaxweynuhu oggolaan waayo ama wax-ka-beddelid soo jeediyo waa inuu kow iyo Iaabatan (21) maalmood gudahood ku soo war-geliyaa Shirguddoonka Golaha Wakiilada sababta uu u cuskaday.

4. Haddii uu sababaha uu Madaxweynuhu cuskaday Goluhu ku qanci waayo, oo mashruuc-sharcigaas uu mar-Iabaad ku ansixiyo aqlabiyad 2/3 (saddexmeelood, laba) xubnaha Golaha, mashruuc-sharicgaas waa inuu Madaxweynuhu aqbalaa. Haddiise aqlabiyadu intaas ka yaraato, mashruuc sharcigaasi wuu burayaa.

5. Mashruuc-sharci uu Golaha Wakiiladu oggolaado aan ahayn mashruuc-sharci maaliyadeed oo Golaha Guurtidu nuxurkiisa (Principle) ku diido aqlabiyad (2/3) (saddex meelood laba) xubnaha Golaha, haddii Golaha Wakiiladu ku qanci waayo diidmadaasi oo mar labaad ku ansixiyo aqlabiyad ka yar 2/3 (saddex-meelood laba) xubnaha Golaha, mashruuca-sharcigaasi wuu burayaa.

QODOBKA 79AAD
EEDAYNTA XUBNAHA GOLAYAASHA

1. Xubnaha Golayaasha (Wakiilada iyo Guurtida) waxa lagu oogi karaa dacwad dembi ah haddii la qabto xubinta ama xubnaha iyagoo faraha kula jira faldembiyeed (Flagrante Delicto), dambigaas oo ciqaabtiisu ugu yari tahay saddex (3) sanno oo xadhig ah.
Hase yeeshe, lama hor geyn karo maxkamad, loomana gudbin karo xabsi, ilaa xubinta ama xubnaha laga xayuubiyo dhawr-sanaanta xilka ay ummadda u hayaan.

2. Dacwadda dembiga ah ee Iagu eedaynayo xubnaha Golayaasha waxa soo oogaya Xeer-ilaaliyaha Guud, ka bacdi marka Golaha xubintu

ama xubnuhu ka tirsanaayeen ay maamuuska kaga xayuubiyaan saddex meelood laba ahaan tirada guud ee Golaha.

Waxa dacwaddaas dhegeysigeeda awood u leh Maxkamadda Sare ee Cadaaladda (High Court of Justice)

QAYBTA SADDEXAAD
WAAXDA FULINTA

XUBINTA IAAD

QODOBKA 80AAD
MADAXWEYNAHA IYO MADAXWEYNE-KU IGEENKA

Qaranku wuxuu yeelanayaa Waaxda Fulinta, oo ka gaar ah kana madaxbannaan waaxyaha Xeer-dejinta iyo Garsoorka.

QODOBKA 81AAD
WAAXDA FULINTA

Waaxda Fulinta (oo mararka qaarkood Ioogu yeedho (Xukuumadda) waxa madax ka ah Madaxweynaha, waxaanay Ra Rooban tahay:-

* Madaxweyne;
* Madaxweyne-Ru-xigeen;
* Iyo Golaha Wasurada ee Madaxweynuhu magacaabo.

QODOBKA 82AAD
SHURUUDAHA QOFKA LOO DOORANAYO MADAXWEYNE AMA MADAXAWEYNE-KU-XIGEEN

Waxa Madaxweyne ama Ku-xigeen Madaxweyne loo dooran karaa qofka buuxiya shuruudaha soo socda:

1. Waa in uu yahay muwaadin u dhashay Somaliland oo muwaadinimo dawlad kale haysan, balse wuu noqon karaa qoxooti dal kale deggan.

2. Waa inuu Muslim yahay, kuna dhaqmaa Diinta Islaamka.

3. Waa inaanay da'diisu ka yaraan afartan sano {40}.

4. Waa inuu jidh ahaan iyo maskax ahaanba gudan karaa xilkiisa

5. Waa inuu aqoon iyo waayo-aragnimo u leeyahay arrimaha maamulka {mid dawliya iyo mid Raleba}.

6. Waa inuusan dembi maxkamadi ku xukuntay ka gelin Qaranka Somaliland.

7. Waa inuu xaaskiisu yahay Muslim.

8. Waa inuu xog-ogaal u ahaado xaqaa'iqa dalka ka jira, isaga oo joogay ugu yaraan laba sano ka hor taariikhda doorashada loo cayimay inay qabsoonto.

9. Waa inuu hantidusa diiwaan geliyo.

QODOBKA 83AAD
HABKA DOORASHADA

1. Waxa Madaxweynaha iyo Ku-xigeenka Madaxweynaha Iagu dooranayaa qaabka doorashada guud oo toos ah; isla markaana qarsoodi ah iyaga oo isku lammaan.

2. Doorashada Madaxweynaha iyo Ku-xigeenka Madaxweynaha, oo isku mar loo codaynayo, kuna salaysan habka u codaynta liistada, waxa Ia qaban doonaa bil ka hor dhammaadka muddada xilka Madaxweynaha hore.

3. Madaxweynaha iyo Madaxweyne-ku-xigeenka hore ayaa sii wadi doona hawlaha ay u xil-saarnaayeen ilaa Madaxweynaha iyo Ku-xigeenka cusubi kala wareegaan xilka muddo bil ah gudaheed.

4 Waxa loo aqoonsanayaa inay doorashada Madaxweyaha iyo Ku-

xigeenka Madaxweynahu ku guulaysteen labada qof ee magacyadoodu ku sheegan yihiin liistada hesha codadka ugu tirada badan.

5. Haddii ay suurtoobi weydo duruufo Ia xidhiidha nabadgelyada darteed in la qabto doorashada Madaxweynaha iyo Ku-xigeenka Madaxweynaha marka muddadii xilkoodu dhammaato, waxa Golaha Guurtida waajib ku ah in ay muddada xilka u kordhiyaan Madaxweynaha iyo Ku-xigeenka Madaxweynaha, iyaga oo tixgelinaya muddada dhibaatada lagaga gudbi karo; doorashaduna ku qabsoomi karto

QODOBKA 84AAD
DHAARTA MADAXWEYNAHA IYO KU-XIGEENKA MADAXWEYNAHA

Madaxweynaha iyo Ku-xigeenka Madaxweynaha waxa Iagu dhaarinayaa ka hor intaanay xilka Ia wareegin xaflad ay goob joog ka yihiin Madaxda Golayaasha Wakiilada iyo Guurtida iyo Guddoomiyaha Maxkamadda Sare.

QODOBKA 85AAD
WAXYAABAHA KA REEBBAN MADAXWEYNAHA IYO MADAXWEYNE-KU-XIGEENKA

1. Uma bannaana Madaxweynaha iyo Madaxweyne-ku-xigeenka iyo Marwooyinkoodu inay galaan ganacsi muddada ay xilka hayaan.

2. Madaxweynuhu dalka kama maqnaan karo (45) cisho oo isku xiga muddo ka badan sabab caafimaad mooyaane.

3. Hadiyadaha la siiyo Madaxweynaha iyo Ku-xigeenka Madaxweynaha iyo Marwooyinkooda iyo Madaxda sare ee Qaranka ee Ieh muuqaal Qaran iyada oo lagu maamuusayo xilka ay hayaan waxa weeye hanti Qaran.

QODOBKA 86AAD
BANNAANAANTA JAGADA IYO HABKA UU MADAXWEYNUHU AMA MADAXWEYNE KU XIGEENKU XILKA UGA TEGI KARO

Waxay jagada Madaxweynaha ama ku-xigeenka Madaxweynuhu iyo Kuxigeenka Madaxweynuhu bannaanaan kartaa haddii ay dhacdo xaalad ka mid ah xaaladaha hoos ku sheegan:
1. Xukun dembi ah oo xilka lagaga xayuubiyay.
2. Hawsha oo uu caafimaad darro darteed u gudan kari waayo.
3. Geeri ku timaadda.
4. Is-casilaadda Madaxweynaha ama Madaxweyne Ku-xigeenku wuxuu qoraal xilka-tegis ah u gudbinayaa Guddoomiyaha Golaha Wakiilada iyo Guddoomiyaha Golaha Guurtida, waxayna labada Gole fadhi wada jir ah ku oggolaan karaan ama ku diidi karaan aqlabiyad tirada guud ee labada Gole.

5. Haddii ay Golayaashu diidaan codsiga xil-ka-tegidda ee ku sheegan faqradda 4aad ee qodobkan waxaa Madaxweynaha ama Madaxweyne-ku-xigeenku xaq u yeelanayaa in uu mar labaad keensado codsi dalab xil-ka-tegis ah muddo aan ka badnayn saddex bilood marki uu codsiga hore qortay; waxaana waajib ku ah labada Gole in ay xil-ka-tegidda ka oggolaadaan.

QODOBKA 87AAD
MUSHAHARKA & GUNNADA

Mushaharka, gunnada iyo hantida Dawadda ee ay Madaxweynaha iyo Kuxigeenka Madaxweynuhu ku dhaqmaan waxa qeexaya xeer.

QODOBKA 88AAD
MUDDADA XILKA

1. Muddada xilka ee Madaxweynaha iyo Ku-xigeenka Madaxweynaha

waa 5 sano oo ka bilaabanta maalinta xilka bo dhaariyo.

2. Qofna jagada Madaxweynaha ma qaban karo laba jeer wax ka badan.

QODOBKA 89AAD
HABKA BUUXINTA JAGADA BANNAANATAY

1. Haddii mid ka mid ah xaaladaha ku sheegan qodobka 86aad ay ku timaado Madaxweynaha saddexda sano ee u horreeya shanta sano ee xilka loo doortay, waxa Madaxweyne Ku-xigeenku noqonayaa Madaxweyne ku meel gaadh ah, waxaana Madaxweyne lagu dooranayaa muddo lix bilood gudohood ah.

2. Haddii Madaxweynaha xaalad ka mid ah xaaladaha ku sheegan qodobka 86aad ay ku timaado labada sano ee u dambeeya muddada shanta sano ah ee bo doortay, waxa xilka Madaxweynenimo la wareegaya Madaxweyne Kuxigeenka muddada labada sano ah ee hadhay, wuxuuna Madaxweyne Kuxigeen u sharrixi doonaa xubin ka tirsan Golaha Wakuada, waxaana ansixinaya labada Gole oo wada jira. Haddii Golayaashu diidaan mudanaha Madaxweynuhu u magacaabay Madaxweyne Ku-xigeenka, waxa waajib ku ah inuu mudane kale ku magacaabo muddo aan ka badanayn soddon maalmood gudahood oo ka bilaabmaysa taariikhda dudmada Golayaasha.
Waxa xubintu muddada dastuuriga ah hayn doontaa xilka bo magacaabay; isla markaana waayi doontaa xubinnimadii Golaha Wakiilada.

3. Sidoo kale, marka xaalad ka mid ah xaaladaha ku sheegan qodobka 86aad ay ku timaado Madaxweyne-ku-xigeenka wuxuu Madaxweynuhu u magacaabayaa Madaxweyne-ku-xigeen xubin ka tirsan Golaha Wakiilada, oo 2da Gole oggolaadeen. Wuxuu mudanaha xilka loo magacaabay hayn doonaa jagadaas muddada xilka ka hadhay, iyada oo ay bannaanaan doonto jagadi Wakiilnimadu. Haddii ay Golayaashu diidaan mudanaha Madaxweynuhu u magacaabay Madaxweyne-ku-xigeenka, waxa waajib ku ah inuu mudane kale ku magacaabo muddo aan ka

badnayn 30 maalmood gudahood oo ka bilaabmaysa taariikhda diidmada Golayaasha.

4. Haddii ay Madaxweynaha iyo Ku-xigeenka Madaxweynaha isku hal mar ku timaado xaalad ka mid ah xaaladaha ku sheegan qodobka 86aad, waxa xilka Madaxweynaha si ku meel gaadh ah u haynaya Guddoomiyaha Golaha Guurtida. Waxaana doorashada Madaxweynaha iyo Ku-xigeenka Madaxweynaha lagu qaban doonaa muddo Iixdan (60) maalmood gudahood ah, oo ka bilaabmaysa maalinta ay xaaladdu sugnaatay.

XUBINTA 2AAD
QODOBKA 90AAD
AWOODAHA MADAXWEYNAHA

Madaxweynuhu waa madaxa Qaranka iyo Dawladda; waana astaanta midnimada muwaadiniinta ka tirsan Jamhuuriyadda Somaliland. Waxa uu u xilsaaran yahay daryeelka haybadda dalka; ilaalinta nabadgelyada; horumarinta bulshada iyo hab-sami-u-socodsiinta maamulka Dawadda. Si uu u gudan karo xilkala kor ku sheegan, wuxuu Madaxweynuhu leeyahay awoodaha soo socda:-

1. Hoggaaminta siyaasadda guud ee Xukuumadda.

2. Magacaabidda iyo xil-ka-wareejinta xubnaha Golaha Wasurada.

3. Magacaabidda iyo xil-ka-wareejinta madaxda sare ee Dawadda marka uu la tashado Wasiirka ku shaqada leh; isla markaana tixgeliyo Dastuurka iyo xeerarka u gaarka ah. Waxa madaxda sare ee dawladda loola jeedaa:-

      b. Hanti-dhowraha Guud;
      t. Guddoomiyaha Baanka-dhexe;
      j. Guddoomiyaha iyo Guddida Hay'adda Shaqaalaha Dawadda;
      x. Xisaabiyaha Guud;
      kh. Agaasimayaasha Guud ee Wasaaradaha iyo

	hay'adaha;
d.	Taliyayaasha ciidamada iyo Ku-xigeenadooda;
r.	Danjirayaasha;
s.	Xeer-ilaaliyaha Guud; iyo dh. Saraakiisha sare ee kale oo xeer ka soo baxay Golayaasha Xeer-dejintu awood u siinayo magacaabistooda iyo xil-ka-wareejintooda.

4. Hoggaaminta ciidamada Qaranka maadaama uu yahay Tahyaha Guud (Commander-in-Chief).

5. Oggolaanshaha cafiska iyo saamaxaadda, oo ay ka reebban yihiin qisaasta iyo xuduudda Shareecadda lslaamka; iyo bixinta magangelyada siyaasadeed, ka dib marka uu la tashado hay'adaha ku shaqada leh.

6. Saxeexa heshiisyada caalamiga ah.

7. Ka qayb-gelidda shirarka caalamiga ah, isagoo ka wakiil ah Jamhuuriyadda Somaliland.

8. Qaabilaadda diblomaasiyiinta shisheeyaha iyo ka qabashada waraaqaha aqoonsigooda (Credentials).

9. Magacaabidda danjirayaasha u jooga Jamhuuriyadda Somaliland dalalka shisheeyaha ah, ururada caalamiga ah iyo kuwa gobollada adduuunka.

10. Bixinta astaamaha xurmo iyo sharaf ee ay ka mid yihiin billadaha.

11. Hoggaaminta xaaladaha dagaalka, isla markaana ku dhawaaqidda xaalad degdeg ah.

12. Fulinta xeerarka aan Waaxda Garsoorka awoodaheeda hoos iman;

13. Awoodaha kale ee ku xusan Dastuurka iyo xeerarka kale.

14. Madaxwaynuhu wuxuu xilkiisa u fulin doonaa si waafaqsan Dastuurka iyo xeerarka kale ee dalka u degsan.

QODOBKA 91AAD
AWOODAHA MADAXWEYNE-KU-XIGEENKA

Madaxweyne-ku-xigeenka Qaranku wuxuu awood u leeyahay;

1. Ku-simidda xilka Madaxweynaha marka uu Madaxweynuhu maqan yahay ama uu buko.

2. Gudashada hawlaha uu Madaxweynuhu u igmado.

3. Qabashada xilka Madaxweynenimo marka ay jagadu bannaanaato sababahan dartood:-

   b. Is-casilaadda (xil-ka-tegid) Madaxweynaha.
   t. Xukun dembi ah oo xilka lagaga xayuubiyey;
   j. Marka uu hawshii loo doortay u gudan kari waayo caafimaad-darro darteed; iyo
   x. Geeri ku timaada.

QODOBKA 92AAD
AWOODAHA KALE EE MADAXWEYNAHA EE LA XIDHIIDHA XEERARKA DEGDEGGA AH

1. Marka ay soo if-baxaan xaalado gaar ah oo halis gelin kara nabadgelyada dalka; khatar ku noqon kara xeerka iyo nidaamka; khalkhal ku abuuri kara xasilloonida guud, ama kalsoonida dhaqaale, waxa Madaxweynuhu soo saarayaa xeerar deg-deg ah oo lagu joojinayo khataraha kor ku sheegan. Haddii Golayaasha Baarlamaanku fadhiyaan marka uu xeerarka degdegga ah soo saarayo Madaxweynuhu, waa inuu ugu gudbiyo muddo toddoba (7) maalmood gudahood ah si ay go'aanno uga gaadhaan. Haddii aanay Golayaashu fadhiyin waxa Gudoomiyayaashoodu isugu yeedhayaan Golayaasha fadhi aan caadi ahayn muddo 14 maalmood gudahood ah. Xukuumaduna way ku sii dhaqmi kartaa xeerarkaas inta ay Golayaashu go'aan ka gaadhayaan.

2. Xeerarka degdegga ah waxay yeelan doonaan awoodda xeerarka ka

soo baxa Golayaasha (Wakiilada iyo Guurtida), waxayna dhaqan gelayaan marka uu saxeexo Madaxweynuhu.

3. Waxa xeerarka degdegga ah dib-u-eegid ay 2da Gole ku samayn doonaan saddexdii (3) biloodba hal mar iyaga oo go'aankoodu ku salaysnaan doono codka hal dheeriga ah (Simple Majority)

QODOBKA 93AAD
HAB-MAAMUUSKA MADAXDA SARE EE QARANKA

1. Madaxweynaha iyo Ku-xigeenka Madaxweynaha ayaa leh hab maamuuska koowaad ee Qaranka.

2. Guddoomiyaha Golaha Guurtida ayaa leh hab-maamuuska ku-xiga.

3. Guddoomiyaha Golaha Wakiilada ayaa leh hab-maamuuska 3aad ee Qaranka.

XUBINTA 3AAD

QODOBKA 94AAD
GOLAHA WASIIRADA

1. Golaha Wasiiradu waxay Madaxweynaha ka kaalmaynayaan fulinta xilkiisa iyaga oo wadajir u go'aamin doona siyaasadda guud, qorshayaasha iyo barnaamijyada Dawladda.

2. Waxaa Wasiirada iyo Wasiir-ku-xigeennada magacaabi kara ama xilka ka qaadi kara Madaxweynaha; waxaana magacaabiddooda la hor dhigayaa Golaha Wakiilada oo ay fadhigaas joogaan kala badh iyo hal xubnood (Quorum), oo ku oggolaan kara ama ku diidi kara cod hal dheeri ah (Simple Majority) oo gacan taag ah.

3. Soddon (30) maalmood gudohood marka Golaha Wakiiladu ansixiyaan magacaabidda Wasiir ama Wasiir-ku-xigeen, waxa xilka u dhaarinaya Guddoomiyaha Maxkamadda Sare iyada oo uu goob

joog yahay Madaxweynaha ama Madaxweyne-ku-xigeenka, haddii uu Madaxweynuhu ka maqan yahay dalka ama uu buko.

4. Wasiirada ama Wasiir-ku-xigeenadu ma qaban karaan shaqo kale oo ka baxsan tan Qaranka.

5. Qofna looma magacaabi karo Wasiir ama Wasiir-ku-xigeen haddii aanu buuxin shuruudaha ku xidhan qofka bo dooranayo Golaha Wakiilada.

6. Wasiirka waxa bo xil-saari karaa hal Wasaarad ama in ka badan.

7. Madaxweynaha ayaa guddoomin doona fadhiyada Golaha Wasiirada ee caadiga ah iyo kuwa aan caadiga ahayn.

8. Lama xidhi karo Wasiir ama Wasiir-ku-xigeen haddii aan lagu qaban isagoo faraha kula jira dembi ciqaabtiisu gaadhayso saddex sano ama aanu Madaxweynuhu ka qaadin dhawrsanaanta, isaga oo ku qancay soo jeedin uu u soo bandhigay Xeerilaaliyaha Guud.

QODOBKA 95AAD
SII-HAYNTA XILKA

1. Wasiirka ama Wasiir-ku-xigeenka istiqaalad dhiiba ama xilka laga fadhiisiiyo isaga ayaa xilka sii haynaya inta beddelkiisu ka tirsanayo.

2. Waxaa ka reebban muddada uu Wasiirku ama Wasiir-ku-xigeenku sugayo in xilka laga tiriyo inuu cid xil u magacaabo ama heshiis magaca Wasaaradda cid kale kula gab.

QODOBKA 96AAD
EEDEYNTA IYO MMMUUS-KA-XAYUUBINTA MADAXWEYNAHA, KU-XIGEENKA MADAXWEYNAHA IYO WASIIRADA

1. Haddii Madaxweynaha iyo ku-xigeenka Mad axweynaha lagu 800 oogo dembiyada kala ah:-

    b. Khiyaamo Qaran (High Treason) ama
    t. Ku xad gudub Dastuurka.

    Waxa ku soo oogi kara Madaxweynaha ama/iyo Madaxweyne-ku-xigeenka dembiyada ku xusan faqradan ugu yaraan saddex meelood meel xubnaha ka tirsan Golaha Wakiilada; iyaga oo eedaynta u gudbin doona Guddoomiyaha Golaha Wakiilada, Golaha Wakiiladuna waxuu ku ansixin karaa cod tirada xubnaha Wakiilada badhkood iyo mid ah {Absolute Majority).

2. Golaha Wakiiladu wuxuu igmanayaa guddi aan ka badnayn toban (10) xubnood oo eedaynta M/weynaha ama Madaxweyne-ku-xigeenka kaga oogta Golaha Guurtida hortiisa, wuxuuna Golaha Wakiiladu adeegsan karaa qareemo madaxbannaan oo arrintaas eedaynta ka kaalmeeya.

3. Waxa u fadhiisanaya xukunka eedayntaas Golaha Guurtida oo uu Guddoomiye ka yahay Guddoomiyaha Maxkamadda Sare oo dhagaysanaya dacwadda ay soo oogayaan Guddida ay igmadeen Golaha Wakiiladu, iyadoo Madaxweynahu ama Madaxweyne-ku-xigeenku isaguna yeelanayo qareemo gaar ah oo difaaca. Golaha Guurtidu wuxuu ku ansixin karaa eedayntaas cod 2/3 (saddex meelood laba meelood) oo tirada guud ee Golaha ah.

4. Haddii Xeer-ilaaliyaha guud ku soo eedeeyo Wasiir ama Wasiir-ku-xigeen dembi ka mid ah dambiyada ku sheegan faqradda koowaad ee qodobkan, waxaa warbixinta eedda uu Xeer- ilaaliyaha Guud u gudbin doonaa Madaxweynaha. Haddii Madaxweynuhu ku qanco warbixinta waxa uu Wasiirka ama Wasiir-ku-xigeenka ka xayuubin doonaa dhowrsannaanta. Haddii uu ku qanci waayo Madaxweynuhu warbixinta Xeer-ilaaliyaha Guud, wuxuu amrayaa

inuu Xeer-ilaaliyaha Guud la noqdo dacwadiisa.

5. Waxaa eedda la xidhiidha Wasiirada qaadi doonta Maxkamadda Sare ee Cadaaladda (High Court of Justice), Maxkamadaas oo ka kooban Guddoomiyaha Maxkamadda Sare; afar garsoore oo ka tirsan Maxkamadda Sare iyo afar xubnood oo ka tirsan Golayaasha Baarlamaanka oo Gole waliba soo doorto laba xubnood.

QAYBTA AFRAAD

XUBINTA IAAD
WAAXDA GARSOORKA

QODOBKA 97AAD

1. Waxa Qaranku yeelanayaa Waax Garsoor, oo hawsheedu ta hay u gar-naqa ka dhaxeeya Dawadda iyo dadka; iyo dadka dhexdooda.

2. Waaxda Garsoorku waxay hawlaheeda u fulinaysaa si Dastuurka waafaqsan, iyada oo ka madax-bannaan waaxyaha kale ee Qaranka.

QODOBKA 98AAD

1. Garsoorku waxa uu awood gaar ah u leeyahay:-

    b. In uu fasiro micnaha xeerarka ka soo baxa Golayaasha dastuuriga ah iyo xeerarka degdegga ah iyada oo la raacayo Dastuurka.
    t. Inuu ka garsooro khilaafka ka dhex abuurma laamaha Dawladda oo dhinac ah iyo xubno ka tirsan dadweynaha oo dhinac ah ama dadweynaha dhexdooda.
    j. Inuu ka taliyo muran kasta oo la xidhiidha waafaqsanaanta Dastuurka.

2. Ma bannaana in garsooruhu qabto shaqo kale inta uu hayo xilka

Garsoorka.

3. Daryeelka ku habboon garsoorayaasha xeer baa nidaaminaya

QODOBKA 99AAD
DHISMAHA GARSOORKA

1. Hay'adaha Garsoorku waxay ka kooban yihiin maxkamadaha iyo Xeer-ilaalinta.

2. Garsoorayaasha maxkamadaha iyo Xeer-ilaaliyaashoodu waxay u madaxbannaan yihiin hawshooda garsoor iyaga oo raacaya xeerka oo keliya.

QODOBKA 100AAD
MAXKAMADAHA

Maxamadaha Jamhuuriyadda Somaliland waxay ka kooban yihiin:-

1. Maxamadda Sare;

2. Maxamadaha Racfaanka ee Gobolladda;

3. Maxamadaha Gobolada

4. Maxamadaha Degmooyinka; iyo

5. Maxamadaha Cudamada Qaranka.

QODOBKA 101AAD
MAXKAMADDA SARE

Maxamadda Sare waa hay'adda ugu sarraysa Garsoorka; isla markaana waxay tahay Maxamadda Dastuurka. Tirada garsoorayaashu waa inaanay ka yaraan Guddoomiyaha iyo afar garsoore; waxaana nidaaminaya xeer gaar ah.

QODOBKA 102AAD
MAXKAMADAHA HOOSE

Magacaabidda garsoorayaasha iyo habka shaqada maxkamadaha hoose (maxkamadaha racfaanka ee gobollada, maxkamadaha gobollada iyo degmooyinka), waxaa nidaaminaya xeer gaar ah.

QODOBKA 103AAD
XEER-ILAALINTA

Xeer-ilaalinta Guud ee Qaranku waxay ka kooban tahay Xeer-ilaaliyaha Guud iyo ku-xigeennadiisa.

QODOBKA 104AAD
MAXKAMADAHA CIIDAMADA IYO
XEER-ILAALINTOODA

1. Maxamadaha ciidamadu waxay gaar u yihiin dhegaysiga dembiyada ciqaabta ee lagu oogo xubnaha ciidamada Qaranka xaaladaha nabadda iyo dagaalka.

2. Maxamadaha ciidamada iyo Xeer-ilaalintooda waxa nidaaminaya xeer gaar ah.

QODOBKA 105AAD
MAGACAABIDDA GUDOOMIYAHA MAXKAMADDA
SARE & GARSOORAYAASHA MAXKAMADDA SARE

1. Madaxweynuhu isaga oo la tashanaya Guddida Cadaaladda, waxa uu magacaabayaa Guddoomiyaha Maxamadda Sare iyo garsoorayaasha Maxamadda Sare, iyada oo la tixgelinayo:- heerka waxbarasho, waayoaragnimo xirfadeed iyo suubanaan akhlaaqdeed. Magacaabidda Guddomiyaha Maxamadda Sare waxa ansixinaya Golayaasha (Wakiilada iyo Guurtida) oo fadhi wada jir ah yeesha muddo aan ka badnayn saddex {3} bilood marka laga bilaabo

taariikhda magacawga.

Waxa Ku-xigeenka Guddoomiyaha noqon doonaa garsooraha dhinaca darajada ugu sarreeya garsoorayaasha ka tirsan Maxamadda Sare (Seniority).

2. Ma bannaana in loo magacaabo xilka Guddoomiyaha Maxamadda Sare qof aan buuxin shuruudaha hoos ku sheegan:-

    b. Waa inuu yahay muwaadin ka tirsan Jamhuuriyadda Somaliland.

    t. Waa inuu haystaa shahaado jaamicadeed oo barasho sharciga ah oo la aqoonsanyahay.

    j. Waa inuu leeyahay waayo-aragnimo xirfadeed oo aan ka yarayn isugeyn toban sano; kuna soo shaqeeyey garsoore ama/iyo xeer-ilaaliye ama/iyo qareen ama/iyo macallin jaamicad ka bara sharciga.

    x. Waa inuu siyaasadda ka madax bannaan yahay.

3. Madaxweynuhu xilka wuu ka qaadi karaa Guddoomiyaha Maxamadda Sare, isaga oo u baahan oggolaanshaha Golaha Wakiilada & Golaha Guurtida.

QODOBKA 106AAD
XIDHIIDHKA HAY'ADAHA GARSOORKA IYO WASAARADDA CADAALADDA

1. Wasaaradda Cadaaladdu waxay u xil-saaran tahay fulinta go'aanada maamul ee ka soo baxa Guddida Cadaaladda.

2. Wada-shaqaynta Wasaaradda Cadaaladda iyo Hay'adaha Garsoorka waxa qeexaya xeer.

QAYBTA 5AAD
QODOBO KALA DUWAN

XUBINTA IAAD

QODOBKA 107AAD
GUDDIDA CADAALADDA

1. Gudidda Cadaaladdu waa hay'adda hoggaamisa maamulka Garsoorka, waxayna ka kooban tahay:

    - Guddoomiyaha Maxamadda Sare Guddoomiye
    - Labada garsoore ee Ru xiga dhinaca darajada Guddoomiyaha Maxamadda Sare Xubno
    - Xeer-ilaaliyaha Guud   Xubin.
    - Agaasimaha Guud ee Wasaaradda Cadaaladda Xubin
    - Guddoomiyaha Hay'adda Shaqaalaha   Xubin
    - Laba xubnood oo Golaha Wakiiladu labadi sannadoodba hal mar ka soo doorto dadweynaha kana kala tirsan aqoon yahanada & ganacsatada; iyo
    - Laba xubnood oo Golaha Guurtidu labadi sannadoodba ka soo doorto dadweynaha hal mar; kana kala tirsan dhaqan-yaqaanada iyo culimada Diinta.

2. Waxa fadhiga Guddidu ku ansixi karaa marka ay joogaan toddoba (7) xubnood.

3. Marka Guddoomiyaha Maxamadda Sare gudan kari waayo guddoominta Guddida, sababo caafimaad, fasax ama shaqo ka tegid darteed, waxa si ku-meel-gaadh ah guddoomiyaha Guddida noqon doona garsooraha ka tirsan Maxakamadda Sare ee Guddida xubinta ka ah, dhinaca darajadana ku xiga Guddoomiyaha. Waxa xoghayn u ah Guddida Cadaaladda Kaaliyaha Sare ee Maxamadda Sare.

QODOBKA 108AAD
HAWSHA GUDDIDA CADAALADDA

1. Guddida Cadaaladdu waxay u xil-saaran tahay: shaqo-siinta, xil-ka-qaadista, dallacaadda, hoos-u-dhigidda, bedelaadda iyo anshax-marinta garsoorayaasha maxkamadaha hoose (maxkamadaha racfaanka, gobollada iyo degmooyinka} iyo Ku-xigeenada Xeer-ilaaliyaha Guud. Shaqaalaha kale ee ka shaqeeya Garsoorka waxay hoos imanayaan xeerarka shaqaalaha Dawladda.

2. Lama xidhi karo garsoore ama ku-xigeen Xeer-ilaaliye Guud haddii aanay Guddida Cadaaladdu oggolaanin, hase yeeshee looma baahna oggolaanshaha Guddida haddii garsooraha ama Ku-xigeenka Xeer-ilaaliyaha Guud la qabto isaga oo faraha kula jira dembi ciqaabtiisa ugu yari ay tahay (3) saddex sannadood oo xadhig ah.

3. Xeer-ilaaliyaha Guud ayaa Guddida ka hor oogaya eedda ka xayuubinta dhawrsanaanta, anshax-marinta garsoorayaasha iyo Ku-xigeenada Xeer-ilaaliyaha Guud.

XUBINTA 2AAD

QODOBKA 109AAD
QAAB-DHISMEEDKA DALKA

1. Dalka Jamhuuriyadda Somaliland waxa uu ka kooban yahay gobollo; gobol kastaana waxa uu u sii qaybsamaa degmooyin.

2. Dhismaha gobollada iyo degmooyinka, xuduudohooda iyo darajooyinkooda xeer baa tilmaamaya.

3. Wax-ka-beddelka tirada gobollada iyo degmooyinka ama xuduudahooda, iyada oo sababaysan waxa soo jeedinaya Golaha Xukuumadda, waxaana oggolaanaya Golaha Wakiilada iyo Golaha Guurtida.

QODOBKA 110AAD
MAAMULKA GOBOLLADA IYO DEGMOOYINKA

1. Maamulka gobollada iyo degmooyinku waa qayb ka mid ah Maamulka Xakuumadda Jamhuuriyadda Somaliland.

2. Xidhiidka Xukuumadda-dhexe ee gobollada iyo degmooyinka waxa caddaynaya xeer gaar ah.

QODOBKA 111AAD
GOLAYAASHA GOBOLLADA IYO DEGMOOYINKA

1. Gobollada iyo degmooyinka dalku waxay yeelanayaan Golayaal sharci-dejineed oo ku kooban xeer hoosaadyo (Bye-laws) aan ka hor imanayn xeerarka dalka u dejisan iyo kuwa fulineed.

2. Tirada gole kasta oo gobol ama degmo shuruudaha laga doonayo xubinta gole gobol/degmo iyo nidaamka doorashada xeer ayaa tilmaamaya.

3. Guddoomlyaha degmadu, isagoo la tashaday wax garadka tuulada, waxa uu soo jeedinayaa guddida maamul ee tuullo, waxana ansixinaya Golaha Sharci dejinta ee degmada.

4. Golayaasha gobollada & degmooyinka waa inay noqdaan kuwa awood u leh qorshaynta dhaqaalahooda iyo arrimahooda bulshada.

5. Guddoomlyaha gobolka waxa soo magacaabaya Xukuumadda, waxaana uu uga wakill yahay Xukuumadda-dhexe gobolka iyo degmooyinka hoos yimaada.

6. Guddoomiyaha gobolku waa xidhiidhiyaha Xukuumadda-dhexe iyo degmooyinka gobolka, isagoo hoos imanaya Wasaaradda Arrimaha Gudaha.

7. Muddada xilka golayaasha gobollada iyo degmooyinka waa shan sano (5).

8. b) Gole gobol ama degmo waa la kala diri karaa isagoon muddadiisa dhammaysan.
   t) Xaaladda ay ku iman karto iyo qaabka loo kala dirayo xeer ayaa tilmaamaya.

9. Xoghayaha gobolka ama degmada iyo madaxda waaxyaha ama laamaha Wasaaradaha ayaa xilka sii fulinaya iyagoo raacaya shuruucdoodii hore inta laga soo dooranayo gole cusub.

10. Golayaasha gobollada iyo degmooyinku waxay yeelanayaan xeerhoosaadyadooda oo midaysan waxana gacan ka siinaysa Wasaaradda Arrimaha Gudaha.

QODOBKA 112AAD
BAAHINTA AWOODDA MAAMULKA

1. Maamulka adeegayada bulsho sida caafimaadka, waxbarashada ilaa heer dugsi hoose-dhexe, xannaanada xoolaha, nabadgelyada gudaha, biyaha, nalka, isgaadhsiinta iwm, waxa xilkoodu saaran yahay maamulada gobollada iyo degmooyinka hadba heerka ay hanan karaan.

2. Kala-xadaynta awoodda maamul iyo cashuuraha ee Dawladda-dhexe iyo gobollada/degmooyinka, xeerka xidhiidhka Dawladda-dhexe iyo gobollada/degmooyinka ayaa caddeynaya.

3. Kala-xadaynta ku tilmaaman faqradda 1aad ee qodobkan, waa inay noqoto mid suurta-gelisa isku filnaansho gobollada iyo degmooyinku ka gaadhaan dhinacyada adeegyada bulsho.

XUBINTA 3AAD
HAY'ADAHA DAWLADDA

QODOBKA 113AAD
HAY'ADAHA DAWLADDA EE GAARKA AH

Hay'adaha Dawadda ee Qaranku waa:
1. Xeer-ilaalinta Guud

2. Baanka Dhexe

3. Hay'adda Shaqaalaha Dawladda

4. Hanti-dhawrka Guud.
   Haddli bo baahdo hay'ado kale waa la dhisi karaa si xeerka waafaqsan.

QODOBKA 114AAD
MAGACAABISTA IYO XIL-KA-QAADISTA
MADAXDA HAY'ADAHA

1. Magacaabista Xeer-ilaaliyaha Guud, Guddoomiyaha Baanka-dhexe, Guddoomiyaha & Guddida Hay'adda Shaqaalaha Dawladda iyo Hantidhawraha Guud, waxa soo jeedinaya Guddoomiyaha Golaha Xukuumadda; waxaana oggolaanaya Golaha Wakiilada ka hor intaan xilka bo dhaarin.

2. Waxaa xilka ka qaadi kara madaxda qodobkan ku sheegan Madaxweynaha oo keliya.

3. Masuuliyiinta Qaranka ee Dastuurku waajibiyay in la ansixiyo, si ku-meel gaadh ah xilka uma hayn karaan muddo ka badan saddex bilood.

QODOBKA 115AAD
GUDDIDA CULIMADA
WAAJIBAADKA GUDDIDA

Guddida Culimadu waa guddi madax-bannaan oo u xilsaaran:
1. Inay Si rasmi ah uga bixiyaan caddayn:-

      b.   Khilaafka Diiniga ah ee abuurma.
      t.   Wixii la isku qabto inuu Sharceedda khilaafsan yahay iyo in kale, ama iyaga ula muuqda inuu Sharceedda khilaafsan yahay.

Guddidu waxay caddayntooda u gudbinayaan xafiiska codsiga caddayntu uga yimid ama Maxamadda Dastuurka wixii iyaga uga muuqda.

2. Inay sameeyaan cilmi-baadhis nooc kasta ha ahaadee iyagoo ka eegaya dhinaca Diinta, gaar ahaan horumarka cilmiga sayniska iyo Diinta. Inay eegaan, hubiyaana, kutubta laga turjumo Shareecadda, gaar ahaan kuwa maxkamaduhu u cuskadaan xukunkooda {ka hor intaan sharci ahaan bo ansixin}, iyo kuwa gelaya manhajyada waxbarashada ee Ru saabsan dhaqanaqooneedka Diiniga ah.

QODOBKA 116AAD
TIRADA GUDDIDA IYO MUDDADA XILKA

Guddida Culimadu waxay ka kooban yihiin kow iyo toban (11) xubnood; muddada xilkuna waa shan sanno (5); xubintii mutaysatana dib baa loo soo magacaabi karaa.

QODOBKA 117AAD
SHURUUDAHA XUBNAHA

Xubnaha Guddida Culimadu waa inay yeeshaan shuruudaha hoos ku qoran:
1. Inuu yahay muwaadin, maskax ahaan iyo jidh ahaanba u gudan kara

xilkiisa.

2. Inaanay da'diisu ka yaraan afartan sano {40}.

3. Inuu yahay nin lagu yaqaan ALLAH-KA-CABSI iyo akhlaaq wanaag.

4. Inaanu hore ugu dhicin xukun ciqaabeed oo maxkamad horteed kaga caddaaday shantii sanno ee ugu dambaysay.

5. Inuu leeyahay aqoon heer jaamacadeed ah amaba wax u dhigma oo dhinaca Diinta ah.

6. Markuu xilka Guddida qabto inuu ku sifoobo dhexdhexaadnimo dhinacyada siyaasadda iyo aragtida Diineed.

QODOBKA 118AAD.
WAXYAABAHA KA REEBBAN XUBNAHA

Xubnaha Guddida Culimada waxa ka reebban.

1. Inay ku tilmaanaadaan xisbi siyaasadeed ama urur gaar ah oo Diineed.

2. Inay qabtaan xil kale oo Qaran inta ay xilka Guddida hayaan.

QODOBKA 119AAD
MAGACAABIDDA XUBNAHA GUDDIDA CULIMADA

1 Xubnaha Guddida Culimada waxa soo magacaabaya guddi laga soo cayimo Golaha Xukuumadda iyo Golaha Guurtida oo is-tiro le'eg; waxaana oggolaanaya Golaha Guurtida.

2 Guddida Culimadu iyagaa iska dhex-dooranaya Guddoomiye iyo Guddoomiye Ru-xigeen

QODOBKA 120AAD
BANNAANAANSHAHA XUBINNIMADA
GUDDIDA CULIMADA

Xubinnimada Guddida Culimada waxay ku bannaanaan kartaa:

1. Haddii uu istiqaalad dhiibo ama uu geeriyoodo.

2. Haddii ay burto shuruud ka mid ah shuruudihii xubinnimada.

3. Haddii uu xukun ciqaabeed oo kama damays ahi Ru dhaco.

QODOBKA 121AAD.
MUSHARKA IYO GUNNADA

Mushaharka iyo gunnada xubnaha Guddida Culimada xeer baa nidaaminaya.

QODOBKA 122AAD
XEERKA HAY'ADAHA

Hay'ad kasta oo ka mid ah hay'adaha Dawladda ee gaarka ah waxa ay yeelanaysaa xeer u gaar ah oo qeexaya qaab-dhismeedkeeda, waajibaadkeeda iyo dhawrsanaanta madaxdooda.

XUBINTA 4AAD
QODOBKA 123AAD
MABAADI'DA CIIDANKA QARANKA

1. Ciidanka Qaranku wuxuu u xil-saaran yahay ilaalinta iyo difaaca madaxabannaanida dalka; waxa intaa u dheer marka loo baahdo hawlaha xilliga xukunka degdegga ah ee waafaqsan Dastuurka.

2 Ciidanka Qaranku waxa uu had iyo jeer u hoggaansamayaa oo tixgelinayaa Dastuurka iyo xeerarka dalka.

3 Dhismaha Ciidanka Qaranku wuxuu ka koobnaanayaa dhammaan deegaannada Somaliland.

4 Qofka loo magacaabayo Wasiirka Gaashaandhigga waa inuu ahaadaa muwaadin madani ah (Civilian).

5 Qaab-dhismeedka ciidanka Qaranka xeer-baa nidaaminaya

QODOBKA 124AAD
CIIDAMADA BOOLIISKA IYO ASLUUBTA

1. Ciidanka Booliisku waxa uu u xilsaaran yahay ilaalinta nabadgelyada iyo dhaqan-gelinta xeerarka; qaab-dhismeedkoooda iyo waajibaadkoodana xeer ayaa qeexaya.

2. Ciidanka Asluubtu waxa uu u xilsaaran yahay haynta iyo toosinta akhlaaqda maxaabiista; qaab-dhismeedkooda iyo waajibaadkoodana xeer ayaa nidaaminaya.

QODBKA 125AAD
DIYAARINTA XEERKA AFTIDA IYO MAGACAABIDDA GUDDIDA QABAN-QAABINTA AFTIDA

Si ay u suurta gasho qaban-qaabinta Aftidu, waxa waajib ah in la soo saaro Xeerka Aftida iyada oo laga shiidaal-qaadanayo tilmaamaha Dastuurku asteeyey; waxaana la magacaabayaa guddida qaban-qaabinta Aftida si waafaqsan Dastuurka.

QODOBKA 126AAD
WAX-KA-BEDDELKA IYO KAABIDDA DASTUURKA

1. Soo jeedinta wax ka beddelka iyo/ama kaabidda Dastuurka waxa leh:-

    b. Madaxweynaha, ka dib marka uu la tashado

	Golaha Xukuumadda.
t.	1/3 (saddex-meelood meel) tirada guud ee Golaha Wakiilada.
j.	1/3 (Saddex meelood meel) tirada guud ee Golaha Guurtida.

2. Waxa waajib ah in soo jeedinta wax ka beddelka iyo/ama kaabidda Dastuurku ay sababaysan tahay, saxeexan tahayna.

3. Wax-ka-beddelka iyo/ama kaabidda Dastuurka waxa ay Golaha Wakiilada iyo Golaha Guurtida ka doodayaan laba bilood ka dib marka uu Golaha Wakiiladu aqlabiyadda tiradiisa ku go'aansado in loo baahan yahay wax-ka-beddelka iyo/ama kaabidda.

4. Wax-ka-beddelka qodob ama qodobo ka mid ah Dastuurka iyo/ama kaabiddiisu waxa ay ku ansaxayaan kadib marka uu 2/3 (saddex meelood, laba) tirada guud ee Golaha Wakiilada iyo Golaha Guurtidu uu mid waliba goonidusa isugu raaco.

5. Haddii Golaha Wakiiladu uu aqlabiyadda tiradiisa isugu raaci waayo in loo baahan yahay in wax laga beddelo ama wax lagu kordhiyo ama labadaba; ama haddii labada Gole midkood ku ansixin waayo wax-ka-beddelka jyo/ama kaabidda 2/3 (saddex meelood, laba) tirada guud ee xubnihiisa, soo jeedintaas dib looma soo celinayo 12 (laba iyo toban) bilood oo dambe.

QODOBKA 127AAD
XUDUUDDA WAX-KA-BEDDELKA IYO
KAABIDDA DASTUURKA

Ma bannaana in soo jeedinta wax-ka-beddelka iyo/ama kaabidda Dastuurku ay xambaarsanaato nuxur ka soo horjeeda:

b.	Mabaadi'da Shareecadda Islaamka.
t.	Midnimada dalka (Israacsanaanta dhul-ahaaneed).
j.	Mabaadi'da talo-wadaagga iyo hannaanka xisbiyada badan.
x.	Xuquuqda asaasiga ah iyo xorriyaadka qofka.

QODOBKA 128AAD
SALDHIGGA IYO SARRAYNTA DASTUURKA

1. Dastuurka waxa saldhig u ah mabaadi'da Islaamka.

2. Dastuurka ayaa ugu sarreeya xeerarka dalka, xeer kasta oo aan isaga waafaqsanaynina, waxa uu noqonayaa waxba kama-jiraan.

QODOBKA 129AAD
DHMRTA DASTUURIGA AH

Guddoomiyaha Maxamadda Sare oo isla markaana ah Guddoomiyaha Maxamadda Dastuuriga ah ayaa dhaarinaya cid kasta oo Dastuurku ku waajibiyey dhaartan Dastuuriga ah, ka hor inta aanu xilkiisa bilaabin; sidoo kale waxaa isagana dhaarinaya Madaxweynaha.

"WAXAAN ILAAHAY UGU DHAARTAY IN AAN U NOQONAYO DAACAD DIINTA ISLAAMKA, DALKAYGA SOMALILAND, DADKIISANA KU MAAMULAYO SINNAAN IYO CADDAALAD INTA AAN XILKA HAYO".

QODOBKA 130AAD
DHAQAN GELINTA DASTUURKA IYO QODDOBADA KALA GUURKA

1. Dhaqan-gelinta Dastuurku waxay ka bilaabmaysaa marka afti loo qaado, natiijada aftiduna soo baxdo, waxana si ku meel gaadha loogu dhaqmi karaa muddo saddex sannadood gudahood ah oo ka bilaabmaysa taariikhdii uu oggolaaday shirweynihii 3aad ee Beelaha Somaliland.

2. Haddii qabashada aftidu suuroobi waydo muddada loo xaddiday, waxa muddada ku meel gaadh ahaan loogu dhaqmayo Dastuurka kolba kordhin kara Baarlamaanka (Guurtida iyo Wakiilda).

3. Haddii ay xubin ka mid ah Golaha Guurtida ama Golaha Wakiillada

ay ku timaado xaalad ka mid ah xaaladaha ku tilmaaman qodobka 50aad waxaa soo buuxinaysa beeshii uu ka tirsanaa inta laga gaadhayo nidaamka axsaabta ee doorashada.

4. Haddil ay ku timaado asbaabaha ku tilmaaman qodobka 86aad Madaxweynaha iyo Ku-xigeenka Madaxweynaha, ama midkood, inta laga gaadhayo nidaamaka axsaabta ee doorashada tooska ah, labada Gole (Wakiilada iyo Guurtida} ayaa si wada jira muddo 45 maalmood gudahood ah ku dooranaya Madaxweyne iyo Madaxweyne-Ku-xigeen ama midkood, iyadoo xilka jagada bannaanaatay muddada doorashada ka horaysa uu hayn doono Guddoomiyaha Golaha Guurtidu.

5. DaIka Jamhuuriyadda Somaliland waxa lagaga dhaqamayaa xeerarkii hore loogaga dhaqmi jiray ee aan ka hor imanayn Shareecadda Islaamaka, xuquuqda qofka iyo xorriyaadka asaasiga ah, inta laga soo saarayo xeerar waafaqsan Dastuurka Jamhuuriyadda Somaliland; isla markaa waa in la diyaariyaa xeerarka Dastuurka waafaqsan, waxaana lagu keenayaa xeer walba ugu yaraan muddada uu u xaddido Golaha Wakiiladu.

6. Haddli gobollada iyo degmooyinku ay muddo saddex bilood ah gudahood ku dhisan waayaan golayaal, Xukuumadda-dhexe waxay ku meel gaadh ahaan u magacaabaysaa maamulo gobolo iyo degmooyin iyadoo kala tashanaysa xubnaha Golaha Wakiilada iyo Golaha Guurtida ee metala gobolladaas iyo degmooyinka iyo weliba guurtida degaamadaas.

Magacyada Guddiga Isku-duba-ridka Dastuurka:

1.	Sh. Cabdilaahi Sh. Cali Jawhar	Guddoomiye
2.	Maxamed Axmed Cabdulle	Guddoomiye-ku-xigeen
3.	C/qaadir X. Ismaaciil Jirde	Xoghaye
4.	Sh. Maxamuud Suufi Muxumed	Xubin
5.	Maxamed Sicud Maxamed (Gees)	Xubin
6.	Sh. Cali Sh. Cabdi Guuleed	Xubin
7.	Faysal Xaaji Jaamac (Qareen)	Xubin

8.	Cismaan Xusseen Khayre (Garsoore)	Xubin
9.	Prof. Faarax Cabdilaahi Farud	Xubin
10.	Prof. Maxamuud Nuur Caalin	Xubin
11.	Xasan Cabdi Xabad	Xubin
12.	Axmed MacaIm Jaamac	Xubin
13.	Yuusuf Aadan Xuseen	Xubin
14.	Cismaan Call Bille	Xubin
15.	Maxamed Jaamac Faarax	Xubin

GUDDIDA DIB U HABAYNTA IYO DIB U EEGIDDA DASTUURKA

GOLAHA GUURTIDA

1)	Mud. Siciid Jaamac Cali	Guddoomiye
2)	Mud. Axmed Nuur Aw Cali	Xoghaye
3)	Mud. C/Laahi Sh. Xasan	Xubin
4)	Mud. Sicild ClLaahi Yaasir	
5)	Mud. Cali X. Cabdi Ducaale	
6)	Mud. C/raxmaan Axmed Areye	
7)	Mud. Maxamed Cilse Faarax	
8)	Mud. Yuusuf CILaahi Cawaale	
9)	Mud. Muxumed Aw Axmed	
10)	Mud. Maxamed Gaaxnuug Jaamac	
11)	Mud. Maxamed Cismaan Guuleed	

GOLAHA WAKIILADA

1)	Mud. Xasan Axmed Ducaale	Guddoomiye
2)	Mud. Cali Maxamed Cumar	Xoghaye
3)	Mud. C/raxmaan Xuseen Cabdi	Xubin
4)	Mud. Maxamed Xuseen Dhamac	
5)	Mud. Cabdi Daahir Camuud	
6)	Mud. C/Laahi lbraahim Kaarshe	
7)	Mud. Axmed CILaahl Call	
8)	Mud. Faysal X. Jaamac	
9)	Mud. Maxamed Aadan Gabaloos	
10)	Mud. Cumar Nuur Aare	

11) Mud. Yaasiin Faarax Ismaaciil
12) Mud. Yaasiin Maxamuud Xiir
13) Mud. Cali Obsiiye Diiriye

GUDDIDA SIXIDDA, HUBINTA IYO SOO-SAARIDDA NUQULKAN DASTUURKA:
(Iyo Saxeexooda)

1) Mudane Axmed Maxamed Aadan Guddoomiye (Wakiiladda)
2) Mudane Axmed Nuur Aw Cali — Xoghaye (Guurtida)
3) Mudane C/Laahi Sh. Xasan — Xubin
4) Maxamed Xuseen Cismaan — Xoghayaha (Golaha Wakiilada)

Sh. lbraahim Sh. Yuusuf Sh. Madar Axmed Maxamed Aadan Guddoomiyaha Golaha Guurtida Guddomiyaha Golaha Wakillada

XOGHAYNTA GUDDIDA DASTUURKA

1) Faisa Maxamed Axmed
2) C/risaaq Siciid Ayaanle

Jamhuuriyadda Soomaaliya

Dastuurka

Dastuurka Puntland 01/07/2001-2004

Mudane Col. C/lahi
Yusuf Axmed
1997-2004

Mohamud Musse
Hirsi
08/01/2005

Mudane Maxamed
Cabdi Xaashi
16/10/2004

Dastuurka Puntland

AR ARTA DASTUURKA PUNTLAND

Magaca Naxariista iyo Naruurada Rabbi dartood. Annaga oo ah Dadka Puntland.

Waxaa naga go'aan ah in aan waa cusub ambaqaadno, si aan uga soo kabanno musiibadii, raadkii iyo dhaxalkii ay reebeen dagaalladii sokeeye.

Waxaan ku mintidaynaa ambaqaadka iyo yagleelidda hannaan iyo hab cusub oo horseedi kara dawlad Soomaaliyeed oo federaal ah kuna dhisan nabad, caddaalad iyo demoqaraadiyad.

Annaga oo ka duuleyna mabd'a wadatashiga iyo wax-wadaag caddaalad ku dhisan waxaan dooneynaa in aan walaalahayaga Soomaaliyeed ku wada noolaanno isqadarin iyo isu garowsho.

Waxaan aaminsanahay in midnimada Soomaaliyeed ay ku dhalan karto hannaan nabadeed iyo isla oggolaansho ka yimaada dadka Soomaaliyeed.

Waxaan ku hawlgelaynaa, walaalahayo Soomaaliyyedna ugu yeeraynaa in aan wadajir ugu halgalno dib u dhiska qarankii Soomaaliyeed oo burburay.

Annaga oo ka duuleyna xigmadahaan sare iyo sooyaalka taariikheed ee ku salaysan Caqiidada iyo Diinta Islaamka iyo Dhaqanka suuban, waxaan ku guuleysanney in aan 1998dii dhisno Dawlad-goboleedka Puntland oo qayb ka mid ah dawlad Soomaaliyeed oo federaal ah.

Haddaba Golaha Wakiillada ee puntland oo ka duulaya waayihii adkaa ee la soo maray fulinayana dardaarankii shirweynihii wada tashiga ee Garowe 1998dii, ee Axdiga qodobkii 28, ayaa kalfadhigii 3aad ee Golaha Wakiillada lagu dhisay Guddiga Diyaarinta iyo isku duba ridka Dastuurka Puntland oo bedeli doona Axdiga ku-meel-gaarka ah. Dadaal iyo wadatashiyo badan kadib Guddigu waxa uu soo dammaystirey Dastuurka Puntland soona hordhigay Golaha Wakiillada.

Golaha Wakiillada oo ka duulaya rabitaanka iyo aayaha dadweynaha Puntland waxa ay si taxadar iyo feejignaan leh uga doodeen 2 kalfadhi daraftigii Guddigu soo hor dhigey, ugu dambaystiina Goluhu wuxuu Dastuurka u ansixiyay si buuxda 05/06/2001.

Dastuurka cusub ee Puntland waxaa lagu saleeyey:-

o Shareecada Islaamka
o Habka wadatashiga iyo go'aan wadaagga
o Isu dheellitirnaanta awoodaha Dawladda; xeer-dejint, fulinta iyo garsoorka
o Baahinta xukunka

o   Habka xisbiyada
o   Damaanad qaadista lahaanshaha gaar ahaaneed iyo ganacsiga suuqa xorta ah
o   Sugidda xuquuqda assaasiga iyo nolosha qofka, sugidda Nabadgelyada iyo xasiloonida.

Dastuurka cusub, waxa uu ka kooban yahay: -

1. 5 qaybood oo mid kastaaba leedahay xubneheeda iyo qodobkeeda
2. 11 xubnood iyo 100 qodob oo dhammaantood si musalsal ah isugu habaysan.

Golaha Wakiillada, wuxuu dadweynaha Puntland u soo gudbinayaa in ay dastuurkaan dhuuxaan si ay mustaqbalka codkooda ugu ansixiyaan.

QODOBKA 1AAD
SARRAYNTA SHARCIGA

1. Sharciga ayaa ka sarreeya cid kasta.

QODOBKA 2AAD
MAGACA IYO NIDAAMKA DAWLADDA

1. Magaca Dawladdu waa Dawlad-Goboleedka Puntland ee Soomaaliya.

2. Puntland waa dawlad-goboleed Soomaaliyeed oo madaxbannaan kuna dhisan habka wadatashiga, demoqoraadiyadda iyo xisbiyada.

3. Maamulka dawladdu waa mid baahsan, awoodda ugu sarraysana - tan Eebbe mooyee - shacabka ayaa leh, isaga oo awooddaas u adeegsanaya si toos ah oo dastuurka iyo shuruucda waafaqsan, qof ama qayb ka mid ah shacabkuna ma sheegan karo, kumana takrifali karo gooni ahaan.

4. Puntland waa qayb ka mid ah Soomaaliya xil ayaana ka saaran baadigoobka iyo dhawridda dawlad Soomaaliyeed oo ku dhisan habka Federaaliga ah.

QODOBKA 3AAD
DHULKA, SOOHDIMAHA IYO XUQUUQAHA
SOOHDIMAHA

1. Puntland waxa ay ka kooban tahay gobollada Bari, Nugaal, Sool, Koofurta Togdheer (Deegaannada Buuhoodle), Mudug oo laga reebay Deegaannada Hobyo iyo Xarardheere iyo Gobolka Sanaag oo laga reebay degmada Ceel-afweyn iyo waqooyi- galbeed ee degmada Ceerigaabo.

2. Soohdimaha Puntland waa kuwa Gobollada iyo Degmooyinka ay ka kooban tahay la lahaayeen derisyadooda dagaallada sokeeye ka hor, midnimada Puntland-na laguma soo xadgudbi karo; dhul, cir iyo bad toona.

3. Inta ku siman soohdimaheeda (dhul, cir iyo badba), Puntland waxa ay leedahay xuquuqihii awoodeed oo ay lahaayeen dawladdihii hore.

QODOBKA 4AAD
DADKA

Dadka Dawlad-goboleedka Puntland waa muwaadiniinta puntland oo dhan lamana kala qaybin karo.

QODOBKA 5AAD
MUWAADINNIMADA

1. Muwaadinimada Puntland waxaa soo caddeynaya Degmada uu qofku ka tirsan yahay.

2. Muwaadinku ma luminayo jinsiyadiisa Puntlandinimo haddii uu dhalasho kale qaato.

3. Helida iyo dhuminta muwaadinnimada Puntland waxaa lagu soo saarayaa xeer gaar ah 3-bilood kaddib dhaqan galka Dastuurka.

QODOBKA 6AAD
DIINTA

1. Diinta Islaamku waa tan qur ah ee dawlad-goboleedka Puntland ee Soomaaliya.

2. Diin aan tan Islaamka ahayn laguma fidin karo dalka dawlad-goboleedka Puntland, qawaaniinta iyo dhaqanka bulshadana waxaa saldhig u ah diinta Islaamka.

QODOBKA 7AAD
MAGAALOMADAXDA

1. Magaalo-madaxda dawlad-goboleedka Puntland waa Magaalada Garoowe waana fadhiga dhexe ee dawladda.

2. Magaalomadaxda waxaa lagu dhaqayaa xeer u gaar ah saddex bilood gudahood lagu soo saaro laga bilaabo dhaqangalka dastuurka.

QODOBKA 8AAD
AFKA

Af-Soomaaligu waa afka rasmiga ah ee dawlad-goboleedka Puntland, afaf kalana waa la adeegsan karaa.

QODOBKA 9AAD
ASTAANTA, CALANKA IYO HEESTA DAWLAD-GOBOLEEDKA PUNTLAND

1. Astaanta, Calanka iyo heesta Dawlad-goboleedka Puntland waa kuwii Qarankii Soomaaliyeed.

QODOBKA 10AAD
WADAHADAL IYO WAX-WADAAG FEDERAALNIMO

1. Puntland waxa ay ka mid noqonaysaa Dawlad Soomaaliyeed oo habka Federaaliga ah ku dhisan, waxayna wadahadal la geli kartaa qayb kasta oo Soomaaliya ka mid ah oo aaminsan raadinta iyo ka-

mid-noqoshada dawlad soomaaliyeed oo ku dhisan habka federaaliga ah.

2. Waxyaalaha dawlad-goboleedku Puntland ay ku wareejin doonto dawladda Federaalka ah waxaa ka mid ah: Arrimaha socdaalka, difaaca, arrimaha siyaasada dibedda, istaambada boostada, lacagta, habka cabbiraadda.

3. Wixii intaas dheeri ka ah waxay ku imaanayaan wadahadal dhexmara dawladda federaalka ah iyo dawlad-goboleedka.

QODOBKA 11 AAD
XIRIIRKA DIBEDDA

1. Dawlad-goboleedka Puntland waxay dhawraysaa heshiiyadii ay Dawladihii hore ee Soomaaliya la galeen dawlad shisheeye, haddii heshiiskaas/heshiiyadaas aysan ka hor imaanayn danaha iyo maslaxadaha Puntland.

2. Dawlad-goboleedka Puntland waxay dhawraysaa heshiiyadii ay Dawladihii hore ee Soomaaliya la galeen shirkad shisheeye, haddii heshiiskaas/heshiiyadaas aysan ka hor imaanayn danaha iyo maslaxadaha Puntland.

3. Dawlad-goboleedka Puntland waxay aqoonsan tahay kuna dhaqmaysaa Axdiyada Qaramada Midoobay iyo qaanuunka dawliga ah; waxaa kale oo ay xurmaynaysaa Baaqyada Caalamiga ah ee Xuquuqda Aadamiga wixii aan ka hor imaanayn shareecada islaamka iyo qawaanniinta puntland.

4. PUNTLAND waxay xushmaynaysaa, oggoshahayna Axdiyada Ururka Midowga Afrika (OAU), Jaamacadda Carabta, Urur goboleedka Horumarinta Geeska Afrika (IGAD), iyo Ururka Mu'tamarka Islaamka(OIC).

5. Puntland waxay aqoonsan tahay mabaadii'da aayo-ka-talinta ummadaha adduunka.

6. Puntland waxay taageeraysaa hindisooyinka ah in khilaafaadka aasaasiga ah ee abuurma ama hor u jireyba lagu dhammeeyo wadahadal iyo hab nabadeed.

7. Dawlad-goboleedka Puntland waxay ka soo hor jeeddaa argagixisnimada.

QODOBKA 12 AAD
XISBIYADA

1. Dawlad-Gobeleedka Puntland waxaa lagaga dhaqmayaa nidaamka xisbiyada.

2. Waxaa jiraya ugu badnaan saddex xisbi siyaasadeed.

3. Waxaa reebban xisbiyada iyo ururrada leh dabeecad ciidan iyo qabiil.
4. Qofkii xisbi kaga guulaysata kursi kana baxa xisbiga waxa uu waayayaa kursigii uu xisbiga ee uu ku guuleystay.

5. Nidaamka xisbiyada waxaa lagu soo saarayaa xeer gaar ah oo Xukuumadu soo jeediso Goluhuna ansixiyo.

6. Hantida Qaranka looma isticmaali karo hawl xisbiyeed.

7. Ciddiin ay ku cadaato in ay u isticmaashay hantida Qaranka arrimo xisbi waxaa la hor geynayaa maxkamad.

QODOBKA 13 AAD
SHURUUDAHA FURASHADA XISBI SIYAASADEED

Xisbi kasta oo la furayo waa in uu buuxiyaa shuruudaha soo socda:-

    b.   Waa in uu leeyahay barnaamij Siyaasadeed oo himilo waddaniya l eh;

    t: waa in uu leeyahay Dastuur,

    j: Waa in uu leeyahay Saldhig dhaqaale oo damaanad qaadi

kara jiritaanka xisbiga oo dhan (100Malyan oo Sh,So ah) lana dhigo Bangiga Dhexe.

QODOBKA 14AAD
DHISMO-XUKUUMADDEEDKA XISBIYADA

1. Xisbigii ku guuleysta ugu yaraan 51% kuraasta guud ee Golaha Wakiillada ayaa Dawladda soo dhisaya.

2. Haddii xaaladda ku xusan 13.1 dhici weydo dawlad wadaag ah ayaa la soo dhisayaa, iyada oo xisbiga ugu xubnaha badani hoggaaminta yeelanayo.

3. Haddii labo xisbi ama ka badan isxubno le'ekaadaan, xisbiyadu wadahadal ayay ku go'aansanayaan cidda hoggaaminta yeelaneysa.

QODOBKA 15AAD
TIROKOOBKA

1. Dadweynaha Punltland tobankii sanaba mar baa la tirokoobayaa.

2. Waqtiga tirokoobtu ka bilaaban doonto xeer gaar ah baa lagu soo saari doonaa.

QODOBKA 16 AAD
GUDDIGA DOORASHADA

1. Waxaa jiraya Guddi doorasho oo Guddoonka Golaha Wakiilladu soo jeediyo Goluhuna ansixiyo.

2. Waxaa Guddiga doorashada la magacaabayaa 3 saddex bilood ka hor waqtiga doorashada, waxa uuna ku egyahay saddex bilood kaddib ee dhammaadka natiijada doorashada.

3. Guddigu waxa uu u hoggaansamayaa sharciga oo keli ah.

4. Markii la ansixiyo guddiga doorashada, guud ahaan iyo gaar ahaan toona xilka lagama qaadi karo waxna lagama beddeli karo.

5. Guddigu warbixinta doorashada waxa uu u gudbinayaa Guddoonka Golaha wakiillada, Madaxtooyada iyo Maxkamadda Sare.

6. Guddoomiyaha Guddiga doorashada waxaa soo jeedinaya guddoonka Golaha waxaana ansixinaya Golaha.

7. Tirada Guddiga Doorashadu kama yaraan karto 15 xubnood.

8. Awoodaha iyo xil-waajibaadkaadka guddiga waxaa lagu qeexayaa xeer gaar ah oo Golaha Wkiilladu soo saaro ansixiyaana.

QODOBKA 17AAD
QOYSKA

Qoysku waa aasaaska bulshada oo ka aasaasma nin iyo haweenay qaangaaray oo si sharciga waafaqsan isku guursaday, waxa uuna xaq u leeyahay damaanadqaad dastuuri ah.

QODOBKA 18AAD
XUQUUQDA HAWEENKA

1. Dastuurkani waxa uu xaqiijinayaa xuquuqda, xoriyaadka iyo waajibaadka haweenka ee dhaqan dhaqaale iyo siyaaso ee aan diinta islaamku ka reebin.

2. Dawladda ayaa ilaalinaysa xuquuqda haweenka ee ku xusan qodobkan.

3. Haddii nolosha hooyada uurka lihi halis gasho, ilmaha caloosha ku jira waa la soo ridi karaa markii dakhtar takhasuskeeda lihi caddeeyo.

QODOBKA 19 AAD
XAQUUQDA CARRUURTA

1. Carruur waxaa loola jeedaa qof kasta oo toban iyo shan (15) sano ka yar.

2. Ilmuhu waxa uu xaq u leeyahay nolol, magac, jinsiyad iyo korriimo.

3. Waxaa reebban shaqada carruurta wax u dhimaysa noloshooda, dhaqankooda, korriimadooda iyo waxbarashooda.

4. Waxaa reebban in la soo rido ilmaha caloosha hooyada ku jira haddii aysan jirin xaaladda ku xusan 18.3

QODOBKA 20AAD
AGOOMAHA, CURYAAMADA IYO GARAAD-DHIMMANKA

1. Naafada iyo muwaadin kasta oo aan is daryeeli Karin, cid daryeeshaana aysan jirin, dawladda ayay waajib ku tahay in ay daryeesho.

2. Dawladdu waa in ay dhiirrigelisaa samaysaana hay'ado xannaaneeya dadka qodobkan ku tilmaaman.

QODOBKA 21AAD
CAAFIMAADKA

1. Dawladda ayaa u xil saaran caafimaadka guud, gaar ahaan kan carruurta iyo hooyada, ka-hortagga cudurrada faafa iyo nadaafadarrada guud.

2. Dawladda ayaa xil ka saaran yahay horumarinta adeegyada Caafimaadka.

3. Dawladdu waxa ay oggoshay in la furto rugo/xarumo caafimaad iyo cisbitaalo gaar ah, xeer gaar ah ayaana xukuumaddu ka soo saaraysaa.

QODOBKA 22AAD
Horumarinta, baahinta iyo faafinta cilmiga

1. Horumarinta, baahinta iyo faafinta cilmigu iyo waxbarashadu waa waajib ummadeed, meelmarintoodana dawladda ayaa u xil saaran.

2. Akhris-Qoris la'aanta afka hooyo waa cadowga koowaad ee ummadda waana waajib in lala dagaallamo, dawladdana xil dheeraad

ah ayaa ka saran.

3. Waxbarashada aasaasiga ah waxaa loo aqoonsan yahay: dugsiyada quraanka, dugsiyada hoose, dhexe iyo Sare, ciyaaraha jirka iyo isboortiga, waxbarashada dadka waaweyn iyo waxbarashada gaarka ah ee dumarka, waana waajib dawladdu leedahay in ay meelmariso, waxaana jiraya Manhaj midaysan.

4. Muwaadin kasta waxa uu xaq u leeyahay daryeel waxbarasho.

5. Qofka qaangaarka ahi waa u madaxbannaan yahay doorashadiisa waxbarasho iyo xirfadeed.

6. Waxaa la furan karaa Dugsiyo waxbarasho, dugsiyo xirfadeed iyo jaamacado gaar ah waafaqsanna manhajka dawladda.

7. Dawladda xil ayaa ka saaran dhisme jaamacadeed.

8. Xeer gaar ah ayaa nidaaminaya waxbarashada madaxa bannaan.

QODOBAKA 23AAD
SINNAANTA BULSHADA

1. Dhammaan dadku waa siman yahay Sharciga hortiisa.

2. Qofna laguma takoori karo midabka, diinta, dhalashada, jinsiyada, hantida, fikrada uu aaminsanyahay, siyaasada, afka iyo isirka.

3. Dastuurku waxa uu dhowrayaa xushmaynayaana xuquuqda dadka laga badanyahay.

QODOBKA 24 AAD
XORRIYADDA CAQIIDADA

1. Qof kasta waxa uu xor u yahay Caqiidadiisa, lagumana qasbi karo mid kale.

2. Qofka muslimka ahi kama noqon karo Caqiidadiisa.

QODOBKA 25 AAD
XORRIYADDA FIGRIGA

1. Qof kasta xor buu u yahay figraddiisa iyo soo-bandhigideeda.

2. Qofku waxa uu fikraddiisa ku cabbiri karaa qaab hadal, saxaafadeed, qoraal, baahineed, muuqaal, suugaan iyo habab kale oo xeerka waafaqsan faragelin la'aan.

QODOBKA 26 AAD
XAQA DOORASHADA

1. Muwaadin kasta oo buuxiya shuruudaha doorashada looga baahan yahay waxa uu xaq u leeyahay in uu wax doorto lana doorto.

2. Codayntu waa shaqsi, sinaan, xorriyad iyo qarsoodi.

QODOBKA 27 AAD
XAQA QORASHADA ARJIGA

1. Muwaadin kasta waxa uu xaq u leeyahay in uu cabasho (Arji) qoran u diro M/weynaha, Parlamaanka iyo xukuumadaba.

2. Cabasho kasta oo xeerka waafaqsan dawladdu waa in ay ka jawaabtaa (90) beri gudahood.

QODOBKA 28 AAD
XAQA KA-MID-NOQOSHADA URURRADA

1. Muwaadin kasta oo buuxiyey shuruudaha doorashada waxa uu xaq u leeyahay in uu ka qaybqaato hawlaha, ka mid noqdo ama aasaaso ururro siyaasadeed dhaqaaleed, bulsheed, cilmiyeed iyo dhaqaneed.

2. Waxaa reebban jiritaanka ururada leh ujeeddooyin lid ku ah Qawaanniinta dalka iyo danaha umadda.

3. Ururrada leh shaqsiyadooda qaannuun, heshiisyada ay xubnuhu ku galaan ururada, waxa uu waajib ku wada noqonayaa dhammaan

xubnaha ururka.

QODOBKA 29 AAD
XORRIYADDA DHAQDHAQAAQA

1. Muwaadin kasta ama qof kasta oo si xeerka waafaqsan dalka ku jooga waxa uu u madaxbanaan yahay in uu dalka ka maro ama ka dego meel kasta oo uu rabo, iyo inuu dalka ka baxo kuna soo laabto goortii uu doono.

2. Meelaha iyo gooraha ay reebban tahay maridooda iyo galidooda xeer gaar ah ayaa lagu soo saarayaa.

QODOBKA 30 AAD
XAQA LAHAANSHAHA HANTIYEED

1. Muwaadin kasta waxa uu xaq u leeyahay in uu hanti yeesho.

2. Waxaa reebban wax-soosaar kasta oo aan sharciga waafaqsanayn.

3. Qofna lagama qaadi karo khidmad ama hanti aan sharciga waafaqsanayn.

QODOBKA 31 AAD
XAQA NOLOSHA IYO NABADGELYEYNTA JIRKA

1. Qof kasta waxa uu xaq u leeyahay noloshiisa, waxa uuna ku waayi karaa oo keli ah tan Eebbe mooyaane, markii ay Maxkamad horteed kaga cadaato dembi dil lagu mutaysan karo.

2. Qof kasta waxa uu xaq u leeyahay nabadgelyaynta jirkiisa iyo sharaftiisa.

3. Waxaa reebban dambiyada laga galo xuquuqda Aadamig sida; xasuuqa iyo dil maxkamad la'aaneed.

QODOBKA 32 AAD
XAQA MADAXBANNAANIDA QOFKA

1. Qofna xorriyadiisa lagama qaadi karo, lama baari karo, lamana xayiri karo haddii aan qaanuun oggolaan.

2. Addoonsiga iyo ka-ganacsiga dadku waa reebban yihiin.

3. Dhammaan xorriyaadka qofka waxaa shardi u ah in ayna ka hor imanayn shareecada islaamka, xeerarka, anshaxa guud, xasiloonida dalka ama xuquuqda qof kale.

4. Dastuurka ayaa qof kasta u damaanadqaadaya xuquuqdiisa iyo xorriyadiisaba.

QODOBKA 33 AAD
XAQA MAGANGELINTA SIYAASADEED & ISU-CELINTA EEDAYSENEYAASHA/DEMBIILAYAASHA

1. Qofka shisheeyaha ah ee dalka ku soo galay ama ku joogay si xeerarka waafaqsan ee wayddiista magangelinta siyaasadeed waa la siin karaa, haddii laga helo shuruudaha u dhigan magangelinta, iyada oo la tixgelinayo heshiisyada caalamiga ah.

2. Ma bannaana in Muwaadin Puntland ah loo dhiibo Dawlad kale.

3. Puntland waxay dib u celin kartaa dembiile, ama Eedaysane shisheeye ah, oo dalkiisa ka soo cararay, haddii uu jiro heshiis dad-isu-celineed oo dhexmaray Puntland iyo dalka weyddiistay celintiisa.

QODOBKA 34 AAD
XAQA HOYGA

1. Hoyga iyo meelaha kale ee la deggan yahay waxay leeyihiin xurmayntooda. Ma bannaana baaridda, basaasidda iyo galidda hoyga haddii aan amar Garsoore oo sababaysan jirin ama sharcigu si kale u sheegin.

2. Waxaa waajib ah in si toos ah loogu akhriyo amarka garsooraha mulkiilaha ama degganaha hoyga inta aan la galin, baarahana waxaa ka reebban ku-xadgudubka amarka garsooraha.

QODOBKA 35 AAD
SAXAAFADDA

1. Saxaafadda iyo warbaahintu waa madaxbannaan yihiin lamana faragelin karo.

2. Xeer gaar ah ayaa sii faahfaahinaya nadaamkooda.

QODOBKA 36 AAD
XAQA XORRIYADDA ISGAARSIINTA

Qofna lama faragalin karo waraaqihiisa boostaha, xiriirkiisa isgaarsiineed iyo saxaafadeed iyo qoraalladiisa gaarka ah,, markii laga reebo xaaladaha xeerku banneeyo baaritaankooda, dabagalkooda, ama dhegaysigooda iyada oo ay markaana waajib tahay in la helo amar garsoore oo sababaysan.

QODOBKA 37 AAD
XORRIYADDA KULAMADA IYO BANNAANBAXYADA

1. Qof kasta waxa uu xor u yahay in uu sameeyo kulamo iyo bannaanbaxyo ku salaysan hab nabad-gelyo waase in uu sii wargeliyaa hay'adaha ay khusayso.

2. Kulamada iyo bannaanbaxyada waxaa lagu joojin karaa sababo lid ku ah Diinta Islaamka, caafimaadka guud, amniga, anshaxa, nidaamka guud iyo xasiloonida.

QODOBKA 38 AAD
WAAJIBAADKA MUWAADINIINTA

1. Muwaadin kasta waxaa waajib ku ah adkaynta midnimada umadda iyo ilaalinta jiritaanka qaranimada Puntland.

2. Muwaadin kasta waxaa waajib ku ah dhowridda diinta islaamka, dastuurka, xeerarka dalka iyo bixinta canshuuraha ku waajibay.

3. Muwaadin kasta waxaa waajib ku ah ka-qaybgalka difaaca Puntland markii loogu yeero ama ay la gudboonaato.

4. Xeer ayaa qeexaya ciqaabta ka dhalan karta gudasho la'aanta waajibaadka ku xusan faqrada 1aad, 2aad, 3aad ee qodobkan.

QODOBKA 39 AAD
DACWAD-FURASHO, CIQAAB IYO DEMBI

1. Qof kasta waxa uu xaq u leeyahay in uu dacwad qaanuunka waafaqsan ka furto maxkamadaha awoodda u leh.

2. Qofna looma qaban/xiri karo fal markii uu galay aan dambi ku ahayn qaanuunka.

3. Ciqaab aan maxkamad ka soo bixin cidna laguma fulin karo.

4. Dembi iyo ciqaab aan sharciga waafaqsanayn ma jiri karaan, mas'uuliyadda faldambiyeedkuna waa shakhsi.

QODOBKA 40 AAD
XUQUUQDA EEDAYSANAHA

1. Eedaysanaha waxaa loo aqoonsan yahay dembilaawe ilaa si qaanuunka waafaqsan maxkamadi si kama-dambays ah ugu xukunto gelid dembi.

2. Eedaysanaha laguma hayn karo meel aan qaanuunka bannayn waana in 48 Saacadood gudahood lagu hor geeyo garsoore.

3. Eedaysanaha waa in maxkamadda awoodda u lihi si tifaftiran ugu akhrido dambiga lagu soo oogay.

4. Eedaysanuhu waxa uu xaq u leeyahay in ay soo booqdaan; eheladiisa, qareenkiisa, dhakhtarkiisa iyo asxaabtiisa, wuxuuna kaloo

xaq u leeyahay in la damiinto haddii sharcigu oggol yahay.

5. Eedaysanuhu waxa uu xaq u leeyahay in uu qareen difaaca qabsado, haddii uusan awoodi karinna dawladdu waa in ay u qabataa, dadka garaad-dhimmanka ahna waa la mid.

6. Eedaysanaha laguma khasbi karo qirashada dembiga loo haysto.

7. Eedaysanuhu waxa uu xaq u leeyahay in uu iska difaaco maxkamadda horteeda.

QODOBKA 41 AAD
XUQUUQDA QOFKA XUKUMAN

1. Qofka ay maxkamaddu xukuntay oo xiran waxa uu xaq u leeyahay in la dhawro ilaalintiisa, nabadgelyadiisa iyo sharaftiisa aadaminimo.

2. Xukumanuhu waxa uu xaq u leeyahay in ay soo booqdaan eheladiisa, qareenkiisa, dhakhtarkiisa iyo asxaabtiisa.

3. Xukumanaha xabsiga ku jiraa waxa uu xaq u leeyahay daryeel caafimaad, cunto iyo waxbarasho.

4. Xukumanaha xabsiga ku jiraa waxa uu xaq u leeyahay xuquuqda caalamiga ah ee maxaabiista.

5. Xukumanuhu waxa uu xaq u leeyahay in uu racfaan ka qaato xukunkii maxkamaddu ku ridday, isaga oo racfaanka u qaadanaya maxkamaddii xukuntay midda ka sarraysa.

QODOBKA 42 AAD
SADDEXDA QAYBOOD EE DAWLADDA

1. Saddexda qaybood ee awoodaha Dawladdu waxay u kala baxaan:-

      b: Golaha Wakiillada
      t: Golaha Xukumadda
      j: Golaha Garsoorka.

2. Qofna kama mid noqon karo in ka badan qayb ka tirsan saddexda awooddood ee Dawladda.

QODOBKA 43 AAD
GOLAHA WAKIILLADA

1. Awoodda Xeer-Dejinta ee Puntland waxaa leh Golaha Wakiiladda oo matala shacabka puntland oo dhan.

2. Golaha Wakiilladu waxa uu ka kooban yahay 66 wakiil oo dadweynuhu soo dooranayo.

3. Muddada Golaha Wakiilladu waa afar sanno (4) laga bilaabo maalinta natiijada doorashada lagu dhawaaqo.

4. Golaha Wakiilladu waxa uu si rasmi ah u dhismayaa 30 maalmood guduhood laga bilaabo maalinta nadiijada doorashadu soo baxdo.

QODOBKA 44 AAD
SHURUUDAHA LAGU SOO DOORANAYO GOLAHA WAKIILLADA

1. Golaha Wakiillada waxaa loo dooran karaa Muwaadin kasta oo xilkas ah, miyirkiisu dhan yahay, reer Puntland ah, da'diisuna aanay ka yarayn 30 sano.

2. Waa in aysan Maxkamaddi horay ugu xukumin dembi khiyaamo qaran.

3. Waa in uu leeyahay ugu yaraan aqoon dugsi sare ama waaya-aragnimo u dhiganta.

4. Maxkamadda sare ayaa leh awoodda-sharciyeed oo lagu hor istaagi karo musharaxii aan buuxin shuruudaha doorashada.

QODOBKA 45 AAD
SHURUUDAHA LAGU LUMIYO XILKA GOLAHA WAKIILLADA

1. Xubinimada Golaha Wakiiladda waxaa lagu waayi karaa haddii xubintu: -
    b: geeriyooto;
    t: Istiqaalad Golaha keento Goluhuna ka aqbalo;
    j: Iyo haddii fal dambiyeed kama dambays ah maxkamad ku xukunto.

2. Haddii xubin ka mid ah Golaha Wakiillada lumiso Wakiilnimadeeda, waxaa baddalkeeda soo galaya qofka qaabka doorashaddii hore qaannuun u yeesha 30 maalmood gudahooda.

QODOBKA 46 AAD
WAAJIBAADKA GOLAHA WAKIILLADA

1. Goluhu fadhiga ugu horeeya waxa uu iska dhex-dooranayaa Guddoomiye iyo 2 Guddoomiye-ku-xigeen, Guddoomiye ku-xigeenka 1aad iyo 2aad.

2. Goluhu Waxa uu iska dhex-dooranayaa Guddiyo fuliya uruuriyana hawlaha Golaha Wakiillada, muddada labada kalfadhi dhexdood ah.

3. Goluhu wuxuu yeelanayaa Xog-haye joogto ah, oo aan xubin ka ahayn Golaha Wakiillada guddoonka Golaha Wakiilladuna soo magacaabo.

4. Goluhu waxa uu yeelanayaa la taliyayaal waxayna hoos imaanayaan Guddoonka.

5. Golaha Wakiilladu waxuu yeelanayaan Xeer-Hoosaad u gaar ah.

6. Golaha Wakiilladu wuxuu leeyahay awoodda ka-doodista, wax-ka-heegidda iyo talo-ku biirinta siyaasadda guud ee Xukumadda.

7. Kharash kasta oo ka baxsan miisaaniyadda horay loo ansixiyay waxaa la horgeeynayaa Golaha Wakiiladda isticmaalkeeda ka hor.

8. Xeer kasta oo Golaha la keeno waxaa looga doodayaa qodob-qodob codna loogu qaadayaa. Haddii aan dastuurku xaddidaad keenin, cod haldheeri ah ayaa lagu gudbinayaa ama lagu diidayaa.

9. Qaanuun kasta oo Goluhu ansixiyo madaxweynuhu waxa uu ku saxiixayaa muddo 30 maalmood ah ugu badnaan, waxaana lagu soo saarayaa Faafinta Rasmiga ah ee dawladda wuxuuna ku dhaqangelayaa 15 cisho ugu yaraan.

10. Go'aannada Goluhu waxay ku ansaxaan kala-bar iyo hal tirada lagu furo, fadhiga Golaha haddii aysan jirin qodob Dastuuri ah oo si kale u xaddiday.

11. Meel kasta oo hanti dadweyne ku jirto sharciyaynteedu waxay ku xiran tahay ansixinta G/wakiillada.

12. Haddii M/wenaha iyo ku-xigeenkiisu geeriyoodaan, iscasilaan ama xilka laga wada qaado, Gudoomiyaha Golaha Wakiillada ayaa xilkii sii wadaya ilaa inta Golaha Wakiilladu 15 maalmood gudahood ku soo dooranayaan M/weynaha Dawladda iyo ku xigeenkiisa.

QODOBKA 47 AAD
AWOODAHA GOLAHA WAKIILLADA

1. Ansixinta/diimada degmo ama gobol cusub haddii xukuumadu soo jeediso.

2. Dib-u-eegidda, oggolaanshaha, wax-ka-beddelidda iyo diidmada qaanuunnada iyo xeerarka Xukuumaddu soo jeediso.

3. Ansixinta/diidmada iyo wax-ka-beddelka Miisaaniyadda Golaha Xukuumaddu soo bandhigto.

4. Haddii Ansixinta miisaaniyadda cusubi dhammaan weydo ka hor

sannad-maaliyadeedka cusub, waxaa lagu sii dhaqmayaa Miisaaniyaddii hore muddo bil ah.

5. U-codaynta kalsoonida Wasiirrada mid-mid markii uu madaxweynuhu soo jeediyo, waana in 2/3 ee xubnaha Golaha Wakiillada oggolaadaan.

6. Ansixinta/diidmada barnaamij waxqabad ee Xukuumaddu soo gudbiso.

7. Ansixinta ama diidmada heshiisyada uu soo bandhigo Golaha Xukuumaddu ee la xiriira dhismaha dawlad federaal ah oo Soomaaliyeed.

8. Ansixinta/diidmadda iyo wax ka bedelka heshiisyada caalamiga ah ee Xukuumaddu gasho.

9. Ansixinta/diidmada qorshayaalka Xukuumadda ee la xiriira baahinta awoodda Maamulka.

10. Ansixinta ama diidmadda muddo 30 maalmood gudahood ah haddii Xukuumaddu soo saarto xeer xaalad degdeg ah oo ah: (b) musiibo timaada sida duufaan, (t) dagaal Puntland gasho iyo (j) qalalaase gudaha ah oo lagu burburinayo jiritaanka puntlnad.

11. Haddii la diido xeerka xaaladda degdegga ah waxa uu noqonayaa waxba kama jiraan, hase yeeshee hawlihii lagu fuliyay xaaladdaas degdegga ah, Golaha Wakiillada ayaa ansixinaya.

12. Goluhu waxa uu dooranayaa madaxweynaha iyo ku-xigeenkiisa oo lagu dooranayo si shaqsi, sinnaan, toos iyo qarsoodi ah marka 1aad iyo marka 2aad waa 2/3 tirada Golaha, marka 3aadna waa haldheeri.

13. Xeer Goluhu diiday dib looguma soo celin karo golaha ilaa kalfadhiga xiga ee caadiga ah.

14. Ansixinta xiritaanka iyo dacwad-ku-oogista Guddoomiyaha Maxkamadda sare iyo xeer-ilaaliyaha guud haddii midkood ama

15. Diidmada qayaxan ee M/weynuhu waxay ku buri kartaa codayn cusub oo Golaha Wakiilladu ku soo celiyo sharrciga saddex-meel oo labo (2/3) tirada guud ee Golaha 30 casho gudahood, laga bilaabo taariikhdii diidmada qayaxan.

16. Hubinta iyo dabagalka xeerarka Goluhu ansixiyo.

17. Goluhu waxa uu cod haldheeri ah kaga qaadi karaa xasaanada mas'uul kasta oo xasaanad leh, haddii uu xeer-ilaaliyaha guud soo hordhigo caddayn ay ku qancaan oo la xiriirta gelid faldambiyeed, markii laga reebo kuwa ku xusan.

18. Awoodda oggolaansha daabacaada lacagta.

19. Canshuur aan xeerkeeda Goluhu oggolaan laguma dhaqmi karo.

20. Madaxweynaha iyo Madaxweyne ku-xigeenka waxaa Goluhu dooranayaa 2 bilood ka hor xiliga xukuumada.

21. Oggolaanshaha/diidmada xisaab-xirkii miisaaniyad-sannadeedkii hore.

QODOBKA 48 AAD
FADHIYADA GOLAHA

1. Golaha Wakiiladu waxa uu yeelanayaa kalfadhiyadiisa caadiga ah labo jeer sanadkiiba, Juun iyo Oktoobar.

2. Kalfadhiga aan caadiga ahayn, waxaa isugu yeeri kara Gudoomiyaha Golaha, codsi ka yimaada Madaxweynaha iyo 1\4 xubnaha golaha, iyaga oo dhammaan codsi qoraal ah ku soo dalbanaya.

3. Golaha Xukuumada & Saraakiisha sare (Agaasime guud iyo wixii ka sareeya) ee dawlada waxaa loogu yeeri karaa ama ay dalban karaan ka-qaybgalka fadhiyada Golaha Wakiilladda, si ay uga

jawaabaan ama caddayn uga baxshaan su'aalo xilalkooda khuseeya.

4. Xaaladda degdegga waxaa laga ansixinayaa Golaha Wakiillada 30 beri gudahood.

5. Kalfadhi kasta oo Goluhu yeelanayo waxa uu ku furmayaa 2/3 tirada guud ee Golaha.

QODOBKA 49AD
XASAANADDA GOLAHA XEER-DEJINTA

1. Golaha Wakiilladu xasaanad ayey leeyihiin.

2. Xasaanad waxaa loola jeedaa: -
Qofna lama baari karo gurigiisa iyo jirkiisa, lamana qaban karo haddii uusan faraha kula jirin fal-dembiyeed culus.

3: Xasaanad waxaa lagu waayi karaa: -

    b. Markii qofka xasaanadda leh lagu qabto isaga oo faraha kula jira faldambiyeed culus.

    t. Markii uu lumiyo xilkii uu xasaanada ku yeeshay.

4. Dacwadaha aan ciqaabta ahayn waa lagu oogi karaa xildhibaan kasta iyada oo aan loo baahnayn oggalaanshaha Golaha Wakiillada, wuxuuse u wakiilan karaa qareen.

QODOBKA 50AAD
KALADIRIDDA GOLAHA WAKIILLADA

1. Golaha Wakiillada waxaa la kala diri karaa markii arrimaha ku xusan qodobkan faqradihiisa 2, 3, iyo 4, ay wada dhacaan ama qaarkood dhaco.

2. Markii ay iscasilaan aqlabiyadda Golaha Wakiillada;

3. Markii Goluhu fariisan waayo labo kalfadhi oo isku xiga, aysan jirinna daruuf kalliftay;

4. Markii ay sugnaato in Goluhu si bareer ah ugu xadgudbay dastuurka;

5. Markii ay dhacaan arrimaha ku xusan qodobkan faqradihiisa, 2, 3 iyo 4, M/weynuhu waxa uu Maxkamadda Dastuuriga ah u gudbinayaa qoraal uu ku dalbanayo caddaynta qodobkan faqradihiisa 2, 3 iyo 4;

6. Haddii ay u caddaato maxkamadda dastuuriga ah gelidda qodobkan faqradihiisa 2, 3 iyo 4, waxa ay M/weynaha u gudbinaysaa in ay sugnaatay gelidda eedayntii lagu oogay;

7. Caddaynta Maxkamadda markii uu helo Madaxweynuhu ayuu soo saarayaa qoraalka kaladirista Golaha, isaga oo isla qoraalkaas ku caddaynaya xilliga doorashada Golaha cusub muddo 45 beri gudahood ah.

8. Inta Gole cusub laga soo dooranayo Golahahii hore ayaa xilka sii haynaya fulinayana qorshayaashii hore mase abuuri karaan qorshe cusub.

QODOBKA 51AAD
KALSOONI KALA-NOQOSHADA Wasiirada

1. Golaha Wakiilladu waa uu kala noqon karaa kalsoonida Wasiirada mid, iyo wadarba.

2. Ugu yaraan 6 xildhibaan ayaa soo jeedin karta ka-doodidda kalsooni kala-noqoshada Wasiirada.

3. Ugu yaraan 1/3 ee xubnaha Golaha Wakiillada waa in ay isku raacdaa in laga doodo kalsooni kala-noqoshada.

4. 2/3 xubnaha golaha wakiilladu waa in ay u codaysaa kalsooni kala-noqoshada Wasiirada.

5. Haddii xaaladda ku xusan qodobkan faqradiisa 4aad dhacdo,

Wasiiradu waa dhacayaan, iyaga ayaase hawlihii sii fulinaya qorshe cusubna ma samayn karaan inta mid cusub laga soo dhisayo.

6. Muddada Wasiirada cusub lagu soo dhisayo waa tan ku xusan qodob 54.2.

QODOBKA 52 AAD
QAAB-HAWLEEDKA XUKUUMADDA

1. Nidaamka Xukuumadda P/Land waa parlamaani iyadaana leh awoodda fulinta.

2. Waxay xoojisaa fulisaana nidaamka Dimoqraadiga ah ee Dastuurku jideeyay.

3. Waxay ilaalisaa nabadgelyada iyo xasiloonida Guud ee Dalka.

4. Xukuumadda Puntland waxay u qaybsantaa: -

    b: Xukuumadda dhexe ee P/land;
    t: Maamulada Gobollada/Degmooyinka.

5. Awoodda iyo xiriirka Xukuumadda Dhexe iyo maammullada Gobollada iyo Degmooyinka waxaa kala qeexaya xeer gaar ah.

6. Xukuumaddu waxay dajisaa, fulisaa Istiraajiyada dhaqaale, siyaasadeed iyo qorshaha guud ee horumarka dalka.

7. Waxa ay dajisaa fulisaana oddoroska maaliyadeed, lacagta iyo maalgelinta shisheeyaha.

8. Waxa ay diyaarisaa Miisaaniyad-Sannadeedka ku-talagelka ah ee Dawladda.

9. Qaadashada Saraakiisha sare ee Dawladda iyo Madaxda ciidamada waxaa soo jeedinaya madaxda ay khusayso, waxaana oggalaanaya Golaha Xukumadda, iyada oo lagu xulanayo aqoon iyo waayo-aragnimo.

10. Agaasimayaasha guud ayaa u xil saaran fulinta maamulka wasaaradaha iyo hay'adaha iyaga oo raacaya siyaasada Dawladda.

QODOBKA 53 AAD
SHURUUDAHA LAGU DOORANAYO MADAXWEYNAHA & MADAXWEYNE KU-XIGEENKA.

Shuruudaha lagu dooranayo Madaxweynaha Dawladda iyo Ku-xigeenkiisa waa sidan: -

1. Waa in uu yahay Somali (Labadiisa waalid), muslin ah kuna dhaqma Diinta Islaamka, isla markaasna ah muwaaadin Puntland, miyirkiisu taam yahay, dadiisuna aan ka yarayn 40 sano marka uu xilka qabanayo.

2. Waa in uu aqoon maamul, waayo-aragnimo hogaamineed iyo tacliin sare leeyahay, waana in uusan qabin xaas ajnabi ah, guursana karin inta uu xilka hayo.

3. Waa in uu uusan gelin dembi khiyaamo qaran, dembi bini aadaminimada ka horjeeda iyo in aan lagu aqoon fal mujtamaca dhexdiisa ku xun.

4. Qofka madaxweyne ama madaxweyne ku-xigeen isu soo sharrxayaa Golaha wakiillada iyo Dadweynahaba waa ka imaan karaa.

QODOBKA 54 AAD
AWOODAHA IYO XILALKA MADAXWEYNAHA

1. Waa Madaxa Dawladda iyo guddoomiyaha golaha fulinta. Waxa uu metelaa midnimada dadweynaha P/land.

2. Madaxweynaha iyo Mamaxweyne ku-xigeenku xukuumadda waxa ay ku soo dhisayaan 21 beri gudahood.

3. Waxa uu leeyahay magacaabidda\xilkaqaadista Xubnaha Golaha Xukuumada, isagaoo la tashanaya ku-xigeenkiisa.

4. Waxa uu leeyahay Awoodda saxiixyada heshiisyada caalamiga ah.

5. Waxa uu leeyahay awoodda saxiixyada heshiisyada Dawlad Soomaaliyeed oo Federaal ah.

6. Waa taliyaha guud ee Ciidamada Nabad-gelyada.

7. Waxa uu leeyahay awoodda fidinta saamaxaada iyo cafiska markii uu helo talo-soo- jeedinta hay'adaha garsoorka.

8. M/weynaha ama Xaafiiskiisu waxay leeyihiin qaabbilaadda martisharafka Ajinebiga ah.

9. Waxa uu dalka dibeddiisa ugu safri karaa danaha puntland.

10. Waxa uu u xilsaaran yahay ilaalinta, dastuurka, Diinta Islaamka, dhaqanka suuban, iyo xeerarka dalka.

11. Waxa uu leeyahay awooda hadal-jeedinta furintaanka kalfadhiyada Gol/wakiillada.

12. Waxa uu leeyahay awoodda ku-dhawaaqidda xaaladaha degdegga ah, markii uu la tashado Golihiisa xukuumadda, isla markaana wargeliyo Golaha Wakiillada (arag 47.10).

13. Madaxweynaha iyo xaafiiskiisu waxa ay leeyihiin in ay billadsharaf iyo abaalmarin ku bixiyaan magaca iyo haybadda umadda puntland.

14. Waxa uu saxiixaa xeerarka Golaha Wakiilladu ansixiyaan.

15. M/weynuhu waxa uu awood u leeyahay awoodda dib u-celineed ee xeerarka Golaha Wakiilladu ansixiyaan. Waa in uu sababayn cad raaciyaa dibu-celinta xeerka (arag 47.15).

16. Mudadda Madaxweynahu xilka hayn karo waa 4 sanno, waxaana la dooran karaa 2(labo) jeer oo keli ah.

17. Hadiyadaha la siiyo mas'uuliyiinta sare iyo murwooyinkooda ee leh

muuqaalka qaran waa hanti qaran.

18. Ku dhawaaqida wakhtiyada doorashada.

19. Soo-saarida xeerar hawlfulineed.

20. Madaxweynuhu dalka kama maqnaan karo 60 beri ka badan.

QODOBKA 55 AAD
AWOODAHA IYO XILALKA MADAXWEYNE KU-XIGEENKA

1. Sii wadidda dhammaan xilalka M/weyanaha markii uu dalka ka maqan yahay, ama uusan si kumeelgaar ah xilka u gudan karin.

2. Kala-talinta Madaxweynaha xulashada wasiirada iyo shaqo-ka-fariisintooda.

3. Fulinta hawlaha M/weynahu u wakiisho oo aan ka baxsanayn xilalka iyo waajibaadka Madaxweynaha.

4. Haddii uu Madaxweynuhu geeriyoodo, xilka laga qaado ama uu iscasilo, xilkiisu waxa uu ku wareegayaa Madaxweyne Ku-xigeenka muddada inta ka hartay.

5. Haddii xaaladda ku xusan Qodobkan Faqradiisa 4aad dhacdo, Golaha Wakiilladu waxa uu soo dooranayaa ku-xigeen 30 maalmood gudahood.

QODOBKA 56AAD
XIL-KA-QAADISTA M/WEYNAHA IYO KU XIGEENKIISA

1. Madaxweynaha iyo ku-xigeenkiisa waxaa xilka laga qaadi karaa markii Golaha Wakiilladu ku oggolaadaan Cod 2/3 meelood oo shaqsi, sinnaan, toos iyo qarsoodi ah markii lagu soo eedeeyo khiyaamo qaran, xil-gudasho la'aan, ku-xadgudub dastuur iyo fal-dambiyeed culus oo Xeer-ilaaliyaha Guud soo hordhigo Golaha, Goluhuna ku qanco.

2. Golaha Wakiilladu, markii ay u codeeyaan kuna aqbalaan laba-dalool (2/3) ee xubnaha Golaha Wakiillada ayaa eedayn lagu soo oogi karaa M/weynaha iyo ku-xigeenkiisa.

QODOBKA 57 AAD
GOLAHA XUKUUMADDA

1. Golaha Xukuumaddu waxa uu ka kooban yahay madaxweynaha, madaxweyne ku-xigeen iyo ugu badnaan 9 Wasiir, iyo ugu badnaan 9 wasiir-ku-xigeeno.

2. Muwaadin kasta oo leh sharuudaha lagu doorto Xildhibaanka ka sakow, qofka loo magacaabayo Wasiir waa in uu leeyahay aqoon sare oo gaarsiisan heer jaamacadeed iyo xirfad maamul oo gaarsiisan ilaa 5 sano.

3. Madaxweynaha iyo madaxweyne ku-xigeenka, Wasiirrada, iyo Saraakiisha sare ee Dawladdu ma geli karaan dhaqdhaqaaq ganacsi oo gaar ah, inta ay xilka hayaan.

4. Markii madaxweynaha iyo madaxweyne ku-xigeenka, Wasiirada iyo Saraakiisha sare ee Dawladda loo magaacabo xilka, waxaa la diiwaan galinayaa hantidooda iyo sidoo kale marka xilka laga qaado, waxaana diiwaangelinaya Hantidhawrka guud.

5. Qaab-dhismeedka waaxyaha Xukuumadda waxaa lagu soo saarayaa xeer hoosaad kala qeexa hawlahooda.

6. Sida ku cad 47.20, xukuumaddu waxa ay ku diyaarineysaa xil-wareejinta labada bilood ee xilligeeda ugu dambeeya.

QODOBKA 58 AAD
WAAJIBAADKA WASAARADAHA IYO HAY'ADAHA XUKUUMADDA

1. Xukuumaddu waxa ay ka kooban tahay 9 wasaaradood. Meeshii wasaaradii caddaalada waxaa gelaya wasaarada Diinta iyo awqaafta.

2. M/weynuhu isaga oo la tashanaya M/weyne ku-xigeenkiisa waxa uu abuuri karaa wakaalado gaar ah oo loo xilsaaro hawlo cayiman.

3. Xeer gaar ah ayaa lagu kala qeexayaa howlahooda, waana in xeerku ka horeeyo dhismaha wakaaladda.

4. Dhammaan wakaaladaha Xukuumaddu waxay u shaqaynayaan hab waafaqsan Dastuurka.

5. Mas'uuliyadda Golaha Xukuumaddu waa wadar iyo shaqsi.

6. Cid aan Dawladda ahayn ama aysan fasax u siin hub kuma haysan karto dalka gudihiisa.

7. Tayeynta ciidamada nabadgalyada dalka.

8. Qorshe-u-dejinta dadka qaxootiga ah iyo kuwa soo bara kacay.

9. Dhaqancelinta bulshadii ku aafoowday dagaallada sakooye.

10. Diyaarinta qorshe dhaqan-dhaqaale oo isu dheelitiran, iyada oo la sameynayo baaris-cilmiyeed ku wajahan khayraadka dabiiciga ah.

11. Tayeynta arrimaha bulshada.

12. Ilaalinta iyo diiwaangelinta hantida dadweynaha.

QODOBKA 59AAD
XILKA WASIIRKA

1. Wasiirku waa mas'uulka ugu sarreeya wasaaradda loo magacaabo.

2. Waxa uu fuliyaa siyaasada guud ee dawladda.

3. Waxa uu go aamiyaa soona jeediyaa dallacsiinta, casilaadda, abaalmarinta iyo shaqo-ka- fadhiisinta shaqaalaha xilkiisa hoos yimaada isaga oo latashanaya wasiir ku-xigeenka.

QODBKA 60 AAD
XILKA WASIIR KUXIGEENKA

1. Wasiir ku-xigeenku waxa uu qabanayaa dhammaan xilalkii wasiirku qaban jirey markii uu maqan yahay ama uusan si kumeelgaar ah xilka u gudan karin.

2. Waxa uu kala taliyaa wasiirka dhammaan hawlaha wasaaradda.

3. Fulinta hawlaha wasiirku u wakiisho oo aan ka baxsanayn xilalka iyo waajibaadka wasiirka.

QODOBKA 61AAD
HAY'ADAHA MADAXA BANNAAN

1. Hay'adaha Madaxa bannaan ee dawladdu waxay ka kooban yihiin oo keli ah:-

    b: Hanti-dhawrka guud,
    t: Bankiga Dhexe,

2. Guddoomiyayaasha Hay'adaha Madaxabannaan waxa soo jeedinaya Golaha xukuumada waxaana ansixinaya Golaha Wakiillada.

3. Hay'adaha madaxabannaan waxa ay u hoggansamayaan sharciga oo keli ah, warbixinta hawlahoodana waxa ay siinayaan Golaha Xukuumadda iyaga oo ogeysiin siinaya Golaha Wakiillada.

4. Bankiga dhexe wuxuu yeelanayaa Guddi sare oo ka kooban 7 xubnood oo kala ah:-

    b. Guddoomiyaha Bankiga,
    t. Aggaasimaha Guud ee Maaliyadda,
    j. Aggaasimaha Guud eeWasaarada Ganacsiga,
    x. Aggaasimaha Guud ee Shaqada iyo shaqaalaha
    kh. 3 xubnood oo ka socda maamulka sare ee rugta ganacsiga, iyo xog-hayn aan cod lahayn, oo noqonaya Aggaasimaha guud ee Bangiga.

5. Xilwaajibaadka Guddiga waxaa soo jeedinaya Golaha Xukuumadda waxaana ansixinaya Golaha Wakiillada.

QODOBKA 62 AAD
WAKAALADAHA

1. Dastuurku waxa uu oggol yahay in la aasaaso shirkado wadaag ah.

2. Madaxda Wakaaladaha waxaa soo jeedinaya wasiirka ku shaqada leh, waxaana oggolaanaya Golaha Xukuumadda.

3. Shirkadaha wadaagga ah madaxdooda waxaa isla ansixinaya Wasiirka ku shaqada leh iyo madaxda dadka wadaagga ah.

QODOBKA 63AAD
XASAANADDA GOLAHA FULINTA & HAY'ADAHA MADAXA BANNAAN

1. Xasaanad waxaa leh:-

    b: Golaha Fulinta,
    t: Gudoomiyayaasha Hay'adaha Madaxa Bannaan.

2. Dacwadaha aan ciqaabta ahayn waa lagu oogi karaa xubin golaha xukuumadda ka tirsan iyo guddoomiyeyaasha Hantidhawrka iyo Bangiga dhexe iyada oo aan loo baahnayn oggalaanshaha Golaha wakiillada.

QODOBKA 64AAD
MADAXBANNAANIDA IYO DHISMAHA GARSOORKA

1. Garsoorku waa ka madaxbannaan yahay Golayaasha xeerdajinta iyo fulinta.

2. Garsoorku waa u madaxbannaan yahay hawlihiisa garsoor iyo maammulba, waxa uuna u hoggaansamayaa sharciga oo keli ah.

3. Garsoorku waxa uu ka kooban yahay:-

b: Maxkamadaha caadiga ah iyo
t: Xafiiska xeer-ilaalinta guud.

QODOBKA 65AAD
GUDDIGA SARE EE GARSOORKA IYO AWOODIHIISA SHARCI

1. Guddiga Sare ee Garsoorku waa hay'adda ugu Sarraysa Maammulka Garsoorka.

2. Waxaa lagu dhisayaa laguna maammulayaa xeer gaar ah oo Xukuumaddu soo jeediso, Golaha Wakiilladuna ansixiyo.

3. Guddiga sare ee Garsoorku waxa uu ka kooban yahay: -

    b. Guddoomiyaha Maxkamadda sare,
    t. Xeer-ilaaliyaha guud,
    j. Saddex Garsoore oo ka mid ah Garsoorka,
    x. Laba Garyaqaan oo bulshada laga soo xulay.

4. Saddexda Garsoore ee ka tirsan garsoorka iyo labada garyaqaan ee bulashada laga soo xulay, waxaa soo sharaxaya Golaha Xukuumadda, waxaana aggolaanaya Golaha wakiilada.

5. Guddiga sare ee Garsoorka, waxaa awooddiisu tahay una xilsaaran yahay Magacaabidda, shaqo-ka-fariiisinta, beddelka, dallacsiinta, anshaxa iyo abaalmarinta Garsoorayaasha, iyo shaqaalaha kale ee Garsoorka.

6. Shuruudaha guddiga sare ee Garsoorku ku qaadanayo Garsoorayaasha, Qaadiyadda iyo shaqaalaha kale ee Garsoorka waxaa lagu qeexayaa xeerka garsoorka.

7. Guddiga sare ee Garsoorka waxaa lagu nidaaminayaa xeer gaar ah oo ay xukuumaddu soo jeediso, golaha wakiilladuna ansixiyo.

8. Xubnaha guddiga sare ee garsoorku hal mar shada iskama wada casili karaan.

QODOBKA 66AAD
MAXKAMADAHA CAADIGA AH

Maxkamadaha caadiga ah waxay ka kooban yihiin:-

    b. Maxkamadda Sare.
    x. Maxkamadaha Racfaanka ee Gobolada.
    j. Maxkamadaha Derejada koowaad.

QODOBKA 67 AAD
MAXKAMADDA SARE

1. Maxkamadda sare waa tan ugu sarraysa Maxkamadaha caadiga ah.

2. Maxkamadda sare waxa ay leedahay awoodda qaadista dacwadaha:

3. Dacwadaha laga soo qaatay Racfaan ee xukunnaddoodu ka soo dhamaadeen Maxkamadaha Racfaanka;

b. Dacwadaha idaariga ah oo iyagu toos uga bilawda maxkamadda sare.

4. Fadhiga Maxkamadda sare waa Caasimadda Puntland, waxayna dacwadaha ku qaadi kartaa meel kasta oo Puntland ka mid ah.

5. Tirada Garsoorayaasha xubnaha ka ah Maxkamadda sare waa shan (5) Xubnood, Guddoomiye, Guddoomiye ku-xigeen iyo saddex Garsoore.

6. Magacaabista/xil-ka-qaadista Guddoomiyaha Maxkamadda Sare waxaa soo jeedinaya Golaha Xukuumadda, waxaana oggolaanaya Golaha Wakiilada.

7. Garsoorayaasha kale ee Maxkamadda sare waxay ku soo baxayaan xeerka nidaamka Garsoorka.

8. Garsoorayaasha maxkamadda sare hal mar xilka iskama wada casili karaan.

QODOBKA 68AAD
MAXKAMADAHA DARAJADA KOOWAAD

1. Maxkamadaha Derajada Koowaad ee Degmooyinku waa Maxkamadaha ay ka bilawdaan dacwaduhu nooc kasta ha ahaadeene, kuwa ciqaabta iyo kuwa madaniga ah iyo arrimaha qoyska markii laga reebo dacwadaha idaariga ah oo iyagu ka bilawda Maxkamadda sare.

2. Tirada Garsoorayaashu ama Qaadiyada Maxkamadaha darajada koowaad waxay ku soo baxayaan xeerka nidaamka garsoorka.

QODOBKA 69AAD
MAXKAMADAHA RACFAANKA

1. Fadhiyada Maxkamadaha Racfaanku waa Magaalo-Madaxyada Gobollada.

2. Maxkamadaha Racfaanku waxa ay qaadaan dacwadaha Racfaanka laga soo qaatay ee xukunnadoodu ka soo dhamaadeen Maxkamadaha derejada kowaad.

3. Awoodda Maxkamadda racfaanku waxa ay ku egtahay Gobalkeeda.

4. Tirada Garsoorayaasha Maxkamadda Racfaanku ugu yaraan waa saddex.

5. Shuruudaha xildhibaannimada ka sokow, garsoorayaasha loo qaadanayo maxkamadda racfaanku waa in ay haystaan shahaado kulliyad sharci oo la aqoonsan yahay ama khibrad weyn oo xagga shareecada Islaamka ah.

QODOBKA 70AAD
XEER-ILAALINTA GUUD

1. Xarunta xeer-ilaalinta guud waa Caasimadda Puntland.

2. Awoodda xeer-ilaaliyaha guud waxa ay ku fidsan tahay dalka

Puntland oo dhan.

3. Magacaabistiisa/Xilka-qaadistiisa Xeer-ilaaliya Guud waxaa soo jeedinaya xukuumadda, waxaana oggolaanaya Golaha Wakiiladda.

4. Xafiiska xeer-ilaalinta Guud waxa uu ka kooban yahay: -

    b. Xeer-ilaaliyaha guud
    t. Ku-xigeenadiisa oo gobolkiiba hal ah.

QODOBKA 71AAD
AWOODAHA IYO XILALKA XEER-ILAALIYAHA GUUD

1. Xeer-ilaaliyaha guud, waxa uu awood gaar ah u leeyahay in uu dacwad ku oogo kagana muddaco Madaxda sare ee Dawladda Maxkamad horteed.

2. Xeer-ilaaliyaha guud waxa uu u xilsaaran yahay: -

    b. Ilaalinta ama dhowrista sharciga iyo ka-hortagga dhaqanxumada.

    t. Baarista, oogista iyo ku-muddaca dambiyada maxkamadda horteeda.
    j. Kormeeridda xabsiyada iyo xarumaha dhaqancelinta,
    x. Ilaalinta iyo difaaca xuquuqaha Agoonta, Dadka aan dhimirkoodu dhammayn iyo cid kasta oo u baahan daryeel sharci.

QODOBKA 72 AAD
DAMAANADQAADKA GARSOORKA (JUDICIAL GUARANTEES)

1. Garsoorayaashu kama shaqayn karaan shaqo ka hor imaanaysa garsooridooda.

2. Garsoorayaasha laguma faragalin karo hawlahooda garsoor.

3. Dhegeysiga dacwaduhu waa u furan yahay dadweynaha, hase yeeshee Garsooruhu waxa uu soo saari karaa amar dacwadda albaabada loogu xiro, sababo liddi ku ah dhaqanka wanaagsan, caafimaadka iyo nabadgelyada guud awgood.

4. Lama soo saari karo lamana ridi karo go'aan Maxkamadeed haddii aan dhinacyada dacwadda laga wada qaybgelin si ay isu difaacaan, haddii aan qaanuunka si kale u sheegin.

5. Go'aannada garsoorka iyo awaamiirta la xiriirta waa in ay sababaysnaadaan, waxaana loo duri karaa si sharciga waafaqsan.

6. Maxkamaddu qofka waa in ay u sheegtaa dembiga uu ciqaabta ku mutaystay.

QODOBKA 73AAD
XILALKA GARSOORKA

1. Mas'uuliyadaha, awoodaha iyo shaqooyinka Garsoorka waxaa xaddidaya Qaynuunka (Dastuurka iyo qawaaniinta kale ee Dawladda Puntland).

2. Waxaa si sharci ah lagu dhisi karaa laamo Maxkamaddeed oo ka mid ah maxkamadaha darajada koowaad sida qaybta ciqaabta, qaybta madaniga ah iyo qaybta arrimaha qoyska.

3. Maxkamad ciidan waxaa ladhisi karaa oo keli ah xiliga dagaalka.

4. Wakhtiyada nabada Maxkamada ciidamadu waxa ay qaadi kartaa oo keli ah dacwadaha ciidanka khuseeya.

QODOBKA 74AAD
MAXKAMADDA DASTUURIGA AH

1. Maxkamadda Dastuuriga ah waxaa lala dhisayaa xukuumadda waxayna ka dambeyneysaa lix bilood (lifaaq ayaa raaci doona).

2. Xarunta maxkamadda Dastuuriha ahi waa Caasumadda Puntland.

3. Xubnaha Maxkamadda dastuuriga ahi waa 11 garsoore, waxa ayna ku imaanayaan sidan:-

   b) Shanta xubnood ee Maxkamadda Sare;

   t) Lix xubnood oo bulshada laga soo xulay.
   4. Maxkamadda Dastuuriga ahi waa ka madaxbannaan tahay saddexda Gole ee dawladda.

5. Maxkamaddu waxa ay u hoggaansamaysaa sharciga oo keli maammul ahaan iyo garsoor ahaanba.

6. Xoghayaha maxkamaddu waxa uu noqonayaa Xoghayaha Maxkamadda Sare.

7. Sabab kasta awgeed ha ku timaadee haddii kaalin ama ka badan ka bannaanaato maxkamadda dastuuriga ah, 45 beri gudahood waa in lagu soo magacaabaa.

8. Sharci gaar ah oo Golaha wakiilladu soo saaro ayaa nidaaminaya Awoodaha iyo nadaamka Maxkamdda Dastuuriga ah. Sharciga waxaa lagu diyaarinayaa kalfadhiga koowaad ee Golaha Wakiillada.

9. Lixda (6) xubnood ee bulshada laga soo xulayo, saddex waxaa soo jeedinaya Golaha Xukuumadda, saddexda kalana Golaha Wakiillada, dhammaantoona waxaa oggolaanaya Golaha Wakiillada.

10. Xubnaha maxkamadda dastuuriga ahi hal mar shaqada iskama wada casili karaan.

11. Guddoomiyaha Maxkamadda Sare ayaa noqonaya Guddoomiyaha maxkamadda Dastuuriga ah.

QODOBKA 75 AAD
AWOODAHA IYO WAAJIBAADKA MAXKAMADDA DASTUURIGA AH

1. Maxkamadda Dastuuriga ahi waxa ay u xilsaaran tahay arrimaha

Dastuurka oo keli ah.

2. Ismaandhaafka ka yimaada shareecada iyo dacwadaha cinqaabta iyo dacwadaha lidka ku ah Madaxweynaha, Madaxweyne ku-xigeenka, Wasiirrada, Xildhibaannada iyo Madaxda sare ee Dawladda waxaa gelaysa Maxkamadda Dastuuriga ah.

3 Maxkamada Dastuuriga ahi waxaa kale oo ay awood u leedahay ka-tarjumidda ismaandhaafka ka yimaada Dastuurka iyo qawaaniintiisa, gaar ahaan:-

        b)   Ka-tarjumidda Dastuurka (Caddaynta iyo fasiraada dastuurka iyo xeerarka kale).

        t)   Iswaafajinta Dastuurka, Qawaaniinta kale iyo Shareecada Islaamka.

4. Maxkamada Dastuuriga ahi waxaa kale oo ay dhagaysanaysaa dacwadaha uga yimaada:-

    b) Codsi Saddex meeloodoo hal meel oo xubnaha Golaha Wakiilladu u soo gudbiyaan in qodob ama go'aan Goleyaasha dawladda midkood ku xadgudbay Dastuurka Puntland,.

    t) Marka qof ama ka badan ee shacbi ahi ku soo dacwoodaan in lagu xadgudbay xaquuqdoodii aasaasiga ahayd ee Dastuurku siiyay, iyagoo marka hore dacwadooda ay Maxkamaddi soo dhagaysatay, kuna qanacday in ay sugnaatay arrin Dastuurka la-xiriirta.

    j) Markii qayb ama laan ka mid ah dawladda ay codsato in a y go'aan ka gaarto ismaandhaaf u dhaxeeya awoodaha dawladda.

5. Go'aannada Maxkamadda Dastuuriga ahi waa: -

    b) In ay ku ansaxaan cod haldheeri ah ee xubnaheeda.

t) In aysan qarsoodi ahayn.

j) In la diiwaangaliyo.

x) In loo gudbiyo Madaxtooyada iyo Golaha Wakiiladda.

kh) In lagu soo saaro Faafinta Rasmiga ah Puntland.

d) Waxay leeyihiin awood sharciyeed oo ku salaysan Qawaanniinta iyo Dastuurka Puntland.

QODOBKA 76 AAD
SHURUUDAHA XULASHADA GARSOORAYAASHA MAXKAMADDA DASTUURIGA AH

1. Garsooraha Maxkamadda Dastuuriga ahi waa in uu yeeshaa dhamaan shuruudaha laga rabo xildhibaanka Golaha Wakiillada.

2. Waa in uu haystaa shahaado kulliyad qaanuun oo la aqoonsanyahay ama mid shareecad Islaamka ah oo la aqoonsan yahay.

3. Waa in uu leeyahay waayo-aragnimo ugu yaraan toban (10) sannadood ah.

4. Lixda (6) xubnood ee Maxkamadda Dastuuriga ah ee bulshada laga soo xulay, waxay dhammaan xuquuqaha kala mid noqonayaan Garsoorayaasha maxkamadda sare.

QODOBKA 77 AAD
LUMINTA XUBINIMADA MAXAKAMADDA DASTUURIGA AH

Luminta xubinimada maxkamadda Dastuuriga ah waxaa loo cuskanayaa qodob 45.1

QODOBKA 78AAD
XASAANADDA GOLAHA GARSOORKA

1. Golaha garsoorku Xasaanad ayuu leeyahay.

2. Garsoore lama baari karo jirkiisa, gurigiisa iyo gaarigiisa midna lamana qaban karo haddii uusan faraha kula jirin fal dembiyeed culus.

3. Dacwadaha aan ciqaabta ahayn waa lagu oogi karaa garsoore kasta iyada oo aan loo baahnayn oggalaanshaha Golaha Garsoorka.

QODOBKA 79AAD
ISIMADA

1. Dastuurku waxa uu aqoonsan yahay oo xaqiijinayaa jiritaanka iyo xilka hogaamiye-dhaqameedyada bulshada (Isimada).

2. Wixii muran iyo ismaandhaaf ah oo ka dhex dhaca beelaha oo xal kale loo waayo iyada oo la raacayo Dastuurka iyo xeerarkiisa waxaa loola noqonayaa Isimada, si ay talo uga soo jeediyaan ama go'aan uga gaaraan.

3. Si loo ilaaliyo sharafta iyo dhexdhexaadnimada isimada, waxaa reebban in ay ka qaybqaataan ururro Siyaasadeed iyo kuwo diineedba.

QODOBKA 80AAD
SULUXA, DHEX-DHEXAADINTA IYO AQOONSIGA XEER-DHAQAMEEDKA

1. Dastuurku waxa uu aqoonsanyahay Go'aannada Suluxa, dhexdhexaadinta Iyo heshiisyada xeer-dhaqameedka suuban ku dhisan ee bulshada dhexdeeda ay ka fuliyaan guurtida iyo Madax-dhaqameedyada bulshadda.

2. Go'aannada ku salaysan Xeer-dhaqameedka ee ay gaaraan guurtida iyo madax-dhaqameedyada bulashadu waxa ay la mid yihiin

go'aannada Maxkamadda darajada koowaad markii laga diiwaangaliyo Maxkamadaha darajada koowaad ee Degmooyinka midda leh aagga Dacwadda Xeer-dhaqameedka lagu dhameeyay.

3. Xukunada suluxa iyo dhex-dhexaadinta lagu dhameeyey waa in aysan ka hor imaanayn d dastuurka iyo xeerarka dalka.

QODOBKA 81AAD
BAAHINTA MAAMULKA GOBOLLADA & DEGMOOYINKA

1. Puntland waxa ay ku dhaqmaysaa mabaa'diida baahinta xukunka dhex-furan (hoos-ka- dhis kor-u-dhis).

2. Xukuumadda ayaa u xilsaaran dibuhabaynta & xadaynta Gobollada & Degmooyinka Puntland,

3. Waxaa lagu dhaqayaa xeer gaar ah oo laga ansixiyo Golaha Wakiiladda.

4. Waxaa jiraya Guddoomiye Gobol oo ay xukuumadda magacawdo.

QODOBKA 82AAD
AWOODAHA IYO WAAJIBAADKA GUDDOOMIYAHA GOBOLKA

1. Waajibaadka iyo xilka guddoomiyaha gobolka waxaa lagu soo saaraya xeer gaar ah, inta aan la magacaabin.

2. Guddoomiyaha Gobolka ayaa u sarreeya Madaxda laamaha Dawladda ee Gobolka isaga ayaana guddoomiya shirarka Guddiga Horumarinta iyo kan NabadGelyada.

3. Waxa uu kormeer-hawleed ku leeyahay dhammaan shaqada dawladda ee gobolka.

4. Guddoomiyaha Gobolka ayaa gudoomiya Kulamada ay isugu yimaadaan Guddiyada degmooyinka oo lixdii biloodba mar dhaca.

5. Waxa uu isku xiraa maammulka dawladda dhexe iyo kan guud ee gobolka.

QODOBKA 83AAD
HABKA MAAMULKA DEGMOOYINKA

1. Degmooyinku waxay ku dhismayaan habka Ismaamulka bulshada.

2. Waxaa jiraya Gole Xeer-Dejin oo degmo, oo ay dooranayaan dadweynaha deegaankaas.

3. Waxaa jiraya guddoomiye iyo guddoomiye kuxigeen Golaha Xeer-dejinta degmadu uu iska soo dhexdooranayo.

4. Waajibaadkooda shaqo waxaa lagu soo saaraya xeer, ka hor intaan la dooran.

5. Tirada Guddiyada Xeer-dejinta Degmooyinka waxaa lagu xaddidayaa baaxadda deegaanka, tirada dadka iyo dhaqaalaha.

6. Waxaa jiraya duq magaalo oo uu doorto Golaha xeer-dejinta deegaanka isla golaha ayaana xilka ka qaadi kara.

7. Duqa Degmadu isaga oo la tashanaya waxgaradka Tuulada waxaa uu soo jeedinayaa, Guddiga maamulka tuulooyinka, waxaana ansixinaya Golaha Xeer-dejinta degmada.

8. Duqa degmada ayaa soo dhisaya maammulka degmada, waxaana ansixinaya golaha xeer- dejinta degmada.

9. Golayaasha Degmooyinka waa in ay noqdaan kuwo awood u leh qorshaynta dhaqaalahooda iyo arrimahooda bulsho iyo nabadgelyo.

10. Muddada xilka Golayaasha Degmooyinka waa afar sano.

QODOBKA 84AAD
SHURUUDAHA LAGU DOORNAYO GOLAHA XEER-DEJINTA DEGMADA

Shuruudaha lagu dooranayo Golaha Xeer-dejinta Degmada waxaa loo cuskanayaa qodobka 44aad.

QODOBKA 85AAD
AWOODAHA IYO WAJIBAADKA GOLAHA XEER-DEJINTA DEGMADA

1. Golayaasha Degmooyinku waxa ay yeelanayaan xeer midaysan oo ay xukuumaddu dajiso goluhuna ansixiyo.

2. Golayaasha Degmooyinku waxay u xilsaaran yihiin: -
Fulinta dhammaan qorshayaasha dawladda ee heer degmo oo ku wajahan adeegyada bulsho sida; waxbarashada, hoose/dhexe, xannaanada xoolaha, beeraha, nabadgelyada, biyaha, nalka, isgaarsiinta, hormarinta caafimaadka, ilaalinta deegaanka iyo mashaariicda horu-marineed ee awoodoodu gaarto.

3. Kala-xadaynta awoodda-maamul iyo canshuureed ee Dawladda Dhexe iyo Degmooyinka, waxaa lagu caddaynayaa xeerka xiriirinta dawladda dhexe, Gobollada iyo degmooyinka oo ay soo saarayso xukuumaddu Golaha Wakiilladumna ansixiyo.

QODOBKA 86AAD
AWOODAHA IYO WAAJIBAADKA DUQA DEGAMADA

1. Duqa Degamada ayaa u sarreeya Madaxda laamaha Dawladda ee Degamada isaga ayaana guddoomiya shirarka Guddiyada Horumarinta iyo Nabadgelyada.

2. Waxa uu kormeer-hawleed ku leeyahay dhammaan shaqada dawladda ee Degmada.

3. Duqa degamada ayaa gudoomiya Kulamada ay isugu yimaadaan Guddiyada degmada iyo tuulooyinku.

4. Waxa uu isku xiraa maammulka Gobolka iyo Degmada.

5. Duqa Degmada waxaa laga soo dhexdooran karaa Golaha xeer-dejinta Degmada ama dadweyanaha.

QODOBKA 87AAD
LUMINTA XUBINIMADA EE GOLAHA XEER-DEJINTA DEGMADA

Luminta xubinimada Golaha Xeer-dejintra degmada waxa ay ku imaanaysaa markii ay dhacdo arrinta ku xusan qodobka 45aad ee dastuurka.

QODOBKA 88AAD
KALA-DERISTA GOLAHA XEER-DEJINTA DEGMADA

Golaha Xeer-dejinta Degmada waxaa la kala diri karaa markii ay dhacdo arrinta ku xusan qodobka 49aad ee dastuurka.

QODOBKA 89AAD
KALA-GADASHADA HANTIDA UMMADDA

1. Waxaa reebban kala-gadashada hantida ummadda haddii aan dawladdu dhinac ka ahayn.

2. Dawladdu ma iibin karto hanti ummadeed oo qiimaheedu ka badan yahay $100,000(boqol kun oo doollarka maraykanka ah) haddii aan Golaha Wakiilladu oggolaan.

QODOBKA 90AAD
LA-WAREEGIDDA HANTIDA GAAR-AHAANEED

1. Hantida qofku ku helay si xeerka waafaqsan lalama wareegi karo dan guud mooyaane, iyada oo markaana la bixinayo magdhow munaasib ah.

2. Xeer ayaa xadaynaya waxyaabaha geli kara danta guud ee keeni kara la-wareegidda hantida gaar-ahaaneed.

QODOBKA 91AAD
ANSHAXA IYO DHAQAN-SAMIDA

Dawladdu waxay dhowraysaa Anshaxa iyo dhaqan-samida bulshada.

QODOBKA 92AAD
ILAALINTA SHAQADA

1. Dawladdu waxa ay xil iska saaraysaa shaqo-abuurista iyo tayaynta tababarada shaqaalaha.

2. Waxaa reebban shaqo khasab ah, haddii aan qaanuunku si kale u tilmaamin, xeer-gaar ah ayaana lagu sii faahfaahinayaa.

3. Shaqaale kasta waxa uu xaq u leeyahay mushaar u dhigma shaqada uu qabto.

4. Shaqaale kasta waxa uu xaq uu leeyahay maalin nasasho ah toddobaadkiiba, fasax sannadeed iyo ciidaha uu qaanuunka jideeyay iyada oo aan xaquuqda qofka wax loo dhimin.

5. Dawladdu waa in ay daryeeshaa shaqaalaha jir ahaan iyo damiir ahaanba.

6. Shaqaalahu waxa ay xaq u leeyihiin in ay cabashadooda ku muujiyaan bannaanbax ama shaqo-joojin markii laga reebbo ciidamada si xeerka waafaqsan.

7. Muwaadin kasta waxa uu xaq u leeyahay in uu doorto shaqada uu rabo.

QODOBKA 93AAD
BADBAADADA SHAQAALAHA

1. Dastuurku waxa uu u ballanqaadayaa shaqaalaha mid ciidan iyo mid kaleba xaqa howlgabnimo.

2. Muwaadin kasta oo xil u haya dawladda oo wax gaaraan, ama jirrada,

ama hawlgaba, waxa uu xaq u leeyahay daryeel qaanuunka waafaqsan.

QODOBKA 94AAD
CIIDAMADA

Ciidamada Puntland waxa ay ka kooban yihiin:-

    b) Booliiska,
    t) Boolis-Daraawiish,
    j) Asluubta.

QODOBKA 95AAD
HABKA DHAQANDHAQAALE EE SUUQA XORTA AH

1. Puntland waxa ay ku dhaqmaysaa habka dhaqandhaqaale ee suuqa xorta ah, waxayna dhiirigelinaysaa, damaanadna siinaysaa maalgelinta dalka, mid shisheeye iyo mid sokeeyeba.

2. Habka Ganacsigu waa tartan furan.

3. Waxaa reebban qodob ka hor imaanaya tartanka ganacsiga.

QODOBKA 96AAD
DARYEELKA DEEGAANKA

1. Waxaa reebban nabaadguurinta/xaalufinta (bad, cir iyo birriba) iyo sumaynta deegaanka (bad, cir iyo birriba), dhoofinta dhuxusha, ka-ganacsiga iyo dhoofinta dhirta qoyan iyo tan qallalanba.

2. Waxaa reebban dhoofinta xoolaha dheddiga.

3. Waxaa reebban ugaarsiga iyo dhoofinta duurjoogta.

4. Dastuurku waxa uu mamnuucayaa Deegaamaynta meelaha aan ku habboonayn.

QODOBKA 97AAD
DHAARTA XILKA

Qof kasta oo xil sare ka qabanaya Dawladda Puntland Maxkamadda Sare ayaa uu dhaarinaysa xilka loo dhiibey inta uusan xilka qaban, wuxuuna marayaa dhaartan: -

"Waxaan ku dhaaranayaa magaca Illaahay in aan Diinta Islaamka xurmeeyo, Dastuurka dalka Puntland iyo qawaaniintiisa dhawro, xilka la ii dhiibay daacadnimo u guto, dalka iyo dadkiisana Lilaahi ugu adeego".

QODOBKA 98AAD
WAX-KA-BEDDELIDA DASTUURKA

1. Wax-ka-beddelka Dastuurka waxaa ka go'aan qaadanaya Golaha Wakiillada Marka ay soo jeediyaan 1/5 (shan meelood oo meel) xubnaha Golaha ama Xukuumadu, ama 5000 qof oo codbixiyayaal ah.

2. Marka hore, codbixintu waa (3/4) ee xunbnaha Golaha Wakiillda, marka labaadna waa sidoo kale.

3. Labo kalfadhi oo isku xiga ugu yaraanna bili u dhexayso ayaa Dastuurka wax looga bedeli karaa.

QODOBKA 99AAD
BALLANQAADKA DASTUURKA

1: Dhamaan qawaaniintu waxay ka minguursamayaan Dastuurka.

2: Haddii cabasho ka timid qof ama xafiis, xeer-ilaalinta ama Maxkamaddi u aragto maangal Arrin Maxkamadi xukuntay ama xafiis go'aamiyey oo laga hor yimid, waxay u furaysaa dib u eegid.

3: Marka cabasho timaado waxaa la joojinayaa hirgelinta go'aankii la gaarey ama socday, waxaana loo riixayaa maxkamadda sare inay go'aan ka soo jeediso arrintii la joojiyey.

4: Hadii Maxkamadda Sare cabashadii u aragto meel-waa, waxay joojinaysaa go'aan-ka-gaarida cabashada, waxayna u gudbinaysaa Maxkadda Dastuuriga.

QODOBKA 100AAD
NUQULKA RASMIGA AH EE DASTUURKA

Nuqulka afka Soomaaliga ku qoran ee dastuurkan waa kan leh aqoonsiga rasmiga ah, wuxuuna dhaqan gelayaa 1Luulyo 2001da.

LIFAAQA KOWAAD EE DASTUURKA DAWLAD GOBOLEEDKA PUNTLAND EE MUDADA KU MEEL GAARKA AH.

1. Golaha Wakiilladu iyaga oo ka amba qaadaya qodobada 8.1,iyo 35.1 ee axdiga ku meel gaarka ah ayuu dib u habayn ku sameeyey Qodobka 28.4 ee axdiga waxaana loogu dhaqmayaa sidan: -

    B) Axdiga waxaa bedelaya Dastuurka cusub ee Puntland ee Golaha wakiilladu ansixiyeen 9/06/200. taasoo dhaqan gelaya 01/07/2000.

    T) Dastuurka waxaa loogu dhaqmayaa si ku meel gaar ah inta loo qaadayo afti Dadweyne.

    J) Waqtiga Dastuurka Afti Dadweyne loo qaadayo waxaa ka Go'aan qaadanaya Golaha wakiillada.

2. Golaha wakiilladu wuxuu bedelay Qodobada 8.4 iyo 12.1 ee axdiga waxaana loo bedelay sidan:-

    B) Mudada xilka Golaha Wakiillada Dawlad Goboleedka Puntland, Madaxweynaha iyo K/xigeenkiisa waxaa la dheereeyey xilligoodii shaqo lagana dhigay 3 Sano oo ku meel gaar ah iyada oo markii hore uu xilkoodu ku dhamaanayey 30/06/2001waxayna ku hawlgelayaan awoodaha iyo waajibaadka Dastuurku siinayo kuna eg 3 Sano.

J) Haddii Xubin ka tirsan Golaha wakiillada lumiso Wakiilnimadeeda mudada ku meel gaarka ah waxaa soo magacaabaya bedelkeeda beeshii xubintu ka tirsanayd muddo 45 casho gudahood ah.

3. Haddiii sabab kasta awgeed Dawladdu fulin weydo Arrimaha tirakooobka, aftida Dastuurka, Doorashada Golayaasha (Golaha Wakiillada Iyo Golaha Deegaanada labada bilood ee ugu dambeeya 3da sano ee ku meel gaarka ah ayaa hab beeleed ee waafaqsan sidii lagu soo xulay Golaha Wakiillada ee hadda jira lagu soo magacaabayaa Xubnaha Golaha wakiilada ee bedelaya kan hadda jira, kuwaasoo iyaguna dooranaya Madaxweynaha, madaxweyne K/xigeenka iyo Guddoomiyaha Golaha wakiilada iyo K/xigeenadiisa.

4. Qawaaniintii hore dalka looga dhaqmayey aan ka hor imaanayn Dastuurka Dawlad-Goboleedka Puntland ee mudada ku meel gaarka ah ayaa dhaqan gal noqonaya 01/07/2001.

5. Muddo 4 Bilood gudahood ah oo ka bilaabata 11/07/2001.Xukuummaddu waxay ku diyaarinaysaa Xeerka Golayaashu ku shaqeyn lahaayeen iyo xeerkii lagu dhisi lahaa. Xeerkaan waxaa ansixinaya Golaha wakiillada, Ansixinta ka dib waxaa si deg-deg ah lagu dhisayaa Golayaasha Deegaamada waxaana lagu xulayaa hab Beeleed.

Eebbaa Mahad leh.

Yuusuf X. Saciid.
Guddoomiyaha Golaha wakiillada Puntland.

Jamhuuriyadda Soomaaliya

DASTUURKA

Dowladdii KMG aheyd Carte, Jibuuti

August 2000

Dastuuradii iyo axdiyadii loo dhigay jamhuuiyadda soomaaliya

Madaxweynaha Jamhuuriyadda Jibuuti
Mudane Ismaaciil Cumar Geelle
Oraahdiisii aheyd
"Walaalayaal Ii Hiiliya aan Idiin Hiiliyee"
Shirweynihii Nabadeynta ee lagu qabtay Carte, Jibuuti
August, 2000

Madaxweynihii KMG ahaa ee lagu doortay Shirkii Nabadeynta Carte, Jabuuti
Bishii August 2000 ilaa 10kii Oktoobar 2004
Mudane Dr. C/qaasim Salaad Xassan

AXDIGA QARANKA EE KU-MEEL GAARKA AH ERGOOYINKA SHIRWEYNAHA NABADEYNTA JABUUTI

HORDHAC
MABAADIIDA GUUD
GOLAHA SHACBIGA
QAAB DHISMEEDKA DAWLADDA KMG
ISMAAMUL GOBOLEEDKA
GARSOORKA KMG AH
ARRIMO GAAR AH

HORUDHAC

ANNAGA oo matelaynna dhammaan shacbiga Somaaliyeed, huwanna awoodiisa; ka ambaqaadaya go'aanadii shirkii hoggaan dhaqameedyadu ay ku gaareen magaalada Carta, Jamhuuriyadda Jabuuti 6dii Juun 2000; dareensan burburkii iyo dhibaatooyinkii soo gaaray ummadda Soomaaliyeed iyo baahida loo qabo dib-u-dhisidda dawlad qaran,

WAXAAN dhigeynaa aasaaskii midnimada, hanashada awoodda qarameed iyo madaxbanaanida Jamhuuriyadda Soomaaliyeed oo ku dhisan nidaamka dimoqaraadiga oo qiraya sarreynta awoodda shacbiga, ka dambeynta sharciga, dhawrayana xorriyadda qofka, sinnaanta iyo cadaaladda bulshada,

ANNAGA oo adkeynaynna iskaashiga shucuubta adduun-weynaha si loo gaaro nabad waarta, dhawrista xuquuqda aadanaha, deris wanaagga dawladaha iyo shacuubta jaarka ah, horumar dhaqaale iyo bulsho,

WAXAAN dejinnay Axdigaan ku meel gaarka ah.

MABAADIIDA GUUD

QODOBKA 1AAD
NIDAAMKA JAMHUURIYADDA

1. Nidaamka Dawladda Cusub ee Jamhuuriyadda Soomaaliyeed waa ku meel gaar (KMG), madax-bannaan, dimoqraadi ah oo ku dhisan Shareecada Islaamka, caddaalad, sinnan, nabad, shaqo iyo horumar, dhawraysana sharciga, sharafta qofka iyo xurmada bulshada.

2. Awoodda oo dhan waxaa leh shacbiga, wuxuuna u isticmaalayaa si toos ah ama isaga oo adeegsanaya hay'adaha matala, si waafaqsan Axdigan iyo shuruucda. Qof ama qayb ka mid ah shacbiguna ma sheegan karo, kumana tagrifali karo gooni ahaan.

3. Jamhuuriyada Somaaliyeed waxey ku dhisnaan doontaa nidamka federaalka ah, haseyeeshee xilliga KMG ah waxaa lagu dhaqmayaa qaabka is-maamul goboleedka. Iyadoo si caddaalad ku dhisan loo qaybsanayo talada iyo maamulka dalka. Habka federaalka iyo shurucda la xiriirta waxaa diyaarinaysa xukumadda ku-meel gaarka ah, waxaana lagu dari doonaa dastuurka loo samayn doono Jamhuuriyadda Soomaaliyeed.

4. Calanka Jamhuuriyadda Soomaaliyeed waa buluug cirka u eg, dhexdana ku leh xiddig cad oo shan geesood ah.

5. Astaanta Qaranka Soomaaliyeed waxey ka koobantahay: Gaashaan leh midabka cirka oo xiddig shan gees ah oo qalin ku xardhan dahab ah. Gashaanka waxaa ku xardhan wareeg shan geesle ah oo dahab ah, kaas oo labada ay gees ka hayaan labo shabeel oo dabiici ah oo dul saaran laba waran oo is gudub ah. Labada waran dushooda waxaa saaran labo caleen baar oo isgudub ah oo kula xiran labada waran xarig leh midab caddaan ah.

6. Caasimadda Jamhuuriyaddu waa Muqdisho, waxayna yeelanaysaa xuduud, nidaam iyo sharci u gaar ah.

QODOBKA 2AAD
SHACBIGA, DIINTA IYO AFKA

1. Shacbiga Jamhuuriyadda Soomaaliya waa mid.

2. Islaamku waa diinta qaranka, dalkana laguma faafin karo diin kale iyo afkaar kale oo ka soo horjeedda diinta Islaamka.

3. Sharciga ayaa qeexaya sida lagu heleyo ama lagu waayayo Jinsiyadda Soomaaliyeed. Muwaadinka dalka ka maqan, qaatayna jinsiyad kale isaga iyo faraciisu ma luminayaan jinsiyadoodii Soomaaliyeed.

4. Afafka rasmiga ah ee Jamhuuriyaddu waa Soomaali iyo Carabi.

QODOBKA 3AAD
DHULKA JAMHUURIYADDA SOMAALIYEED

1. Dhulka Jamhuuryaddu waa laguma-xadgudbaan, lamana kala qaybin karo.

2. Dhulka Qaranku wuxuu ka kooban yahay Berriga, Jasiiradaha, Xeebaha, Biyo-Goboleedka, Bedda hoose iyo Hawada Sare.

3. Xuduudda Jamhuuriyaddu ay dalalka kale la leedahay waa: dhanka galbeed, Itoobiya; dhanka waqooyi-Galbeed, Jamhuuriyadda Jabuuti; dhanka waqooyi, Gacanka Cadan; dhanka bari, Badweynta Hindiya; dhanka koonfurna, Keenya.

QODOBKA 4AAD
SARRAYNTA SHARCIGA

1. Sharciga ayaa ka sarreeya cid kasta.

2. Sharciga ayaa habeynaya nidaamka Dawladda iyo xiriirka ka dhexeeya asaga iyo qof-sharciyeedka iyo shaqsiyaadka.

3. Qaanuunka Dawliga ah ee guud ahaan la aqoonsan yahay iyo heshiisyada caalamiga ah oo ay Jamhuuriyaddu qayb ka tahay, loona meel mariyay si waafaqsan sharciga, waxay dalka ku yeelanayaan awood sharci.

4. Shareecada Islaamku waa saldhigga sharci-dejinta qaranka, sharci iyo xeer kasta oo khilaafsanna waa waxba kama jiraan.

5. Sharci iyo xeer kasta oo khilaafsan Axdigaan waa wax kama jiraan.

QODOBKA 5AAD
XUQUUQDA AADANAHA

1. Jamhuuriyaddu waxay aqoosan tahay baaqa caalamiga ah ee Xuquuqda Aadanaha ee Ummadaha Midoobey guddoonsatay 10kii Disembar 1948kii, kuwa Xuquuqda madaniga iyo siyaasadda ee 10/12/1984 iyo xuquuqda dhaqaalaha, bulshada iyo dhaqanka iyo xeerarka caalamiga ah ee kale ee ku saabsan xuquuqda Aadanaha oo Jamhuriyaddu qayb ka tahay.

2. Gaar ahaan muwaadinku wuxuu xaq u leeyahay:-

    b. Nabadgelinta noloshiisa, qofnimadiisa, shraftiisa iyo hantidiisa; ciqaab dil ahna waxaa lagu mutaysan karaa oo keli ah dembiyada sharcigu tilmaamo.

    t. In uu dego, ka shaqaysto, uguna socdo si xor ah meel kasta oo dalka ka mid ah, oo aan laga masaafurin karin iyo in uu dalka ka bixi karo kuna soo noqon karo.

    j. In uu abaabulo, aasaaso, kana qayb galo ururro siyaasadeed, shaqaale, xirfad ama/iyo bulsho si waafaqsan sharciga ayadoon loo baahan oggolaansho hore, waxaase reebban urur kasta oo qarsoodi ah ama leh qaab ciidan ama hab qabiil u abaabulan.

    x. Muwadin kasta wuxuu xaq u leeyhay in uu wax doorto lana doorto.

QODOBKA 6AAD
SINNAANTA MUWAADINIINTA SHARCIGA HORTIISA

1. Muwadiniinta oo dhan, ayagoon loo eegin lab iyo dheddig, diin iyo afkaar siyaasadeed, xaalad bulsho iyo dhaqaale, dhalasho iyo af toona, xuquuqda iyo waajibaadkaba waa u siman yihiin sharciga horitsa, iyadoo mar kasta la dhawrayo mabaadi'da shareecada Islaamka iyo dhaqan wanaagga.

2. Dhammaan muwaadiniintu waa u siman yihiin adeegga iyo shaqada dawladda.

3. Dadka kale ee dalka ku nooli muwadiniinta wa la simanyihin sharciga hortiisa.

QODOBKA 7AAD
XORRIYADDA SAXAAFADDA & WARBAAHINTA

Saaxaafadda, war-baahinta iyo ra yigu waa xor, sharci gaar ah ayaana nidaaminaya.

QODOBKA 8AAD
XORRIYADDA QOFKA

1. Sharcigu wuxuu ilaalinayaa xuquuqda iyo xorriyadda asaasiga ah ee qofka.

2. Qof kasta wuxuu xaq u leeyahay xorriyaddiisa shakhsiga ah.

3. Qofna lama xiri karo, xorriyaddiisa qofnimana ciriiri lama gelinkaro, haddii aan loogu imaan isagoo fal dambiyeed sharcigu tilmaamay faraha ku la jira ama aan lagu qaban amar ka soo baxay hay'ad garsoor oo awoodda sharciyeed u leh.

4. Qof kasta oo laga qaado xorriyaddiisa waa in deg-deg lagu ogeysiiyaa dambiga lagu tuhunsan yahay, 24 (afar iyo labaatan) saac gudohoodna lagu ogeysiiyaa hay'adaha gaarsoorka oo awooda sharci u leh.

5. Qofna lama baari karo marka laga reebo xaaladaha ku tilmaaman faqradda sedexaad ee qodobkan iyo xaaladda kale ee sharciga ku xaddidan oo la xiriira arrimo garsoor, caafimaad ama canshuur iyadoo mar kasta la raacayo habka sharcigu tilmaamayo, lana dhawrayo sharafta iyo xurmada qofka.

6. Qofkii xorriyaddiisa laga qaado, looma gaysan karo waxyeello jirkiisa ama nafsiyaddiisa.

QODOBKA 9AAD
LAHAANSHAHA GAAR AHAANEED

1. Lahaanshaha gaarka ah waxaa damaanad qaadaya dawladda, sharciga ayaana xaddidaya nuxurkiisa iyo xuduudda isticmaalkiisa.

2. Xuquuqda gaarka ah ee ku timaadda hal-abuurka fanka iyo cilmiga waa la dhawraya, sharciga ayaana xaddidaya nuxurkooda iyo xuduudda isticmaalkooda.

3. Lahaanshaha gaarka ah waa lala wareegi karaa dan guud awgeed, iyadoo

qofkii lahaa la siinayo magdhaw munaasib ah oo degdeg ah. Haddiise baahidii la wareegidda laga maarmo, hantidii la la wareegay waxa loo celinayaa qofkii lahaa ama dhaxlayaashiisa, si sharciga waafaqsan.

QODOBKA 10AAD
XAQA DACWADAYNTA IYO IS-DIFAACA

1. Qof kasta wuuxuu xaq u lee yahay in uu dacwad ka furto maxakamadda awoodda u leh.

2. Qof kasta wuxuu xaq u leeyahay in uu iska difaaco dacwadda lagu soo oogo heer iyo darajo kasta oo ay taagan tahay, wuxuuna adeegsan karaa qareenkii uu doorto.

3. Qof walba wuxuu xaq u leeyahay inuu cabashadiisa u gudbiyo dawlada lana dhagaysto.

QODOBKA 11AAD
MAS'UULIYADDA CIQAABTA & MAGANGELYADA SIYAASADEED

1. Mas'uuliyadda ciqaabtu waa shakhsi, eedaysanahuna wuxuu la mid yahay qof aan wax gaysan ilaa maxkamadi si kama dambays ah ugu xukunto dembiga.

2. Waxaa dib loo celin karaa qof dembi ka soo galay dalkiisa ama dal kale oo ku soo cararay dalka Jamhuuriyadda Soomaaliyeed haddii uu jiro heshiis ka dhexeeya Dawladda Jamhuuriyadda Soomaaliyeed iyo tan soo weydiisatay. Dawladdu waxay siin kartaa magangelyo siyaasadeed qofkii uga soo cararay dalkiisa ama dal kale cadaadin siyaasadeed ama badbaadinta naftiisa iyo tan xigtadiisa awgood, haddii uusan soo galin dembi la ogyahay oo dhan ka ah aadamiga.

QODOBKA 12AAD
WAAJIBAADKA QOFKA IYO MUWAADINKA

1. Qof kasta waxa waajib ku ah in uu si daacad ah u dhawro Axdigan iyo shuruucda dalka.

2. Muwaadin kasta waxa ku waajib ah:-

      b. Horumarinta iyo ilaalinta hantida guud; iyo dhawrista hantida gaarka ah.

      t. Difaaca dalka iyo dhawridda amniga gudaha, adkaynta midnimada Soomaaliyeed iyo xafidaadda sirta qaranka.

3. Qof kasta waa in uu bixiyaa canshuurta ku waajibtay, si waafaqsan sharciga.

QODOBKA 13AAD
DHAQAALAHA

1. Nidaamka dhaqaaluhu wuxuu ku salaysan yahay kan suuqa xorta ah.

2. Khayraadka dabiiciga ah ee dalka sida macdanta, biyaha, dhirta iyo ugaartu, waa hanti qaran. Sharci gaar ah ayaa tilmamaya sida ugu habboon ee looga faaiidaynayo.

3. Dawladdu waxay soo dhawaynaysaa, damaanad buuxdana siinaysaa maalgelinta shisheeye ee dalka gudihiisa waxana lagu nidaaminayaa sharci gaar ah.

QODOBKA 14AAD
WAX-BARASHADA

1. Dawladdu waxay mudnaan gaar ah siineysaa horumarinta, ballaarinta iyo faafinta wax-barashada guud.

2. Wax-barashada dalku waa mid u danaynaysa dadweynaha, laguna baahinayo dalka oo idil.

3. Dawladdu waxay damaanad qaadaysa waxbarashada asaasiga ah ilaa dugsiga sare oo lacag la'aan ah, waxayna horumarinaysa tacliinta sare iyo teknolojiyadda.

4. Waxa bannaan in la furo dugsiyo iyo machadyo wax-barasho gaar ah oo sharciga waafaqsan, lana socda barnaamijka iyo manaahiijta wax-barashada ee dawladda.

5. Dawladdu waxay dhiirrigelinaysaa cilmi-baarista, fanka, suugaanta iyo hal-abuurkooda, ciyaaraha, iyo isboortiga; waxayna horumarinaysa hiddaha iyo

dhaqanka suubban ee shacbiga Soomaaliyeed.

6. Dawladdu waxay dejineysaa barnaamij iyo manhaj mideysan ee dugsiyada dalka oo idil.

QODOBKA 15 AAD
DARYEELKA BULSHADA

1. Dawladdu waxay iska xilsaaraysa caafimmadka guud ee bulshada, gaar ahaan kan caruurta iyo hooyada, ka hortagga cudurrada faafa, iyo nadaafadda guud.

2. Waxaa la furi karaa rugo caafimaad oo gaar ah, sharci gaar ah ayaana nidaaminaya.

3. Waalidku waa inuu caruurtiisa daryeelaa, barbaariyaa, waxna baraa; Caruurta qaan gaartayna waa iney daryeelaan walidkood markii ay isku filaan waayan.

4. Dawladdu waxay ilaalinaysaa anshaxa guud ee bulshada.

5. Dawladdu waxay daryeeleysaa:-

    b. Agoonta, agoonlayda iyo naftooda hurayaasha difaaca dalka.

    t. Naafada, caruurta aan waalidka lahayn iyo waayeelka aan lahayn cid kale oo xannaanaysa.

6. Dawladdu waxay dhiirigelineysaa dhismaha iyo horumarinta ururrada bulshada rayidka ah sida ururrada samafalka, haweenka, dhallinyarada, ardayda, xirfadlayaasha, iyo kuwa u dooda xuquuqda aadmiga.

7. Dawladdu waxey u hawlgaleysaa daryeelka iyo horumarinta reer miyiga.

8. Dawladdu waxay haweenka u abuuraysaa fursado u suurto geliya in ay si wax ku ool ah uga qayb qaataan nolosha siyaasadeed, dhaqaale iyo bulsho ee dalka.

9. Shaqaaluhu waxay xaq u leeyihiin, ayadoo aan sina loo ka la soocin, mushahar u dhigma qiimaha hawsha ay qabtaan, nasasho maalin ah toddobaadkiiba iyo fasax sannadeed iyo fasaxyada kale oo shuruucdu

tilmaameyso, lagumana khasbi karo in ay ka tanaasulaan xuquuqdaas.

10. Waxa reebban shaqo kasta oo khasab ah, haddii laga reebo xaaladaha gaarka ah sharcigu tilmaamayo.

11. Dawladdu waxay u kafaalo qaadaysaa shaqaalaheeda oo dhan xaq hawlgab, shaqaalaha kalena sharciga ayaa tilmaamaya sidii ay ku heli lahaayeen xaqooda.

12. Xiriirka Shaqaalihii hore iyo dawladda KMG waxaa nidaaminaya xeer gaar ah.

QODOBKA 16AAD
DARYEELKA BII'ADDA

1. Dawladdu waxay mudnaan gaar ah siinaysaa badbaadada bii'adda, waxayna reebeysaa wax kasta oo dhibaato u gaysanaya nolosha dabiiciga ah.

2. Dawladdu waxay si deg-deg ah tallaabo uga qaadaysaa sidii looga safayn lahaa qashinka sunta ah oo lagu soo qubay xeebaha badda iyo berriga dalka, waxeyna magdhaw weydiisaneysaa ciddii falkaasi ku cadaato.

3. Dawladdu waxay si deg deg ah uga hortegeysaa nabaad guurka, xaalufinta, sumeynta deegaanka, dhoofinta dhuxusha iyo xoolaha dheddig, dhirta iyo ugaarta gabaabsiga ah.

GOLAHA SHACBIGA

QODOBKA 17AAD
XUBNAHA

1. Golaha shacbiga KMG waa haya'dda sharci dejinta ugu saraysa matalayana dhammaan shacbiga Somaaliyeed, wuxuuna ka kooban yahay 225 xubnood oo beeluhu soo doorteen, shirweynaha qarankuna ansixiyay.

2. Tirada kor ku xusan waxaa ku jira 25 xubnood oo loo qoondeeyay haweenka oo ay ku qaybsanayaan qaab beeleed.

3. Golaha shacbigu wuxuu iska dhex dooranayaa Guddoomiye, Ku-xigeeno iyo Guddiyo hawleedyo.

4. Xubin kasta oo Golaha Shacbiga ka mid ah inta aysan qaban xilkeeda waxay maraysaa dhaarta ah: "Waxaan ku dhaaranayaa magaca Ilaahey inaan u guto xilkeyga si daacad ah oo ay danta dadku ku jirto, dhawrana Axdiga iyo shuruucda dalka".

5. Xubin kasta oo Golaha Shacbiga ka mid noqonaysa waa inay buuxisaa shuruudaha hoos-ku-qoran:-

    b. Inay tahay muwaadin jamhuuriyadda Soomaaliyeed, da'deeduna aysan ka yarayn 25 sano.

    t. In maankeedu fayaw yahay.

    j. Inay leedahay aqoon ay hawsheeda ku gudan karto oo aan ka hoosayn dugsiga sare, ama wax u dhigma.

QODOBKA 18AAD
XILKA GOLAHA SHACBIGA

1. Doorashada Guddoomiyaha G.Shacbiga iyo Ku-xigeennadiisa.

2. Dejinta qawaaniinta dalka.

3. Samaynta xeer-hoosaadka hawshiisa.

4. U codaynta kalsoonida xukuumadda.

5. Oggolaanshaha miisaaniyad sanadeedka iyo ansixinta xisaab xirkeeda.

6. Dejinta qaanuunka dakhliga dalka.

7. Ansixinta heshiiyada caalamiga ah.

8. Go'aaminta xaaladda dagaal:- dib marka uu dhageysto Golaha Wasiirada.

9. Magacaabidda Guddiyo baara hay'adaha dowladda haddii loo baahdo.

10. Oggolaanshaha magacaabidda Guddoomiyaha Maxkamadda Sare, Xisaabiyaha Guud, Hanti-dhawraha Guud, Xeer Ilaalinyaha Guud, Guddoomiyaha Bangiga Dhexe, Gaaryaqaanka Guud iyo xubnaha

guddiyada qaranka.

QODOBKA 19AAD
MUDANAHA

1. Mudanaha Golaha Shacbiga looma qaban karo dacwad ciqaabeed, lamana weydiin karo su'aalo dambi la xiriira, lama baari karo hoygiisa iyo oogadiisa, haddii aan loogu imaan isaga oo faraha kula jira fal dambiyeed Sharcigu tilmaamayo. Waxaa xubinta ka tirsan Golaha Shacbiga la qaban karaa markii Golaha Shacbiga oggolaansho laga helo.

2. Go'aanada Golaha Shacbiga waxaa lagu gaarayaa aqlabiyad hal dheeri ah haddii aan sharcigu si kale tilmaamin. Fadhiyada Golahu waxay qabsoomayaan markay joogaan 2/3 xubnihiisa.

3. Golaha Shacbigu waa inuu kulmaa soddon maalmood gudohood, oo ka bilaabanta maalinta la dhaariyo aqlabiyadiisa.

4. Golaha Shacbigu wuxuu yeelanayaa labo kal fadhi oo caadi ah sanadkiiba.

5. Golaha shacabku wuxuu yeelan karaa fadhiyo aan caadi aheyn, waxaana isgu yeeri kara guddoomiyihiisa, madaxweynaha Jamhuuriyadda, xukuumadda ama 1/3 xubnihiisa.

6. Xubnaha Golaha Shacbigu ma qaban karaan mas'uuliyad xafiiseed oo abuuri karta iskahorimaad danahooda iyo kuwa qaranka inta ay ka mid yihiin Golaha Shacbiga.

7. Xeernidaamiye gaar ah ayaa habeenaya qaab hawleedkooda iyo xuquuqdooda dhaqaale.

QODOBKA 20AAD
MUDDADA IYO SHURUUDAHA

1. Muddada xilka Golaha Shacbigu waa sedex sano, lama kordhin karo, lamana kala diri karo muddada KMG.

2. Fadhiga ugu horreeya ee Golaha Shacbiga waxa guddoominaya qofka ugu da' weyn inta laga dooranayo Guddoomiye.

3. Xubinimada Golaha waxa lagu waayi karaa:-

> b. Istiqaalad qoraal ah, geeri ama xil gudasho la aan joogto ah.
> t. Xukun ciqaabeed kama dambays ah.

4. Xubinimada bannaanaata waxaa lagu buuxinayaa habkii hore loogu soo doortay, waxaana laga soo saarayaa liiska kaydka ah oo tiradiisu tahay kan Golaha Shacbiga oo kale; waxaana ansixinaya Golaha Shacbiga.

QAAB DHISMEEDKA DAWLADDA KMG

QODOBKA 21AAD
NIDAAMKA MAAMULKA DAWLADDA

Nidaamka Maamulka Dawladdu waa mid baahsan oo ka kooban:-

> b. Awoodda dhexe
> t. Awoodda Gobollada iyo Degmooyinka
> j. Awoodda hay'daha madaxa bannaan.

QODOBKA 22AAD
DAWLADDA

Dawladdu waxay ku salaysan tahay mabaadi'da ka la madaxbannaanida saddexda awoodood oo kala ah:-

> b. Hay'adda Sharci-dejinta (Golaha Shacbiga)
> t. Hay'adda Fulinta (Xukuumadda)
> j. Hay'adda Garsoorka

QODOBKA 23AAD
MADAXWEYNAHA

Madaxweynaha waxaa cod qarsoodi ah ku dooranaya xubnaha golaha shacabka. Qof kasta oo buuxiya shuruudaha hoos ku qoran ayaa loo dooran karaa jagadaas:-

1. Waa inuu yahay muslim ku dhaqma diinta, labadiisa waalid yihiin Somali dhalad ah; horena uusan u guursan, haddana qabin oori ajnabi ah.

2. Waa in uu yahay muwaadin Jamhuuriyadda Soomaaliya, da'diisuna ka yarayn

40 sano.

3. Waa in uu maankiisu fiyow yahay dambina ka galin Qaranka.

4. Waa inuusan qaban masuuliyad xafiiseed ama ganacsi oo abuuri karta iska hor imaad danahiisa iyo kuwa qaranka.

5. Waa in uu leeyahay aqoon iyo waayo aragnimo ku filan.

QODOBKA 24AAD
WAAJIBAADKA IYO XILALKA MADAXWEYNEHA

1. Madaxweynuhu waa qofka ugu maamus sarreeya dalka.

2. Madaxweynuhu wuxuu u xilsaaran yahay ilaalinta iyo dhawrista Axdigan yo shuruucda dalka, wuxuuna ilaaliyaa xornimada qaranka iyo midnimada dalka.

3. Inta uusan xilka qaban madaxweynuhu wuxuu marayaa dhaarta ah "Waxaan ku dhaaranayaa magaca Ilaahey inaan u guto xilkeyga si daacad ah oo ay danta dadku ku jirto, dhawrana Axdiga iyo shuruucda dalka".

4. Wuxuu saxiixaa sharciyada Golaha Shacbigu oggoladay, xeeraraka iyo awaamirta Golaha Wasiirrada.

5. Wuxuu Golaha Shacbiga u gudbiyaa hindisaha shuruucda Golaha Wasiiradu oggolaaday.

4. Wuxuu fariin u diraa Golaha Shacbiga, markii loo baahdo.

5. Wuxuu ansixiyaa heshiisyada caalamiga ah, ka dib markii uu oggolaado Golaha Shacbigu.

6. Wuxuu magacaabayaa Guddoomiyaha Maxkamadda Sare.

7. Wuxuu magacaabaa madaxda maamulka iyo hay'adaha qaranka markuu helo soojeedinta Golaha Wasiirada.

8. Wuxuu magacaabaa danjirayaasha qaranka wakiil uga noqonaya dalalka shisheeye; wuxuuna qaabilaa, warqadaha aqoonsigana ka guddoomaa

danjirayaasha dalalka shisheeye wakiilka uga ah Jamhuuriyadda.

9. Wuxuu bixiyaa abaal-marinta qarameed.

10. Wuxuu bixiyaa cafis guud iyo mid gaar ahba ka dib markii u dhageysto hay'adaha ku shaqada leh cafis bixinta.

11. Waa Taliyaha Guud ee Ciidamada Qalabka sida.

12. Wuxuu ku dhawaaqaa xaaladaha dagaalka markii Golaha Shacbigu ogolaado.

13. Wuxuu Guddoomiyaa Guddiga Sare ee Garsoorka.

14. Wuxuu fuliyaa wixii kale oo sharcigu u xilsaaro.

15. Muddada xilka Madaxweynaha KMG ah waa sedex sano.

16. Haddii Madaxweynuhu istiqaalo qoraal ah dhiibo, geeriyoodo ama xil gudasho la aan joogto ahi ku timaado, waxaa xilkiisa la wareegaya Gudoomiyaha Golaha Shacabka inta madaxweyne laga dooranayo 30 maalmood gudahood.

QODOBKA 25AAD
WAAJIBAADKA IYO XILKA GOLAHA WASIIRADA

1. Golaha Wasiiradu waa awoodda fulinta ee dowladda.

2. Golaha Wasiiradu wuxuu ka koobanyahay Wasiirka 1aad iyo wasiiro tiradoodu ayan ka badan karin 25 (shan iyo labaatan). Waxaa la sameyn karaa wasiir ku xigeenno wasaaradeed, intii loo baahdo.

3. Wasiirka 1aad wuxuu yeelanayaa ku-xigeen ama ku-xigeenno.

4. Wasiirka 1aad, ku xigeennadiisa iyo wasiirada waxaa laga qaadan karaa Golaha Shacbiga iyo dibaddiisa; Xubinta Golaha Shacbiga ee ka mid noqota xukuumadda way luminaysaa xubinnimada Golaha shacbiga.

5. Madaxweynaha ayaa magacaabaa, xilkana ka qaadaa Wasiirka koobaad markii uu kalsoonida golaha shacbiga waayo. Wasiiradana markuu wasiirka

koobaad soo jeediyo.

6. Golaha Wasiiradu waa inuu helaa kalsoonida Golaha Shacbiga soddon maalmood gudahood, waana inuu geeya barnaamijkiisa.

7. Wasiiraka 1aad iyo Wasiiradu waxay marayaan dhaarta ku xusan qodobka 24aad, faqradda 3aad.

8. Golaha Wasiiradu wuxuu jaan-gooyaa siyaasadda qaranka iyo qorshaha dhaqaalaha. Golaha Wasiiradu wuxuu oggalaada hindisooyinka sharciga ee xukuumaddu u gudbinayso Golaha Shacbiga.

10. Golaha wasiiradu wuxuu oggolaadaa magacaabidda madaxda maamulka sare ee hay'adaha dawladda sida agaasimayaasha, maareyayaasha, generaaladda iwm.

QODOBKA 26AAD
WAAJIBAADKA IYO XILALKA WASIIRKA 1AAD

1. Wuxuu la saxeexaa Madaxweynaha xeerarka iyo awaamirta Golaha Wasiirrada oggolaado oo aan wasiir ka masuul ah oo madaxweynaha la saxiixa laheyn.

2. Wuxuu masu'uul ka yahay habsami u socodka xukuumadda iyo maamulka.

3. Wuxuu u gudbiyaa Golaha Shacbiga miisaaniyad sanadeedka ee dakhliga iyo kharashka.

4. Wuxuu gudoomiyaa Golaha Wasiirrada.

5. Wuxuu xula wasiiradda, magacoodana u gudbiyaa Madaxweynaha.

QODOBKA 27AAD
SHURUUDAHA

Wasiirka 1aad & Wasiiradu waa inay buuxiyaan shuruudaha hoos ku qoran:-

1. Waa inuu yahay muwaadin Jamhuuriyadda Soomaaliyeed.

2. Wasiirka koobaad waa inuusan ka yareyn 40 sano, Wasiiraduna 35 sano.

3. Waa inaysan aqoontooda cilmiyeed ka hoosayn heer Jaamacadeed oo la aqoonsanyahay ama wax u dhigma, khibradooda maamulna ay sarrayso.

4. Waa in wasiir kasta yahay Muslim kuna dhaqmaa diinta Islaamka.

5. Wasiirka looma qaban karo dacwad ciqaabeed, lamana weydiin karo su'aalo dambi la xiriira, lama baari karo hoygiisa iyo oogadiisa, haddaan lagu qaban dambi uu faraha ku la jiro. Waxa xubinta ka tirsan Golaha Wasiirada la qaban karaa markii Golaha Shacbiga oggolaansho laga helo.

QODOBKA 28AAD
DIB-U-DHISKA CIIDAMADA AMNIGA IYO DIFAACA DALKA

1. Dalku wuxuu yeelanayaa ciidamada qalabka sida oo ka kooban xoogga dalka iyo ciidanka booliska.

2. Gobol kasta wuxuu yeelanayaa ciidan boolis ah oo hanan kara amniga gobolka.

3. Xeer gaar ah ayaa nidaaminaya dhismaha ciidamada qalabka sida iyo wada shaqeyntooda.

QODOBKA 29AAD
HAY'ADAHA KAABA DAWLADDA DHEXE

1. Hanti Dhawrista Guud.
2. Xeer Ilaaalinta Guud.
3. Xisaabinta Guud.
4. Bankiga Dhexe.
5. Gar-yaqaanka guud ee dawladda.

QODOBKA 30AAD
GUDDIYADA QARANKA

1. Qaranku wuxuu yeelanayaa guddiyo madax banaan oo ay ka mid yihiin kuwa hoos ku qoran. Waxaa magacaabaya, kormeeraya Golaha wasiiradda, waxaana nidaaminaya xeer gaar ah.

1. Guddiga Qaranka ee Dib-u-heshiisiinta iyo Isu-celinta Hantida la kala haysto.

2. Guddiga Qaranka ee Dastuurka iyo Dib-u-habaynta Shuruucda.

3. Guddiga Qaranka ee Tirakoobka Dadweynaha.

4. Guddiga Qaranka ee Shaqaalaha Dawladda.

5. Guddiga Qaranka ee Soo celinta iyo Tiro koobka hantida Qaranka.

6. Guddiga Qaranka ee Dib u dejinta iyo Taakuleynta.

7. Guddiga Qaranka ee Doorashooyinka.

8. Guddiga Qaranka ee Olembiga Somaaliyeed.

QODOBKA 31AAD
GOLAHA MADAXDA DHAQANKA

Golaha Madaxda Dhaqanku waxuu xukuumadda kala talinayaa arrimaha hoos ku qoran:-

1. Nabadaynta iyo xallinta khilaafaadka beelaha dhexdooda.

2. Ka qaybqaadashada adeegga guud ee bulshada.

3. Gacan-siinta hub ka dhigidda, dhaqan celinta milishiyooyinka iyo tirakoobka dadweynaha.

4. Hurumarinta xeer dhaqameedka suuban ee soo jireenka ahaa ee bulshada.

5. La talinta maamulada gobollada iyo degmoyinka.

6. Arrimaha kale oo ay xukuumaddu kaalmo uga baahato.

7. Xubnaha Golaha madaxdhaqameedyada lama xiri karo haddii aan oggolaasho laga helin Wasiirka Arrimaha Gudaha.

8. Sharci gaar ah ayaa lagu nidaaminayaa tiradooda iyo xuquuqdooda.

ISMAAMUL GOBOLEEDKA
QODOBKA 32AAD

GOBOLLADA & DEGMOOYINKA

1. Muddada ay dowladda KMG ahi diyaarineyso nidaamka Federaalka ah, wuxuu dalku kusii dhaqmi doonaa ismaamul goboleed madaxbannaan oo awood leh, laguna soo dooranayo heerka qaybahooda maamulka oo idil.

2. Gobollada waxay yeelanayaan ismaamul goboleed leh awood maamul oo ay arrimahooda gudaha ku maamushaan, si waafaqsan sharciga.

3. Tirada Gobollada dalka waxay noqonayaan 18kii shaqaynayay ka hor intuusan dhicin dagaalka sokeeye.

4. Sharci gaar ah ayaa habeenaya qaab dhismeedka, noocyada awoodaha ismaamul goboleedyada iyo xiriirka ka dhexeeya dawladda dhexe iyo ismaamul goboleedyada.

5. Goloyaasha Goboladu waxay ka koobanyihiin xubno wakillo ka ah degmoyinka.

6. Goloyaashu waxey iska dhex dooranayaan guddiyo maamul. Guddoomiyaha gobolku waxa uu xiriirinayaa maamulka dhexe iyo gobolkiisa.

7. Xubnaha Golaha degmooyinka waxa soo dooranaya wakiilo matalaya bulshada degaannadooda.

8. Xubnaha Golayaasha gobolka iyo degmooyinka waa inay buuxiyaan shuruudahaan:-

    b. In uu yahay Soomaali, da'diisuna ka yarayn 25 sano.
    t. In maankiisu fayaw yahay.
    j. In uu leeyahay aqoon uu hawshiisa ku gudan karo.
    x. In aan lagu xukumin dambi ciqaabeed oo gaaraya hal sano oo xarig ah.

9. Xubinimada Golayaasha gobollada iyo degmooyinka waxa lagu waayayaa sida lagu waayo xubinimada Golaha Shacbiga ee KMG.

10. Dhaqaalaha iyo gunnooyinka Golayaasha iyo hawl-wadeennadooda waxaa Go'aaminaya, bixinayana Gobollada iyo degmooyinka ay ka tirsan yihiin.

11. Gobollada iyo degmooyinku waxay samaysanayaan xeer ay isku maamulaan inta sharcigu u oggol yahay. Tirada xubnaha Gobolada iyo Degmooyinka waxa lagu caddaynayaa sharciga.

12. ismaamul goboleedku wax uma dhimi karo xuquuqda muwaadiniinta dalka sida ku qeexan axdigaan.

QEYBTA 5AAD
GARSOORKA KMG AH

QODOBKA 33AAD
MADAX BANNAANIDA

1. Garsoorka dalku waa mid ka madax bannaan awoodda sharci-dejinta iyo tan fulintaba, wuxuuna u hoggaansamaya sharciga oo kali ah. Maxkamadaha dalka ayaana u xilsaaran fulinta garsoorka.

2. Garsooraha xilka lagama qaadi karo, lamana bedeli karo sida sharciga ku tilmaaman mooye.

3. Guddiga Sare ee garsoorku waa hay'adda maamul ee Garsoorka iyo garsoorayaalka, wuxuuna ka kooban yahay Guddoomiyaha Maxkamadda Sare, labo garsoore ee Maxkamadda Sare, Xeerilaaliyaha Guud ee qaranka iyo shan sharci yaqaan oo aan dawladda u shaqayn oo sedex ka mid ah Golaha Shacbigu soo magacaabayo oo aan ka tirsanayn xubnihiisa, labada kalena golaha wasiirada. Waxay guud ahaan u xilsaaran yihiin:-

    b. Arrimaha shaqo siinta garsoorayaasha.
    t. Kormeerka, anshax marinta, ruqsaynta, dallacaadda iyo maamulka garsoorayaasha.

4. Maxkamadaha dalku waxay ka kooban yihiin:-

    b. Maxkamadda Sare.
    t. Maxkamadaha Racfaanka
    j. Maxkamadaha darajada kowaad (heer Degmo iyo Gobol).

5. Saldhigga Maxkamadda Sare waa magaala madaxda Jamhuuriyadda.

6. Awoodaha Maxkamadaha iyo maamulka garsoorka waxaa lagu habeenayaa xeernidaamiye.

7. Waxa reebban abuurista maxkamado gaar ah, marka laga reebo maxkamadda ciidamada qalabka sida oo qaadda dambiyada ciidanka oo kali ah.

QODOBKA 34AAD
XEER ILAALINTA GUUD

1. Xeer ilaalinta Guud waa qayb ka mid ah hay'daha garsoorka, waxayna ka koobantahay:-

    b. Xeer ilaalinta Guud oo awoodeeda ku fidsan tahay dalka oo dhan iyo

    t. Xeer ilaalinta Gobolada.

2. Xarunta xeer ilaalinta guud waa magaalo madaxda dalka, wuxuuna u xilsaaran yahay:-

    b. Ilaalinta ku-dhaqanka sharciyada dalka.

    t. Baarista iyo oogista dacwadaha.

    j. Kormeeridda xabsiyada iyo xarumaha edbinta caruurta.

    x. Ilaalinta iyo difaaca xuquuqda agoonta iyo dadka garaadkoodu dhiman yahay. kh. Fulinta hawshii kale oo sharcigu u xilsaaro.

QODOBKA 35AAD
ISWAAFAJINTA SHURUUCDA

Iswaafajinta axdigaan iyo shuruucda dalka iyo shareecada Islaamka waxaa ilaalinaya Maxkamadda Sare, oo go'aankeeda la xiriira ku muujinaysa xukun sababaysan loona faafiyo sida qawaaniinta kale.

QODOBKA 36AAD
SHAQO SIINTA

Garsoorayaasha Maxkamadda iyo Xeer Ilaaliyaasha waxaa lagu qaadanayaa aqoon sharci iyo qaanuun ku salaysan tartan.

QODOBKA 37AAD
DHAWRITAANKA

Garsooraha lama qaban karo, lamana baari karo hoygiisa ama oogadiisa iyadoon fasax looga helin Guddiga Sare ee garsoorka ama aan lagu qaban isaga oo faraha ku la jira dambi, markaas oo ay waajib tahay in si degdeg ah lagu wargeliyo Guddoomiyaha Maxakamadda Sare.

QEYBTA 6AAD
ARRIMO KALA DUWAN

QODOBKA 38AAD

1. Laga bilaabo dhismada dawladda KMG, dhammaan hantidii qaranku lahaa waxaa la wareegaya Dawladda Dhexe. Hantidaas oo leh guurto iyo maguurtaba waxey taalla dalka gudihiisa iyo dibaddisa. Waxa kaloo dawladdu u hawlgalaysa isu-celinta hantida gaar ahaaneed oo dadweynuhu kala haysto.

2. Dawladdu waxay u hawlgalaysa sugidda nabadgelyada iyo xasiloonida, isu furidda dalka, dhigista iyo ururinta hubka sharci-darrada lagu haysto, meelaynta iyo kaydinta dhammaan qalabka dagaalka, hawlgalinta iyo jihaynta milishiyooyinka kala duwan iyadoo la kaashanaysa maamul Goboleedyada.

3. Dawladda KMG waxay u hawl galeysaa dib u dejinta dadkii ku bara kacay dagaalladii sokeeye.

4. Mashaariicda horumarineed ee dalka ka socda sidooda ayeey u shaqeynayaan hadii aysan wax u dhimeynin madax-banaanida dalka.

5. Wixii ka dambeeya xiritaanka shirweynaha qaran oo lagu dhisay dawladda KMG waxaa ku dhammaanaya jiritaankii

kooxaha iyo ururada siyaasadeed.

6. Kooxaha hubeysan oo dalka ka jira waa inay hubkooda oo dhan ku wareejiyan dawladda KMG.

7. Dawladda KMG waxay diyaarinaysaa sharci u gaar ah axsaabta siyaasadeed ee dalka.

8. Dawladda KMG waxay diyaarineysaa nidaamka federaalka ah.

9. Axdigga KMG ayaa saldhig u noqondoona dastuurka qaranka, kaas oo lagu ansixindoono afti dadweyne.

10. Muddada sedexda sano ee KMG waxey ka bilaabmeysaa maalinta shirweynaha nabadeynta Soomaaliyeed xirmo.

11. Golaha Shacbigu wuxuu isu beddalaya Gole Destuur 12 bilood ka hor intaan wakhtigiisu dhamaan.

12. Dustuurkii Jamhuuriyadda Soomaaliya ee 1960ka iyo shuruucdii kale ee qaranka oo aan ka hor imaaneyn axdigaan waa ansax.

13. Dawladda KMG waxey hor joogsaneysaa ficillada qabyaaladda, eexda, boobka hantida qaranka iyo musuq maasuqa.

14. Axdigani wuxuu dhaqan geleyaa marka shirweynaha qaranku oggolaado, wuxuuna shaqaynayaa muddada KMG inta dastuur joogto ah laga sameenayo.

15. Dawaladdu waxay diyaarinaysaa 12ka bilood oo ugu dambaysa xilliga KMG ah sharciyada doorashada guud ee dalka iyo aftida lagu ansixinayo distuurka cusub ee nidaamka federaalka ee Jamhuuriyadda Soomaaliyeed.

16. Nuqulka asalka ah ee Axdigani waa kan afka Soomaaliga ah.

SHIRWEYNAHA NABADEYNTA SOOMAALIYEED

Hindisaha Djibouti

Ku: Shirguddoonka Shirweynaha Nabadeynta Soomaaliyeed

Ujeedo: Soo gudbin Nuqulka Axdiga Ku Meel Gaarka ah

Munadayaal iyo Marwooyin,

Waxaa sharaf weyn u ah Guddiga gaarka ah ee Axdiga Qaranka ee shirweynuhu magacaabay 19kii Juun 2000 in uu halkaan idinkugu soo gudbiyo Daraafka Axdiga Qaranka KMG ee Jamhuuriyadda Soomaaliya oo ka kooban 38 qodob oo ku kala baahsan 6da qeybood.

Guddigu wuxuu howshaas ku soo dhameeyay muddo 12 maalmood ah, iyadoo howshu kala go' la'aan socotay habeen iyo maalin. Qodob kasta oo Axdigan ka mid ah si buuxda ayaa loo falanqeeyay, looga baaraandagay, la iskuna raacay, Qodobada qaarkood dooduhu aad ayay u dheeraayeen, hase yeeshee sedex qodob oo kaliya ayaa dad Yar taxaafud ka galeen, codsadeenna in warbixinta lagu daro mowqifkooda.

Waxaan mahad u soo jeedineynaa dhamaan xubnha guddiga Axdiga Qaranka, mudnaan gaar ahna waxaa leh xubnihii sida wacnaa uga soo shaqeeyay isku daba ridka iyo sixidda.

Wabillaahi Al-Towfiiq

XUBNAHA GUDDIGA GAARKA AH

Magacyada Guddiyada

1	Jaamac Maxamed Qaalib	Guddoomiye
2	Fahma Axmed Nuur	G.Ku-Xigeen
3	C/laahi Muuse Boqor	G.Ku-Xigeen
4.	Maxamed Cali Warsame	Kiimiko War tabiye
5	C/salaam Shiikh Xassan	Xoghaye
6.	Maxamed C/qaadir Cumar	Xoghaye
7	Cabdi Cumar Axmed	
8	C/qaadir Nuur Caraale	
9	C/laahi Cosoble Siyaad	
10	C/laahi Sh. Ismaaciil	
11	Axmed Abroone Amiin	
12	Caasha Khaliif	
13	Axmed Maxamed Suleymaan	
14	Cabaas Ibraahim Maxamed	
15	C/raxmaan Maxamed Cumar	
16	C/qaadir Shiekh Maxamed	
17	C/waaxid Shiekh Xassan	
18	Cali Cismaan Maaceed	
19	Xaawo Maxamed Cosoble	
20	Maxamed Faarax Axmed	
21	Maxamed Nuur Jileey	
22	Maxamed Xassan Cali	
23	Maxamuud Xussein Faarax	
24	Maxamed Cabdi Yuusuf	
25	Maxamed Faarax Canshuur	
26	Maxamed Shiikh Gabyoow	
27	Muumin Ibraahim Isaaq	
28	Nadiifo Shiikh Axmed	
29	Nuurta Xaaji Xassan	
30	Cismaan Ibraahim Axmed	
31	Shire Suudi Maxamuud	
32	C/raxmaan Macallin Baadiyoow	Guddiga Farsamada
33	Maxamed Xassan Cawaale	Guddiga Farsamada

Ra'iisul wasaarihii DKMG aheyd ee lagu soo dhisay Carte, Jibuuti
Mudane Dr. Cali Khaliif Galeyr
2000- 2001

Jamhuuriyadda Soomaaliya

Xeer Hoosaadkii Baarlamaankii KMG ahaa

Carte, Jibuuti August, 2000

Guddoomiyihii Baarlamaankii KMG ahaa ee lagu soo dhisay Carte,
Jabuuti
Mudane Cabdalla Deerow Isaaq
August 2000 Ilaa Oktoobar 2004

JAMHUURIYADDA SOOMAALIYEED
Carta, Jamhuuriyadda Jabuuti
Agoosto, 2000

HORDHAC

Golaha Shacbiga Soomaaliyeed ee xilliga KMG ah waa haya'ddii ugu horeysey, tiir-dhaxaadkana u ah jiritaanka dawladnimada Soomaaliyeed ee ku burburtay dagaalladii sokeeye. Sidaa awgeed, waajibaadka taariikhiga ah ee horyaalla golaha shacbiga xilliga KMG waa ay ka duwan yihiin, kana culus yihiin kuwa dawladaha ay xaalladdoodu caadiga tahay.

Wax-qabadka Golaha Shacbiga KMG wuxuu ku wajahan yahay in dalka laga gudbiyo xaaladda uu dhaxalsiiyey burburku, loona gudbiyo nabad, xasilooni, dowladnimo iyo horumarin.

Haddaba, si goluhu uu si habsami ah ugu guto xilkaas culus, isaga oo raacaya qodobka 19 faraddiisa 7 ee Axdiga KMG, wuxu soo saarayaa Xeer-hoosaadka Golaha Shacbiga:-

QODOBKA 1AAD
Golaha Shacbiga

Awoodda sharci dejinta (marka laga reebo tan Eebbe) ee Jamhuuriyadda Soomaaliyeed waxaa leh Golaha Shacbiga Soomaaliyeed ee KMG; xubnihiisuna waxa ay ka kooban yihiin 245 xubnood (laba boqol afartan iyo shan), oo 25 (shaniyo labaatan) ka mid ah loo goondeeyay haweenka sida ku cad qodobka 17 ee Axdiga KMG.

QODOBKA 2AAD
Dhaarta

Xubin kasta oo Golaha Shacbiga ka mid ah intaysan xilkeeda qaban waa in ay martaa dhaartaan: "Waxaan ku dhaaranayaa magaca Ilaahay in aan u guto xilkayga si daacad ah oo ay danta dadku ku jirto, dhawrana Axdiga iyo shuruucda dalka".

QODOBKA 3AAD
Ansaxaadda Fadhiga Golaha Shacbiga

Fadhiga Golaha Shacbigu wuxuu ansax yahay markii ay joogaan ugu yaraan saddex dalool laba meelood (2/3) xubnihiisa.

QODOBKA 4AAD
Guuddoominta KMG

Waxaa guddoominaya fadhiga ugu horreeya ee Golaha Shacbiga mudanaha ugu da'ada weyn xildhibaannada, sida ku xusan godabkiisa 20 aad fagaddiisa 2 aad ee Axdiga KMG,.

QODOBKA 5AAD
Xafiiska Golaha Shacbiga

1. Xafiiska Golaha Shacbigu wuxuu ka kooban yahay:-
    A. Guddoonka Golaha oo ah guddoomiyaha Golaha iyo 3 gudoomiye- ku- xigeen
    B. Nidaamiye iyo 2 Nidaamiye-ku-xigen.
    T. 3 Xoghaye.

2. Xubnaha xafiiska Golaha Shacbiga waxaa lagu dooranayaa cod qarsoodi ah. Guddoomiyaha waxaa lagu dooranayaa aqlabiyadda xubnaha Golaha Shacbiga oo aan ka yarayn 123 xubnood. Xubnaha kalana waxaa lagu dooranayaa aqlabiyad cod hal-dheeri ah ee tirada shirka fadhida.

3. Xubnaha xafiiska Golaha Shacbigu waxay xilkooda ku waayi karaan haddii ay xilkooda si joogto ah u gudan waayaan ama istiqaaloodaan iyada oo la raacaayo isla qaabkii lagu doortay.

QODOBKA 6AAD
Xilka Guddoomiyaha

1. Guddoomiyaha Golaha Shacbigu wuxuu masuul ka yahay dhawridda xeer hoosaadkan iyo ilaalinta nidaamka golaha, wuxuuna dammaanad qaadaa habsami u socodka hawlaha golaha.

2. Guddoomiyuhu wuxuu furaa, xiraana fadhiyada; wuxuu sheegaa saacadda iyo ajendaha fadhiga soo fool leh oo qoraal ahaan lagu wargelinayo xubnaha Golaha Shacbiga.

3. Guddoomiyuhu wuxuu hadalka u qaybiyaa xildhibaannada, wuxuu hagaa doodda, wuxuu soo jeediyaa su'aalo, wuxuu nidaamiyaa habka codayanta, natiijadoodana sheegaa; wuxuuna kormeeraa hawlaha nidaamiyeyaasha iyo xogyeyaasha.

4. Guddoomiyuhu, mar kasta oo loo baahdo, wuxuu isugu yeeraa shir kulmiya Guddoomiye-ku-Xigeennada, Guddiga hubinta ee joogtada ah iyo guddoomiyeyaasha Guddiyada Golaha shacbiga, si loo falanqeeyo hawlaha Golaha, isagoo ogeysiinaya xukuumadda si ay wakiil ugu soo dirsato.

QODOBKA 7AAD
Waajibaadka Guddoomiye Ku-Xigeennada

Guddomiye-ku-xigeennada oo kala ah kowaad, labaad iyo saddexaad, waxay qabtaan shaqada guddoomiyaha, sida ay u kala horreeyaan, marka uu maqan yahay ama aanu qaban karin hawshiisa sababo kala duwan awgood. Waxa kale oo ay qabanayaan hawlihii kale ee uu guddoomiyuhu u wakiisho

QODOBBKA 8AAD
Waajibaadka Nidaamiyaha iyo Ku-Xigeenaddiisa

Waxay ilaaliyaan maamuuska, amniga iyo xasiloonida Golaha.

QODOBKA 9AAD
Waajibaadka xoghayeyaasha

1. Ogeysiinta xildhabaannada waqtiyada shirarka golaha oo qoraal lagu wargelinayo oo ay la socoto ajendaha fadhigu.

2. Diiwaan gelinta codsiyada xildhibaannada doonaya inay hadlaan; tirada codadka la bixiyay iyo arrimihii kale oo goluhu goaan ka gaaray.

3. Akhrinta qoraallada la soo jeediyey, xaadirinta Xildhibaannada iyo hubinta n aan la beddelin haddallada Xildhibaannada;

4. Xoojinta in shuruucda iyo dhammaan go'aannada goluhu si sax ah u diiwaangalaan, uuna saxiixo xoghayaha kaltanka leh iyo Guddoomiyuhu.

5. Wixii kale ee uu gudoomiyuhu u xilsaaro.

QODOBKA 10 AAD
Guddiga Hubinta ee Joogtada ah

1. Golaha Shacbigu wuxuu dooranayaa guddi joogta ah oo daraasad iyo hubinba ku sameysa dhacdooyinka ku saabsan xaaladaha diidi kara xubinimada Xildhibaanka iyo wixii ka hor imaanaya masuuliyadda uu xanbaarsan yahay xildhibaanku iyo markii la soo waydiisto in sharaf-maamuuska laga qaado xildhibaanka, si maxkamad loo hor geeyo.

2. Guddiga Hubinta ee joogtada ahi wuxuu awood u leeyahay in muddada jiritaanka golaha uu soo jeediyo wax ka beddelka ama wax ku kordhinta xeer hoosaadka markii uu u arko lagama maarmaan. Ra'yiga la xiriira tarjumadda xeer hoosaadka iyo go'aan ka gaarista iska hor imaadyada ka jiri kara qodobada xeer hoosaadka waa xilka guddida hubinta ee joogtada ah.

3. Xubnaha guddigani waxa ay ka kooban yihiin 9 xubnood oo 5 ka mid ahi ay yihiin garyaqaanno; waxayna iska dhex dooranayaan guddoomiye, ku-xigeen iyo xoghaye.

QODOBKA 11aad
Guddiyada Golaha Shacbiga

1. Si uu ula socdo, una kormeero hawlaha qaybaha kale ee dawladda, Goluhu wuxuu yeelanayaa guddiyada hoos ku qoran iyo kuwii kale ee loo baahdo.

   1. Guddiga Arrimaha Dibedda iyo Jaaliyadaha Soomaaliyeed
   2. Guddiga siyaasadda, Maamullada iyo Dib-u-Heshiisiinta
   3. Guddiga Difaaca iyo Nabadgalyada
   4. Guddiga Cadaaladda iyo Dustuurka
   5. Guddiga Arrimaha Bulshada iyo Dib-u-Dejinta
   6. Guddiga Ganacsiga, Ilaha iyo kaabayaasha Dhaqaalaha
   7. Guddiga Lacagta iyo Miisaaniyadda
   8. Guddiga War-faafinta iyo Toosinta Dhaqanka

2. Guddi kastaa wuxuu iska dhax dooranayaa Guddoomiye, Ku-Xigeen iyo Xoghaye.

3. Guddi kastaa wuxuu ka kooban yahay 9 xubnood marka laga reebo Guddiyada Lacagta iyo Miisaaniyadda iyo Guddiga Ganacsiga, Ilaha Dhaqaalaha iyo Kaabayaashooda oo midkiiba ka koobanyahay 15 xubnood.

4. Xubnaha guddi kasta waa in laga dhex helo kuwo mutakhasisiin ku ah hawlaha guddigooda.

QODOBKA 12 AAD
Hawlgalka Guddiyada

Guddiga Hubinta ee joogtada ah iyo guddiyada Golaha Shacbigu waxay shaqaynayaan, haddii loo baahdo, muddada u dhaxaysa kal-fadhiyada Golaha Shacbiga.

QODOBKA 13 AAD
Hindisaha Sharciyada

Hindisaha sharciyada waxaa loo gudbiyaa kolba guddiga uu khuseeyo, iyada oo guddi kastaa ay u soo diran karto xubin aan cod lahayn.

QODOBKA 14 AAD
Shirka Guddoomiyayaasha

Shirka Guddoomiyeyashu wuxuu ka kooban yahay Guddoomiyaha Golaha iyo Ku-Xigeennadiisa iyo Guddoomiyeyasha Guddiyada. Guddoomiyaha Goluhu inta aan kal-fadhiga la furin wuxuu isugu yeeraa Shirka Guddoomiyaasha oo dejinaya ajendada iyo taariikhda faddiyada Golaha guddiyadaba. Guddoomiyuhu wuxuu shirkaas oggeysiinayaa Wasiirka 1aad, si uu wakiil ugu soo dirsado.

QODOBKA 15 AAD
Kal Fadhiyada

1. Kal-fadhiyada caadiga ah iyo kuwa aan caadiga ahayn ee Golaha Shacbigu waxay soconayaan ilaa ay ka dhammaanayaan ajendooyinka la soo hor dhigay oo ay ka mid ahaan karaan hindisayaasha sharciyada sida deg-deg ah ku yimaadda.

2. Golaha shacbigu wuxuu yeelanayaa laba Kal Fadhi oo caadi ah oo midkiiba yahay 4 bilood, kalana ah sidan:

    a) Kal-fadhiga koowaad   13/8 - 12/12
    b) Kal-fadhiga Labaad   13/2 - 12/6

QODOBKA 16AAD
Maxdarka (Hadal-qoraalka shirka)

1. Fadhi kastaa, xoghayaha kaltanka shaqada leh wuxuu qorayaa maxdarka oo lagu muujinayo magacyada xildhibaannada jooga, arrimihii laga hadlay iyo go'aannadii la gaaray. Fadhi kasta maxdarka laga sameeyey waxaa saxeexaya Guddomiyaha iyo xoghayaha shaqada qabtay.

2. Fadhi kasta wuxuu ku billaabanaya akhrinta Maxdarkii laga sameeyay fadhigii hore.

3. Goluhu wuxuu oggolaada maxdarkii fadhigii hore haddii aan Goluhu go'aansan in maalin gaar ah oo usbuuca ugu dambaysa loo cayimo ogolaanshaha maxdarka usbuuca oo dhan. Haddii aan qofna wax ka qabin maxdarka, waxa lagu oggolaadaa cod la'aan. Haddiise cod loo baahdo waxuu noqonayaa habka gacan taagga ama istaagga kolba sida uu guddoomiyuhu go'aansho.

4. Maxdarka waxaa ka hadli kara qofki doonaya in uu saxo ama caddeeyo ra'yigiisii fadhigii hore, ama arrin shaqsi ah.

5. Haddii Golaha Shacbigu fadhi qarsoodi ah yeesho wuxuu go'aamin karaa in aan maxdar laga sameeynin.

6. Qofna looma oggola inuu idan la'aan iska qaato hadalka.

QODOBKA 17AAD
Hubinta Joogitaanka Xubnaha iyo Arrimaha Fadhiyada

1. Tirada xildhibaannada jooga fadhiga waxaa hubinaya Goddoomiyaha isagoo uu ka kaalinayo xoghayaha kaltanka lihi. Haddii xildhibaannada jooga fadhiga ay ka yaraadaan tirada uu ku guntami karo fadhigu, waxaa dib loo dhigayaa fadhiga muddo hal saac ah. Haddii halkaas saac la gudbo, lana waayo tiradii fadhigu ku guntamaayay, waxaa dib loo dhigayaa shirka maalinta xigta ee shaqo.

2. Xildhibaanka maqnaada shirka cudurdaar la'aan saddex maalmood oo xirrir ah ama lix fadhi oo teel-teel ah bil gudeheed waxa uu muutaysanayaa canaan af ah; maqnaansho gaaraysa shan ilaa toddoba waa canaan qoraal ah; maqnaanshihii intaa ka badan waaa ganaax gaadhaya 1/3 mushaharka xildhibaanka.

QODOBKA 18AAD
Qaabka Doodaha

Haddii Xildhibaan dooddiisa ay ka muuqato erayo dhaafsan asluubta ama dhaqadhaqaaqiisu uu dhibayo xorriyadda doodda iyo hab sami u socodka fadhiga, guddoomiyuhu wuxuu u soo jeedinayaa canaan. Xildhibaankii la canaantay wuxuu soo jeedin karaa raalli gelin ama wuxuu fasirid ka bixin karaa dhaqdhaqaaqiisii. Haddii isla fadhigaas mar labaad lagu canaanto ama uu ku kaco waxyaabo ka sii xun, guddoomiyuhu wuxuu soo jeedin karaa in laga joojiyo fadhiyada Golaha ilaa 10 fadhi.

QODOBKA 19AAD
Dhawrista Habsami u Socodka Shirka

Haddii buuq uu ka dhaco qolka shirka, Guddoomiyuhu wuu istaagayaa, dooddana waa hakinayaa. Hadduu buuqu sii socdo, Guddoomiyuhu wuxuu joojinayaa fadhiga.

Haddii ay la noqotana wuxuu xirayaa fadhiga, waxaana la qabanayaa fadhiga maalinta xigta ee shaqo.

QODOBKA 20AAD
Codsiga Hadalka

1. Xildhibaannada isku qora inay hadalka qaataan, haddii Guddoomiyuhu u yeero oo la waayo, waxaa ka lumaya xaqii hadal qaadashada. Xildhibaanku isaga oo taagan halkiisa, kuna wejahan Guddoonka ayuu soo jeedinayaa hadalkiisa.

2. Cidna kama hadli karto hal mar ka badan isla doodda ku saabsan hal mawduuc. Waxaase loo ogol yahay Xildhibanka ku noqoshada wixii isaga shakhsi ahaan khuseeya, ama la xirriira Xeer Hoosaadka ama caddayn arrin uusan hore uga hadlin, kuna saabsan mawduuca laga doodayo.

3. Xildhibaannadu waxey ku jeedin karaan hadalkooda muddo an ka badneyn 30 daqiiqo haddii guddoomiyuhu uusan cayimin waqti ka duwan. Haddii Hadalka laga gooyana kuma soo celin karo fadhiyada kale.

4. Xusuusinta ku wajahan in la dhawro mawduuca doodda, ama xeer hoosaadka Golaha Shacbiga ama ahmiyadda cod bixinta, waxaa ugu horaynaya arrimaha mudnaanta leh. Haddii Golaha Shacbigu uu arrintaas go'aan ka gaarayo waxaa la isticmaalayaa nidaamka cod bixinta ee taagnaanshaha fadhiga.

5. Haddii Guddoomiyuhu laba jeer u jeediyo canaan xildhibaan ka baxay mawduuca doodda, wuxuu ka qaadi karaa hadalka.

QODOBKA 21AAD
Nabadgalyada Goobta Shirka

1. Dhawrista nabadgalyada Golaha Shacbiga waxaa u xilsaaran Guddoomiyaha oo markii loo baahdo ku amraya nidaamiyaasha ama xoghayeyaasha inay qaadaan tallaabooyinka ku habboon; waxayna adeegsan karaan hawlwadeennada nabadgalyada.

2. Waxaa reebban in qofnaba hub la soo galo goobta shirka Golaha Shacbiga. Qofkii hub la soo galana waxaa laga qaadayaa talaabo sharci ah.

3. Ciidammada Boolisku ma soo geli karaan goobta shirka Golaha Shacbiga haddii aanu dalban Guddoomiyuhu.

4. Cid ka baxsan xubnaha Golaha Shacbiga ma soo geli karto goobta shirka haddii aan loo oggolaan.

QODOBKA 22AAD
Dadka loo Oggolaaday Fadhiga

1. Dadka loo oggolaado iney dhageystaan doodaha waa inay aamusnaadaan oo ayna bixin calaamooyin muujinaaya oggolaansho ama diidmo midnaba. Nidaamiyayaashu, iyagoo fulinaya amarka Guddoomiyaha, waxay si deg-deg ah uga saarayaan Goobta Shirka dadka khilaafa nidaamka.

2. Dhegeystihii geysta aflagaado wax u dhimaysa sharafta Golaha Shacbiga ama xubin ka mid ah Xildhibaannada, isla markiiba waxaa lagu xirayaa amarka guddoomiyaha.

QODOBKA 23AD
Xildhibankii la eedeeyo

Haddii xildhibaan lagu soo dacaayadeeyo ama lagu soo dacweeyaba eedaymo wax u dhimi kara sharaftiisa ama sumcadiisa, wuxuu weydiisan karaa Guddoomiyaha Golaha Shacbiga in loo magacaabo arrintaasi guddii baadhitaan oo ka gun gaadha xaqiiqada eedaymahaasi.

QODOBKA 24AAD
Doodaha Hindisayaasha Sharci

1. Golaha Shacbigu kama doodi karo hindisayaasha sharciyeed haddii aa loo qaybin Xildhibaannada 24 saac ka hor, marka laga reebo arrimaha deg-degga ah.

2. Golaha Shacbigu kama doodi karo, go'aanna kama gaari karo hindisayaasha sharciyeed ama barnaamij kale oo aan ku qornayn ajendada fadhigaasi, haddii laga reebo arrimo deg-deg ah oo la sugay.

3. Haddii hindise sharciyeed loo galay qodob-qodob, cod-bixintiisuna waxay noqonaysaa qodob-qodob.

QODOBKA 25AAD
Bedelka Hindise Sharciyeed

1. Qodobbada baddel lagu samaynayo waa in la soo gaadhsiiyaa Guddoomiyaha 24 saac doodda ka hor iyadoo qoraal ah. Haddii ugu yaraan 7 Xildhibaan saxeexaan hal sac fadhiga ka hor ayaa loo keeni karaa Guddoomiyaha. Doodda qodobadaas wax lagaga beddeli rabo, waxa dib loogu dhigi karaa fadhiga ku xiga haddii ay wydiistaan ugu yaraan 7 Xildhibaan oo aan midkoodna ahayn kuwii soo jeediyay ama xubin ka mid ah Guddiga u xilsaaran arrinta.

2. Sidaas si la mid waxaa lagu dhaqayaa xubnaha ka tirsan Guddiga lacagta iyo maaliyadda haddii qodobka laga bedelayaa uu si toos ah ama dadban u taabanayo kordhinta kharashka ama dhimista dakhliga.

3. Haddii xildhibaan aan ka tirsanayn Guddiga u xilsaaran uu hindise sharciyeed la yimaado waa uu ka qayb qaadan karaa doodda guddigaas isaga oo aan cod la hayn. Haddii ay la noqoto Guddigaasi wuu ku magacaabi karaa Xildhibaanka War-Tabiye.

4. Beddelka hindise sharci ee la hor keeno Golaha Shacbiga waxaa loo qaybinayaa xildhibaannada iyadoo qoraal ah. Haddii Xildhibaankii beddelka soo jeediyay ka noqdo, waxaa mar kale soo jeedin kara Xildhibaan kale.

5. Inta hindisayaasha sharciyeed aan loogu codaynin si qarsoodi ah, xubin kasta oo ka mid ah Guddiga Golaha Shacbiga ee ay khusayso waxa uu Golaha u jeedin karaa, faahfaahinna ka bixin karaa wixii beddelaad ah ee lagu soo sameeyey; ka dibna Golaha Shacbiga ayaa go'aan ka gaaraya.

6. Mashruuc Sharciyeed uu Golaha Shacbigu diiday mar labaad laguma soo celin karo haddi aysan ka soo wareegin 6 bilood.

QODOBKA 26AAD
Cod Bixinta

1. Cod bixinta lagu ansixinaayo barnaamijka Xukuumadda wuxuu noqonayaa mid magic ugu yeerid ah.

2. Hindisayaasha sharciyada cod bixintoodu waa qarsoodi.

3. Cod bixinnada kale ee caadiga ah waa fadhi ama istaag hadii aysan 7 Xildhibaan codsan in cod bixintu noqoto magac ugu yeerid, ama 10 Xildhibaan aysan waydiisan in cod bixintu noqoto qarsoodi. Haddii codsiyo badan oo kala duwan ay ka yimaadaan Xildhibaannada, waxaa mudnaanta leh cod bixinta qarsoodiga ah. Haddii Xildhibaan hore u waydiistay cod bixin "magac ugu yeerid" ama cod bixin qarsoodi ah uuna ka maqanyahay shirka, waxaa loo qaadanayaa inuu ka tanaasulay codsigiisii.

4. Wixii ku saabsan cod bixita magac ugu yeeridda ah, Guddoomiyuhu wuxuu fasirayaa micnaha ay leeyihiin ereyada "haa" iyo "maya". Cod-bixinta waxa loo raacayaa qaabka alif ba'da.

5. Xoghayaha kaltanka shaqada lihi wuxuu qorayaa cod bixinta soo baxday, Guddoomiyahuna wuxuu ku dhawaaqayaa natiijada cod-bixinta.

6. Habka cod bixinta qarsoodiga ah, Guddoomiyuhu wuxuu diyaarinayaa sanduuqyada cod bixinta, wuxuuna fasirayaa nidaamka cod bixinta; wuxuuna amrayaa xaadirinta xilbaannada. Xildhibaan kasta waxaa la siinayaa laba baliilo oo midi caddahay midina madow (ama wax u dhigma) oo Xildhibaanku uu rido midkood sanduuqii loo diyaariyey cod bixinta. Marka ay dhamaato cod bixintu, Xoghayaha shaqada lihi wuxuu soo qudbinayaa tirada codadka la bixiyay, Guddoomiyuhana wuxuu ku dhawaaqayaa natiijada.

7. Habka cod bixinta istaagga iyo fadhigaba waa lagu celin karaa haddii ay doodi ka timaaddo. Xildhibaannada ka aamusa waxay taagayaan gacanta midig. Xildhibaannada jooga shirka, hase yeeshee, aan ka qayb galin cod bixinta waxaa lagu tirinayaa kuwa ka aamusay.

8. Cidna looma oggola inuu hadal qaato ilaa natiijada cod bixinta laga caddaynaayo.

9. Haddii laga arko khaladaad habka cod bixinta qarsoodiga ah ama ay muuqato cod bixin ka badan Xildhibaannadii joogay fadhiga (ama ka yar), Guddoomiyuhu wuxuu baabi'inayaa cod bixintii, waxana si deg deg ah loogu noqonayaa cod bixinta.

10. Cod bixinta qarsoodiga ah, Guddoomiyaha ayaa xaqiijinaya tirada xildhibaannada codka bixiyey ama ka aamusay.

11. Natiijada cod bixinta waxaa ku dhawaaqaya Guddoomiyaha oo isticmaalaya erayada kala ah: Golaha Shacbigu wuu "oggoladay" hindisihii ama Golaha Shacbigu wuu "diida"hindisihii.

QODOBKA 27AAD
Faaqidaad, Su'aal, Codsi iyo Soo Jeedin

1. Haddii uu Xildhibaan doonayo inuu sameeyo faaqidaad ama su'aal ku saabsan xukuumadda, waa in uu guddoomiyaha soo gaadhsiiyo iyada oo qoraal ah.

2. Guddoomiyuhu ka dib marka uu u akhriyo Golaha Shacbiga , waa in uu su'ashaa u gudbyo Wasiirka ay kusayso, Wasiirkaas oo ay waajib ku tahay inuu Xildhibaanka ku soo siiyo jawaab qoraal ah muddo aan ka badnayn 7aad oo ka bilaabmyasa maalinta loo gudbiyey warqadda. Haddii uu Xildhibaanku ku qanci waayo jawaabta Wasiirka wuxuu warsan karaa in Wasiirku jawaabtiisa ka caddeeyo Golaha Shacbiga hortiisa. Haddii weli Xildhibaanku uu ku qanci wayo caddaynta Wasiirka, waa in uu soo jeedintiisa keenaa. Haddii Xildhibaanku keeni waayo soo jeedintaasi, Xildhibaan kasta oo kale ayaa keeni karaa soo jeedin la xiriirta mawduuca su'aasha iyo/ama faaqidaada.

3. Guddoomiyuhu wuxuu qabanayaa codsiyada, wuxuna qiiymaynayaa su'aasha Muwaadin kastaa uu soo jeediyo. Guddoonka ayaa eegaya in Golaha Shacbiga loo akhriyo iyo in kale. Codsiyada la xiriira sharci waxaa loo gudbinayaa Guddiga u xilsaaran oo ay khusayso arrintu. Warbixinta Guddiyaasha oo ku saabsan codsiyadii loo soo gudbiyay waxaa lagu darayaa ajendada bilowga toddobaadka soo socda, arrintaasna waa laga hormarinayaa wax kasta sida su'aalo faaqidaado iyo soo jeedinno.

4. Haddii Xildhibaan ama ka badan soo jeediyaan in codsiga lagu daro ajendaha soo jeedintooda isla markiiba waa la akhrinayaa waxaana la raacayaa dhammaan nidaamka soo jeedinnada u dhigan.

5. Soo jeedin waa la samayn karaa iyada oo aysan ka horreyn faaqidaadi ; laakiinse soo jeedinta la aqbali maayo, Guddoomiyuhuna ka akhriyimaayo Golaha haddii aan 5 Xildhibaan soo saxiixin. Soo jeedinta mar haddii Golaha laga akhriyo lalama noqon karo haddii aysan 5 Xildhibaan diidin.

6. Wax-ka-qabashada su'aalaha, faaqidaadda iyo soo jeedintu waa inay ka mid

noqdaan doodaha; hadday suurtagal tahayna laga doodo maalinta Sabtida ee Toddobaad walba. Haddii soo jeedin, su'aal iyo/ama faaqidaadi ay ajendaha ku jirtay muddo ka badan bil, aanse weli laga doodin, waqti kalena aan loo qaban waxa lagu xisaabinayaa mid la aqbalay.

QODOBKA 28AAD
Hawlwadeenada Golaha Shacbiga

1. Xafiiska Golaha Shacbiga, isagoo tixgelinaya soo jeedinta Guddoomiyaha wuxuu magacaabayaa Agaasimaha Guud ee Golaha Shacbiga. Agaasimaha Guud wuxuu hoos imaanayaa Guddoomiyaha, wuxuuna mas'uul ka yahay maamulka iyo habsami u socodka hawlaha maamul ee Golaha Shacbiga. Xilka iyo mas'uuliyadda Xoghayaha Guud waxaa qeexaya xeer gaar ah.

2. Magacaabidda, mushaharka, gunnada, hawlgabka, dallacsiinta, casilaadda iyo ruqsaynta hawlwadeennada waxa waxa qeexaya isla xeerka ku xusan faqradda kowaad ee qodobkan.

QODOBKA 29AAD
Mushaharka iyo Gunnada Xildhibaannada

Sharciga gaarka ah ee ku xusan qodobka 28aad ee xeerkan ayaa habaynaya mushaharka iyo gunnada xubnaha Xafiiska Guddoonka, xubnaha Guddiyada iyo Xildhibaannada kale ee Golaha Shacbiga.

QODOBKA 30AAD
Qaabka Doorashada Xubnaha Xafiiska Golaha Shacbiga

1. Mudanaha danaynaaya in loo doorto mid ka mid ah jagooyinka Xafiiska Golaha Shacbiga waxa uu raacayaa qaabkan:

    a. in uu u soo gudbiyo codsi qoraal ah Guddoomiyaha KMG ee Golaha Shacbiga ; codsigasi oo uu ku qeexayo jagada uu rabo, waana in aanu ka danabayn codsigu 6da galabnimo ee maalinta ku xigta ansixinta Xeerkan.

    b. codsigan waa in uu ku soo lifaaqaa taariikh nololeedkiisa (C.V).

2. Waa in uu yahay codsaduhu xildhibaan buuxiyey shuruudaha madaxweynenimada, haddii jagada uu doonayaa ay tahay mid ka mid ah

kuwa guddoonka.

3. Codsadeyaasha jagooyinka nidaamiyeyaasha iyo xoghayeyaashu waa in si buuxda looga helo shuruudaha xildhibaanka oo loogu kordhiyey waayo-aragnimo ku filan.

4. Guddoonku waxa uu hubinayaa in codsaduhu buuxiyey shuruudaha looga baahan yahay u-tartanka jagada uu rabo.

5. Guddoonku waa in uu soo saara liiska tartamaeyaasha jago kasta ugu yaraan maalin ka hor maalinta doorashada.

6. Doorashada jago kasta waxa loo raacayaa sida ku cad qodobka shanaad ee Xeer Hoosaadkan.

7. Natiijada doorashada jago kasta waa in lagu dhawaaqaa isla fadhiga ay dhacdo cod-bixinta.

QODOBKA 31
Qaabka Doorashada Madaxweynaha

1. Waxaa la raacayaa Qodobka 30aa ee Xeerkan faqraddiisa 1aad iyo 2aad ee Axdiga.

2. Musharaxa Madaxweynanimadu waa in uu buuxiyaa shuruudaha ku xusan axdigan.

3. Doorashada Madaxweynaha, waxa la raacayaa Qodobka 31aad, faqradaha 4aad iyo 5aad, qaabka ay doorashadu u fuleysaana waa sidan:

> B. Wareegga 1aad
> Musharrixii hela 2/3 codadka xubnaha Golaha Shacbiga oo ah 164 cod ayaa ku guuleysanaya doorashada; haddii cidina ay heli weydo codad intaas le'eg, waxa loo gudbayaa wareegga 2aad iyada oo uu ka hadhayo tartanka musharrixii heli waaya ugu yaraan toban cod.

> T. Wareegga 2aad
> Waxa wareegga 2aad ka qaybgeli kara oo keli ah murashaxiinta wareeggii hore ku helay ugu yaraan toban cod. Tartankana waxa

ku guuleysan musharrixii hela 2/3 codadka xubnaha Golaha Shacbiga.

J.Wareegga 3aad

J. Waxa wareeggan ka qaybgelaya labada murashax ee ugu codad bata wareegga 2aad, guushunwaxa ay raacaysaa musharrixi ugu hor hela 123 cod.

QODOBKA 32
Kalsoonida Golaha Shacbiga ee Xukuumadda

1. Sida ku cad qodobbada 18aad iyo 25aad ee Axdiga, Xukuumadda la dhiso, oo ka kooban Golaha Wasiirrada ee uu madaxa ka yahay Wasiirka 1aad, iyo barnaamijkeeduba waa in ay helaan kasoonida Golaha Shacabiga sida ugu dhakhso badan. Golaha Shacbigu go'aankiisa waxa uu ku gaadhayaa cod 'magac u yeedhid ah', aqlabiyadda oo ah hal-dheeri.

2. Haddii xukuumaddu ay weydo codka kalsoonida ee Golaha Shacabiga waa ay dhacaysaa, Madaxweynuhuna waa in ,sida ugu dhakhso badan, uu u magacaabaa Wasiirka 1aad oo soo dhisa xukuumad cusub.

QODOBKA 33AAD
Dhaqangalka Xeer Hoosaadkan

Xeer Hoosadkani waxa uu dhaqangelayaa marka uu ansixiyo Golaha Shacbiga ee KMG.

Dhamaad.

Ra'iisul wasaarihii ugu dambeeyay ee Dowladdii C/qaasim ee laga soo dhisay Carte, Jibuuti **Mudane Col. Xassan Abshir Faarax**

Jamhuuriyadda Soomaaliya

DASTUURKA

Axdiga Federaalka KMG ah 2004-2009

Madaxweynaha Jamhuuriyadda Federaalka KMG ee Soomaaliya
Mudane Col. C/laahi Yuusuf Axmed
15 Oktoobar 2004

THE TRANSITIONAL FEDERAL CHARTER OF THE SOMALI REPUBLIC

PREAMBLE

In the Name of Allah, the most Merciful, the Beneficent, **WE, THE DELEGATES REPRESENTING THE PEOPLE OF THE SOMALI REPUBLIC** have solemnly resolved to enact a Transitional Federal Charter for the Somali Republic;

DETERMINED to live in peace and unity as one indivisible, free and sovereign nation;

RECOGNIZING the gross violation of human rights inflicted upon the Somali people and the need to re-establish peace, democracy, and the rule of law. Social justice, the dignity and integrity of all Somalis,

COMMITTED to establishing and nurturing Transitional Federal governance;

DO HEREBY ADOPT, ENACT AND GIVE TO THE SOMALI PEOPLE THIS CHARTER.

CHAPTER ONE

SOVEREIGNTY AND TERRITORY

Article 1
Establishment of Transitional Federal Government

1. There shall be a Transitional Federal Government of the Somali

Republic based on the sovereign will of the Somali people.

2. The name of the National Government shall be "The Transitional Federal Government of the Somali Republic".

3. In this Charter "Somali Republic" has the same meaning as "Somali" "The Somali Republic", "The Somali Democratic Republic".

Article 1.1
The Sovereignty of the Somali People

1. All the sovereign authority belongs to the people of Somalia and may be exercised directly or in directly through their representatives, in accordance with this charter and the laws of the country.

2. The right to exercise sovereignty shall not be delegated to any individual, group or glass, and no person shall arrogate to him or her self, or exercise any State authority, which does not emanate from this Charter or any other laws of the land not inconsistent with this Charter.

3. The Government shall encourage the unity of the Somali people by promoting their cultures, customs and traditions.

Article 2
The Territory of Somalia

1. The Territorial Integrity and Sovereignty of the Somali Republic shall be inviolable and indivisible.

2. The territorial sovereignty of the Somali Republic shall extend to the land, the islands, territorial sea, the subsoil, their air space and continental shelf,

    A. North, Gulf of Aden
    B. North West; Djibouti.
    C. South, South west; Kenya.
    D. East; Indian Ocean.

Article 3
Supremacy of Law

1. The Transitional Federal Government of the Somali republic shall be founded on supremacy of the law and shall be governed in accordance with this Charter.

2. This Charter for the Transitional Federal Government shall be the supreme law binding all authorities and persons and shall have the force of law throughout the Somali Republic. If any law is inconsistent with this Charter the Charter shall prevail.

3. The validity, legality or procedure of enactment or promulgation of this Charter shall not be subject to challenge by or before any court or other State organ.

Article 4
Interpretation of the Charter

1. The Charter shall be interpreted in a manner:-

    A. That promotes national reconciliation, unity and democratic values,

    B. That promotes the values of good glass governance;

    C. That advances human dignity, integrity, rights and fundamental freedoms and the Rule of Law.

2. A person may bring an action in the Supreme Court for a declaration that any Law or action of the State is inconsistent with, or is in contravention of this Charter.

3. The Supreme Court shall determinate all such applications on priority basis.

CHAPTER TWO

THE SOMALI REPUBLIC

Article 5
The Capital City

1. The Capital of the Somali Republic shall be Mogadishu (Xamar).

2. Parliament shall pass legislation governing the Administration of the Capital City.

Article 6
The Flag and Emblem

1. The National Flag for the Transitional Federal Government shall be of rectangular shape, azure in co lour with a white star and five equal points emblazoned in the center.

2. The emblem of Transitional Federal Government shall be composed of an azure escutcheon with a gold border, which shall bear a silver five-pointed star.

3. The escutcheon shall be surmounted by embattlement with five equal points in Moorish style, two lateral points halved, borne by two leopards rampant in natural form facing each other, resting in two lances crossing under the point of the escutcheon with two palm leaves in natural from interlaced with a with ribbon.

Article 7
Languages

1. The official languages of the Somali Republic shall be (Maay and Maxaa tiri) and Arabic.

2. The second language of the Transitional Federal Government shall be English and Italian.

Article 8
Religion

1. Islam shall be the religion of the Somali Republic.

2. The Islamic Sharia law shall be the basic source for national legislation.

Article 9
The National Symbols

1. The national symbols AF the Somali Republic shall consist of:-

    A. The National Flag;
    B. The National Anthem;
    C. The National Emblem and;
    D. The Public Seal.

CHAPTER THREE

CITIZENSHIP

Article 10
Citizenship

1. Every person who at the time of the coming into force of this Charter was a citizen of the Somali Republic Shall be deemed to be a citizen of the Somali Republic.

2. Every person of Somali origin shall be entitled to citizenship of the Somali Republic provided that:-

    A. he/she father was born in the Somali Republic;
    B. his/her father is a citizen of the Somali Republic;

3. A person who is a citizen of Somalia under this article cannot be deprived of that citizenship.

4. Citizens of the Somali Republic shall be entitled to retain their citizenship notwithstanding the acquisition of the citizenship of any other citizenship.

5. Parliament shall within twelve months pass legislation regulating matters relating to citizenship.

CHAPTER FOUR

THE TRANSITIONAL FEDERAL GOVERNMENT

Article 11

1. The Transitional Federal Government of the Somali Republic shall have a decentralized sys of administration based on federalism.

2. The Somali Republic shall comprise of:-

   A. The Transitional Federal Government.
   B. State Governments (Two or more regions federated, according to their free will).

   C. Regional Administrations.
   D. District administrations

3. The present Charter shall be basis for the federal constitution.

   A. While the new Constitution is being drafted, a National Census shall be undertaken simultaneously.

   B. After which an internationally supervised National Referendum shall be undertaken to approve the new Constitution.

   C. The Transitional Federal Government will request the International Community to provide both technical and financial support.

4. The Transitional Federal Government shall promote and develop the State Governments, Regional and District Administrations subject to the legislation and the guidelines of the Federal Constitutional Commission on the formation of the Transitional Federal Government.

5. The State Governments, Regional and District Administrations shall cover all the regions of Somalia.

6. The Council Ministers of the Transitional Federal Government shall within 90 days of assuming office propose to the President names of persons to be appointed to an independent Federal Constitution Commission to ensure that a Federation is achieved within the time set out under this Charter.

7. Parliament shall make laws relating to the mandate of the Commission and the qualifications and the terms of service of its members;

8. Notwithstanding any other provisions in this Charter relating to the formation of the government ministers, there shall be established a Ministry of Federal and Constitutional affairs that shall be charged with the task of implementing Constitutional and Federal affairs.

9. The Transitional Federal Government shall ensure that the process of federating Somalia shall take place within a period of two and a half years from the date the commission is established.

10. In the event the Transitional Federal Government is unable to complete the process of federalism all over Somalia within the prescribed period of two and half years, the Government shall request Parliament for a vote of confidence, failing which the Transitional Federal Parliament shall within its support and a new Transitional Federal Government shall be formed manner set out in this charter;

11. The new Transitional Federal Government formed under Clause

(8) herein shall undertake to complete the process of federalism all over Somalia within a period of (1) year failing provisions of article 11 (8) above shall apply.

Article 12
Auxiliary Organs

1. There shall be the following support institutions of the Transitional Federal Government: -

    A. Auditor General;
    B. Attorney General;
    C. Accountant General;
    D. Governor of the Central Bank

3. Parliament shall make laws defining the functions the auxiliary organs set out under (1).

4. The above organs shall execute their functions and responsibilities in the whole country in conformity to their respective mandates established by law.

Article 13
Distributions of Resources and Positions

1. The Transitional Federal Government shall on the coming into force of this charter pass legislation ensuring Equitable appropriation and allocation of resources in the Country.

2. The Transitional Federal Government shall ensure that all appointments in the service of the Government shall Be based on qualifications and their among the Citizens.

CHAPTER FIVE

PROTECTION OF THE FUNDAMENTAL RIGHTS & FREEDOM OF THE PEOPLE

Article 14
Human Rights & Dignity

1. The Somali Republic shall recognize and enforce all international human rights conventions an treaties to
Which the Republic is a party.

2. Every citizen shall have the right to:-

    A. Reside, work and travel freely in any party of the country.

    B. Organize, form or take part in political, labour, professional or social entities in conformity to the law, without prior government authorization.

    C. Vote upon attainment of 18 years of age.

    D. Subject to this Charter, contest for any vacant seat.

3. There shall be no interference of personal communication.

Article 15
Equality of the Citizen before the Law

1. All citizens of the Somali Republic are equal before the law and provisions of this Transitional Federal Charter and have the right to equal protection and equal benefit the law without distinction of race, birth, language, religion, sex or political affiliation.

2. Equality shall include the full and equal enjoyment of all rights and freedoms.

Article 16
Right to Life, Personal Liberty and Security

1. Everyone shall have the right to life and no person shall be deprived of his/her life.

2. No person shall be deprived of his/her personal liberty, personal freedom and personal security.

3. No person shall be subjected to inspection, personal search of his/her house or his/her property without permission of competent judicial authority related health and tax. In every case, the self-respect and moral dignity of the person concerned must be preserved.

4. Any physical or moral violence or action against a person subject to restriction of personal liberty shall be punishable as a crime and hence is prohibited.

5. No person shall be liable to any form of detention in prison or other restrictions of personal liberty except when apprehended flagrant delicate or pursuant to any act the competent judicial authority.

6. As is explicitly defined by any law, any person arrested for suspicion or restricted from his/her personal liberty, shall have access within 48 hours to competent judicial authority and confirmed by it within the time prescribed by law.

Article 17
Rights relating to Legal Proceedings

1. Every person shall have right to institute legal proceedings in a competent court.

2. Every person who is charged with a criminal offence:-

    A. Shall be presumed to be innocent until he/she is

proven guilty in a competent court of law.

B.   Shall be informed as soon as reasonably practicable, in a language that he/she understands and in detail, of the nature of the offence with which he/she is charged;

C.   Shall be given adequate time and facilities for the preparation of his/her defense at any stage of the legal proceedings.

3. Every person detained, imprisoned or restricted shall be permitted the right to defend himself/herself in a court in person or communicate with his/her relatives, lawyer of his/her own choice whenever he/she requires.

4. The Government shall guarantee free legal services of individual citizens who cannot afford them.

5. The penal, civil and administrative liabilities of official and employees of the Government shall be governed by law.

Article 18
Lobour

1. No work shall be discriminated, as each shall have right to a salary and equal pay commensurate to work
Performed and Lobour fringe benefit as stipulated in the employment and Lobour laws of the country.

2. Workers shall have the right to weekly rest and annual leave with pay and shall not be compelled to forfeit.

3. The law shall establish working hours for workers.

4. The Government shall establish by law the minimum age employable and salary for works.

5. The Government shall guarantee its employees, Civil and Military,

the right to pension. It shall also guarantee employees in accordance with the law, assistance in case of accident, illness or incapacity to work. A special law shall guarantee pension for private sector employees.

Article 19
Right to assemble and Freedom to Strike

1. Every person shall have the right to: -

    A. Assemble freely with other persons and in particular to form or belong to trade unions or other associations for the protection of his/her interests.

    B. Mobilize and participate in any meeting or demonstration.

    C. Freely express his/her opinion orally, in written form, or in any other manner, without censorship.

2. The workers of the Transitional Federal Government of Somalia shall have the right to form Trade Unions for the protection of their interests as specified by law.

Article 20
Freedom of Information and Media

1. The Transitional Federal Government shall guarantee the freedom of press and independent media in Accordance with the law.

2. Every person shall have the rights to freely express his/her own opinion in any manner, subject to any limitation which, may be prescribed by law for purpose of safeguarding morals public security.

Article 21
The Right to Establish Political Parties

1. The Transitional Federal Government shall encourage the formation of political parties in the Republic save That it shall be in accordance with the low.

2. In accordance with the laws, all Citizens shall have the right to associate with political parties; political programs interpreting clearly national political agenda.

3. The political parties shall be open for all Citizens and be guided by General Principles of Democracy.

4. Any political party of military character or tribal nature shall be prohibited.

5. Political parties shall have the right to form alliance before, during and after the election periods.

6. All Citizens possessing the qualifications required by law have the right to vote and be elected to Public Office.

Article 22
The Right to Establish Social Organizations

1. Every person has the right to assemble freely and associate with other persons and in particular to establish any social organization in accordance with law.

2. No person may be compelled to join and/or continue to belong an association of any kind.

3. Any Non-Governmental Organization with an objective of either human rights, environmental protection shall be registered and allowed to operate in the Somali Republic in accordance with international treaties and laws of the country.

4. Nothing contained herein shall permit the establishment of any secret associations or any organization bearing and military, defense or Para-military nature and/ or character.

Article 23
Political Asylum

1. Extradition may be granted against a person accused of a crime committed in his or another country requesting thereof.

2. The State may grant political asylum to a person and his close relatives who flee his or another country on grounds of political religious, and cultural persecution unless such asylum seekers (S) have committed crime (S) against humanity.

Article 24
Education

1. Education shall be recognized as a basic right for all Somali citizens

2. All citizens shall have a right to free primary and secondary education.

3. The Government shall give priority to the promotion, expansion and propagation of the education.

4. Education shall be for the interest of the people and shall be extended throughout the whole country.

5. Private schools, institutes and universities may be established according to law and in line with educational program and academic curriculum of the country.

6. The Government shall encourage the promotion of scientific research, the arts and their advancement as well as the folklore and sports and shall promote positive customs and traditions of the Somali people.

7. The Government shall adopt standardized curriculum for schools of the country and shall oversee its implementation.

8. The Government shall promote higher education and the establishment of Technical Institute as well as technology and research Institutions.

9. The Government shall develop educational programs and a united syllabus for all schools.

10. Teaching of Islam shall be compulsory for pupils in both Public and Private Schools.

Article 25
Protection of Family

1. The family shall be recognized as the basic unit of the society whereas religion, morals and love of the country shall be the central pillars of the family.

2. The Government shall protect and encourage marriage.

3. Parents shall support their children, education and welfare, as required by law.

4. Children, who are of full age, are obliged to support their parents when the latter are unable to support themselves.

Article 26
Social welfare

The Government shall guarantee public social welfare as follows: -

A. It shall be the responsibility of the Government to protect and provide public health, safe motherhood, childcare and control communicable disease;

B. Welfare of persons with disabilities, orphans, widows, heroes who contributed and fought in defense of the country and aged persons;

C. The Government shall encourage the establishment the establishment of the Civil Society and social development institutions for the public, that is professional organizations;

D. Forced labour or military service for children under 18 years shall not be permitted;

E. In accordance with the ,law, no child under 18 years of age shall be imprisoned in the same prison and/or custody as those for adults;

F. The law shall regulate the establishment of private health centers and clinics.

G. The Government shall safeguard public morality of the society;

H. The government shall endeavor to promote the social welfare and development of the rural population;

I. The Government shall create a positive environment for women to participate effectively in economic, social political life of the society;

J. The law shall establish the relationship between the Transitional Federal Government and former Government employees.

Article 27
Economy

1. The system of economy for the country shall be based on free enterprise.

2. The Government shall encourage, support and provide full guarantee to foreign investment in the country as specified by law,

3. The right to own private property shall be guaranteed by law, which shall define its contents and limits of its exercise.

4. Copyrights pertaining to the arts, science and technology shall be protected and the law shall regulate its contents and the limits of its exercise.

5. Personal property may be expropriated for public interest in exchange for equitable and timely compensation. However, the property shall be returned to the owner or his/her heirs in accordance with the law.

CHAPTER SIX

THE STRUCTURE AND ORGANIZATION OF THE STATE

Part One
Parliament

Article 28
Parliament

1. The legislative powers of the Transitional Federal Government of Somalia shall be vested in Parliament.

2. The Transitional Federal Parliament of the Somali Republic shall have a single Chamber.

3. The member of the Parliament shall represent the unity of the nation.

Article 29
The Composition of Parliament

1. The Transitional Federal Parliament of the Somali Republic shall consist of Two Hundred and Seventy Five (275) Members of which at least Twelve- Percent (12) shall be women.

Article 30
Appointment of Member of Parliament

1. The Parliament envisaged under article 28 above shall be appointed as follows:;

    A. Selection of the members of Parliament shall be made at the sub-sub-clan level.

    B. Any member of a sub-sub-clan is eligible for selection as a Member of Parliament irrespective of whether he or she is present at the conference.

    C. Selection shall be undertaken in a transparent manner and the political Leaders, Politicians and Traditional Leaders are called upon to play their roles.

    D. Having ensured full endorsement of the traditional leaders to the compiled list of selected MPs, the Somali Management & Facilitation Committee will further submit the said list to the IGAD Facilitation Committee within the timeframe specified.

2. Any vacancy that arises after the coming into force of this Charter shall be filled through the same procedure as stated in Article 30 (1) above.

Article 31
Eligibility Criteria for Membership of Parliament

1. A person shall be eligible to be a Member of Parliament if that person:-

    A. Is a citizen of the Somali Republic;

    B. Has attained at least twenty five years (25) years of age;

C. Is of good character;

D. Is of sound mind.

2. A person shall be disqualified from being a Member of Parliament if that person:-

  A. Holds any other public appointment other than as member of the Cabinet;
  B. Has been pronounced as being of unsound mind;
  C. Has been convicted of an interdict able offence;
  D. Has been removed from any public on grounds of gross misconduct or corruption.

Article 32
The Term of the Transitional Federal Parliament

1. The term of the Transitional Federal Parliament shall be five (5) years.

2. The tenure of the parliament shall commence from the date of taking the oath of office and shall continue until the date of commencement of the next parliament.

3. Parliament shall meet in its first session within 30 days from the date two-thirds of the members of the Parliament shall have taken the oath of office.

4. The term of the Transitional Federal Parliament shall not be extended.

5. The first meeting of the Parliament shall be chaired by the most senior member in age until a Speaker is elected.

Article 33
Functions of Parliament

1. Parliament shall discharge the following functions:-

A.	Election of the President of the Transitional Federal Government.
B.	Election of Speaker and Deputy Speaker.
C.	Making legislation;
D.	Approval and adoption of the annual budget;
E.	Consideration of motions of confidence in the Government.
F.	Making of internal parliamentary regulations;
G.	Investigate any matter of public interest;
H.	Hold public hearing;
I.	Ratification of international agreements and treaties;

Article 34
Procedures in Parliament

1. The Parliament shall hold two (2) ordinary sessions annually.

2. The Parliament may be convened in extraordinary sessions by the Speaker at the request of the President or upon requisition by one third of its members.

3. Meetings of Parliament or its committees shall be valid with the presence of half plus one of its members.

Article 35
Privileges and Immunities of Parliament

1. No Member of Parliament may be prosecuted for any opinion or views expressed in Parliament.

2. No criminal proceedings shall be instituted against a Member of Parliament unless in a case of flagrant delicto.

3. No Member of Parliament shall be interrogated in connection with criminal investigation, nor shall his person or domicile be subjected to search while executing duties of a Parliamentarian.

4. Parliament shall make law on the emoluments of its members, which shall be limited to sitting per deim of the parliamentary session and its committees.

Article 36
Legislation

1. When a law has been passed by Parliament, it shall be presented to the Presented for Assent.

2. The President shall, within twenty-one (21) days after the law has been presented to him/her for assent under sub-section (1), notify the Speaker that he/she assents to the Law or refuses to assent to it.

3. Where the President refuses to assent to a Law he/she shall' within fourteen (14) days of the refusal, submit a memorandum to the Speaker indicating the specific provisions of the Law which in his/her opinion should be reconsidered for amendments.

4. The Parliament shall reconsider a Law refereed to it by the President taking into account the comments of the President and shall either:-

> A. Approve the recommendations proposed by the President with or without amendment and resubmit the Law to the President for assent; or
>
> B. Refuse to accept the recommendations and approve the Law in its original form by a resolution supported by votes of not less then sixty- five (65) percent of all the Members of the Parliament in which case the President shall assent to the law within fourteen (14) days of the passing of the resolution.

5. A law made by Parliament and assented to by the President shall not come into operation until it has been published in the official bulletin.

Article 37
Officers of Parliament

1. Parliament shall have the following officers:-

    A. The Speaker
    B. Two Deputy Speakers
    C. Other officer's appointed by parliament.

2. Parliament shall elect the Speaker and two Deputy Speakers form among its members in its first sitting.

Article 38
Proceedings of Parliament

1. Every Parliament sitting shall be presided over by:-

    A. The Speaker or;

    B. In the absence of the Speaker or any the Deputy Speakers, such other Member of Parliament as the members shall elect.

CHAPTER SEVEN
PART II

THE PRESIDENT
Article 39

1. There shall be a President of the Somali Republic, who shall be:-

    A. The Head of State;
    B. Commandant-in-Chief of the Armed Forces;
    C. Symbol of National Unity;

2. The powers of the President shall be exercised in accordance with the Charter and laws of the land;

3. The President shall not hold any other office for gain.

Article 40
Qualifications

1. Any person shall be qualified and eligible to be elected the President of the Somali Republic, if the person:-

> A. Is a citizen of the Somali Republic;
> B. Has attained at least 40 years of age;
> C. Is a practicing Muslim whose parents are Somali citizens;
> D. Is not married to a foreigner nor marry a foreigner during his term of office;
>
> E. Is of sound mid and no criminal conviction for any serious offence;
>
> F. Is of good character;
>
> G. Possess the capacity, competence and experience to discharge the duties of the Presidency.

Article 41
Election of the President

1. The President shall be elected by Parliament through a secret ballot, with a two-thirds (2/3) majority of its members in the first round whereas in the subsequent ballots shall be by simple majority.

2. In the second round of the elections, only the first six candidates shall be eligible whereas in the third round only the first two candidates shall be eligible for the final Presidential election.

Article 42
Oath of the President

Before assuming the office and duties of the President elect shall take and subscribe to the oath of allegiance. Such an oath shall be for the due execution of his/her office in a manner prescribed herein: -

"In the name of Allah I swear that I will discharge faithfully all my duties as President in the interest of the people and that I will abide by the Charter and laws of the Somali Republic".

Article 43
Tenure of Office

A. The President shall hold office for a term of Four (4) years beginning from the date on which he/she is sworn in as President in accordance with the oath of the Office provided becomes vacant by reason of his/her death, resignation or ceasing to hold office by virtue of the provisions of this Charter, continue to hold office until the person elected as President at a subsequent election assumes office.

B. The President shall be impeached for the violation of the Charter only if a charge against him or her has been preferred to Parliament.

C. Where a motion for impeachment of the President is laid before Parliament:-

H. The charge shall be preferred in a resolution moved after at least Fourteen (14) days notice in writing and signed by not then one-third of the total number of members of Parliament of their intention to move such a resolution;

I. An investigation shall be conducted of the charge preferred or the cause of the charge and the President shall have the right to appear and to be represented at such investigation;

J. As a result of the outcome of the investigation, such resolution shall be passed and voted by at least two-third majority of the members of Parliament;

K. Such resolution shall have the effect of removing the President from his/her office from the date on which the resolution is so passed.

Article 44
Responsibilities of the President

1. The President shall undertake the following State duties:-

   A. Address the opening of the Parliament;
   B. Address a special sitting of Parliament once a year;
   C. May address Parliament any other time;
   D. The President shall nominate the President of the Supreme Court and other Judicial Officers on the proposal of the Council of Ministers;

   E. The President shall appoint persons to offices in the public service and Heads of government organs on the proposal of the Council of Ministers;

   F. The President shall appoint persons to be, Ambassadors, Diplomatic or Consular representatives to foreign countries on the proposal of the Council of Ministers;

   G. The President shall receive foreign Diplomatic or Consular representatives in the country;

   H. The President shall confer state honors on the proposal of the Council of Ministers.

2. The President shall appoint and dismiss the Prime Minister and/ or dismiss the government if it fails to obtain the required vote of

confidence from Parliament.

3. The President shall dismiss Ministers and Assistant Ministers on the proposal of the Prime minister.

4. The President shall have authority to:-

   A. Sign international treaties on the proposal of the Council of Ministers and upon ratification by Parliament;

   B. Assent and Sign into law, legislation passed by the parliament and regulations and decrees approved by the Council of Ministers.

Article 45
Vacancy in the Office of the President

1. If the office of the President becomes vacant by reason of the resignation, death or permanent disability of the President of the Republic, the Speaker of the Parliament shall with immediate effect the functions of the President and Parliament shall meet to elect a new President within Thirty- (30) days.

CHAPTER EIGHT

PART III
THE EXECUTIVE

Article 46
The Prime Minister

1. The Executive power shall vest in Council of Minister.

2. The President shall appoint the Prime Minister who shall be the leader and chair of the Council of Minister.

Deputy Prime Ministers and Ministers

3. The Prime Minister shall propose to the President names of persons to be appointed Ministers and assistant Ministers.

4. The Prime Minster shall propose to the President names of persons eligible to be appointed as Ministers and Assistant Ministers irrespective of whether he/she is a Member of Parliament.

5. Each Deputy Prime Minister shall have a ministerial portfolio and shall supervise a group of ministries in the political, social and economic sectors. their specific duties shall be specified by legislation

Article 47
Qualification of the Prime Minister and Deputy Prime Ministers

1. The Prime Minister, the Deputy Prime Ministers, Ministers and Assistant Ministers shall have the following qualifications:-

    A. Be a citizen of the Somali Republic

    B. Be a member of Parliament;

    C. Have attained the age of forty (40) years in the case of the Prime Minister and the thirty-five (35) years in the case of the Deputy Prime Ministers, Ministers and Assistant Ministers;

    D. Have proven leadership qualities and political experience.

Article 48
Responsibilities of the Prime Minister

1. The Prime Minister shall have the following responsibilities:-

    A. Preside over the meeting of the Council of

Ministers;

B. Be responsible for promotion, co-ordination and supervision of government policy and general administration.

Article 49
Tenure of Office of the Prime Minister

1. A person whose appointment as Prime Minister has been confirmed by the Parliament shall assume office upon taking the oath hereunder.

   "In the name of Allah I swear that I will discharge faithfully all my duties as President in the interest of the people and that I will abide by the Charter and laws of the Somali Republic".

3. The term of office of the Prime Minister shall continue until:-

   A. He/She dies, resigns or is dismissed from office; or
   B. Until another person is appointed to that office.

Article 50
Resignation of the Prime/Deputy Minister

1. The Prime Minster and/or the Deputy Prime Ministers may resign from office by delivering a written statement of resignation to the President.

2. The resignation stated under Clause (1) shall take effect on the date and the time specified in the resignation and upon acceptance by the President.

Article 51
Dismissal of the Prime/Deputy Prime Minster (s)

1. If the Parliament, by vote supported by more then fifty per cent 50% its members, passes a motion of no confidence in the Prime Minister, the President shall dismiss the Prime Minister, and other Member of the Council Ministers.

Article 52
Council of Ministers

1. There shall be Council of Ministers, which shall consist of: -

    A. The Prime Minster
    B. The Deputy Prime Ministers
    C. The Ministers
    D. Any other Members not exceeding 12 appointed by the Prime Minister with the approval of Parliament

2. The Council of Ministers shall: -

    A. Develop government policy and implement natural budgets;

    B. Prepare and initiate Government legislation for introduction to Parliament;

    C. Co-ordinate the functions of government Ministers;

    D. Perform any other functions provided for by the Charter or an Act of Parliament, except those reserved for the Parliament.

3. Each person appointed as Deputy Prime Minster, Minster or Assistant Minister:-

A. Assumes office by swearing in the name of Allah and Allegiance to the Somali Republic and obedience of the Charter.

B. May resign by delivering a written statement of resignation to the Prime Minister.

C. Shall continue in office until he/she dies resigns or dismissed or until another person is appointed to that office.

Article 53
Role of the Council of Ministers

1. Unless otherwise stated, the decision of the Council of Ministers shall be in writing.

2. The Deputy Prime Ministers and Ministers shall assist and advice the Prime Minister.

3. The Council of Ministers shall be accountable collectively based on the principles of collective responsibility, to Parliament for all thing done including:-

    A. The exercise of their power and the performance their functions;

    B. The administration and implementation of legislation assigned to them.

4. The Three (3) Deputy Prime Ministers and Ministers shall be individually accountable to the Prime Minister for the exercise of the powers and the performance of the functions assigned to each of them.

5. A Minister shall attend Parliament, or a Committee of Parliament, when required to do so, and answer any question concerning a matter assigned to that Minister and his/her Ministry.

6. The Council of Ministers shall set the General policy of the Government in accordance with the Charter and laws of the land.

CHAPTER NINE

PART IV
THE JUDICIARY

Article 54
Judicial authority

1. The judicial power of the Somali Republic shall vest in the courts.

2. The judicial power shall encompass jurisdiction over Civil, Criminal, Administrative and Commercial matters and any matter specified by this Charter or any other laws of the land.

Article 55
Independence of the Judiciary

1. The Judiciary shall be independent of the legislative and execute branches of Government and in the exercise of their judicial functions; the members of the judiciary shall be subject only to the law.

2. A Judge shall be removed from office only for inability to perform the functions of his/her office (whether arising from infirmity of body or mind or from any other cause) or for misbehavior, and shall not be removed except in accordance to this Clause.

3. A Judge shall be removed from office by the President if the question of his/her removal has been referred to a Tribunal has appointed by the Parliament and the Tribunal has recommended to the Parliament that the Judge ought to be removed from office for inability as aforesaid or misbehavior.

4. Members of the judiciary shall not hold offices, perform services,

or engage in activities incompatible with their functions.

5. Administrative and disciplinary measures relating to members of the judiciary shall be adopted, as provided by law, by decree of the President of the Republic on the proposal of the minister of justice and Religious Affairs and in conformity to the decision of the Judicial Service Council.

6. The Judiciary shall not be subject to the direction of any other organ or body.

7. The Judiciary shall interpret and implement the law in accordance with the Charter and laws.

8. Parliament shall make law setting the terms of the appointment, dismissal, discipline and terms of service of Judges.

Article 56
The Judicial Process

1. Judicial proceedings shall be open to the public, but the court may decide, for reasons of morals, hygiene or public order, that the proceedings be held in camera.

2. No Judicial decision shall be taken unless all the parties have had the opportunity of presenting their thereof.

3. All judicial decisions and measures concerning personal liberty shall state the grounds thereof.

Article 57
Judicial Principles

1. No extraordinary or special courts shall be established, except for military tribunals, which shall have jurisdiction only over military offences committed by members of the armed forces both during war and peacetime.

2. The public, both civilian and military shall directly participate in

Judiciary proceedings in conformity with those laws defining such participation.

Article 58
Judicial Immunity

1. No criminal proceedings shall be instituted against a sitting judge nor be interrogated as object of criminal investigation, or his person or domicile be searched nor shall be arrested unless caught in the commission of a crime, or without the authorization of the Judicial Service Council.

Article 59
Appointment of Judges

1. All judges shall be appointed by the President acting in accordance with the advice of the Judicial Service Council.

2. The appointment of judges shall be based on legal qualifications and competence.

3. A person shall not qualify to be appointed a Judge of the Supreme Court unless:-

   A. He/She is, or has been, a judge of the Appeal Court having unlimited jurisdiction in Civil, Commercial and Criminal matters; or
   B. He/She is an advocate of the High Court of Somalia of not less than five (5) years standing; or

4. If the office of a Judge is vacant, or if a Judge for any reason is unable to discharge the functions of his/her office, or a judge retires at the attainment of sixty-five (65) years of age; the a new judge shall be appointed on the proposal of the Judicial Service Council by the President.

Article 60
The Court System

1. The Court system shall consist of:-

    1. The Transitional Supreme Court;
    2. The Transitional Appeal Court
    3. Other Courts established by law.

Article 61
The Supreme Court

1. There shall be a Supreme Court, which shall be highest court in the Somali Republic and shall have unlimited original jurisdiction in the whole territory in Civil, Criminal, Commercial and such other powers as may be conferred on it by this Charter or any other law.

2. In addition to any other jurisdiction under this Charter or any other law, the Supreme Court shall have the power to hear and determine judgment on any dispute about the Transitional Federal Charter and other laws.

3. One of the judges of the Supreme Court shall be the Prescribed by Law.

4. The Judges of the Supreme Court shall have the security of Tenure while in office.

5. Parliament shall make law regarding the structure and composition of the Supreme Court.

Article 62
Seat of the Supreme Court

1. The seat of the Supreme Court shall be in the capital of the Somali Republic.

Article 63
The Judicial Service Council

1. There shall be a Judicial Service Council, which shall undertake and direct the General Policy and the Administration of the Judiciary as prescribed by law.

2. The Judicial Service Council shall comprise:-

    A. President of the Supreme Court;
    B. The Attorney General of the Republic;
    C. Three (3) Judges elected from the Supreme Court;
    D. Four (4) Lawyers selected from the private law practitioners by the law Society of Somalia.

3. Members of the Council shall enjoy similar privileges and immunity as that of the Judges.

4. The Council shall be responsible for the appointment, transfers, conduct, discipline and remuneration of Judges.

5. The term of each Council member shall be four years.

Article 64
The Office of the Attorney General

1. The office of the Attorney General shall be a division of the judicial institution and shall comprise of :-

    A. The Attorney General whose duty shall be safeguards the implementation of the laws in the whole Republic. His duties, responsibilities and scope of duties shall be specified by law;

    B. The Attorney General shall be appointed by the President on the recommendation of the Council of Ministers;

C. The Attorney General shall be the principal legal advisor to the Transitional Federal Government;

D. The State and District Attorney Generals whose power are limited to specific region and districts will be appointed as specified in sub section (b).

2. It shall be the responsibility of the Attorney General to promote and uphold the Rule of Law.

CHAPTER TEN
Article 65
Security and Defense Forces

1. The Somalia Republic shall have a national armed forces consisting of the army and police.

2. The armed forces shall faithfully abide and preserve the Charter, the laws of the land and Unity of the Country.

3. The law shall regulate the structure and functions of the armed forces and system of co-operaionand co-ordination amongst them in the fulfillment of their institutional duties.

CHAPTER ELEVEN

LAND AND PROPERTY

Article 66
The Policy for Land

1. Land being Somalia's primary resources and the basis of the livelihood for the people shall be held, used and managed in a manner which is equitable, efficient, productive and sustainable.

2. The government shall define and keep constant the national land policy and framework of the land in the Somalia republic which shall ensure the registration, use ownership, access, occupation,

management rights, security, interests and title of the land.

Article 67
Natural Resources and Environment Protection

1. The natural resources of the country such as the minerals, water flora and fauna shall be public property and law shall enact which defines the manner of exploitation for the common good.

2. The Transitional Federal Government shall give priority to the protection, conservation, and preservation of the environment against anything that may cause harm to the natural biodiversity and ecosystem.

3. Every person in the Somalia Republic shall have a duty to safeguard and enhance the environment and participate in the development, execution, management, conservation and protection of the natural resources and environment.

4. The Transitional Federal Government shall adopt urgent measures to clean up the hazardous waste dumped on and off shores of the Somalia Republic. Compensation shall be demanded of those found liable for such crimes.

5. The Transitional Federal Government shall take urgent steps to reverse the trend in desertification, deforestation, environmental degradation, illegal charcoal burning and export of endangered wildlife species.

CHAPTER TWELVE

NATIONAL COMMUNICATIONS

Article 68
Independent Commissions and Administrative Committees

1. There shall be established such independent Commissions and Committees as may be necessary.

2. The establishment of independent commissions, their structure and functions shall be proposed by the Council of Ministers and approved by Parliament.

3. The respective ministers shall propose the components of these commissions to the Council as stated below:-

   A. Federal constitutional Commission
   B. National Commission for Reconciliation.
   C. National Population and Demographic Census Commission.
   D. Civil Service Commission.
   E. National Commission for the recovery and registration of public and private property.
   F. National Resettlement Commission.
   G. Somalia Olympic Commission.
   H. State Boundary Demobilization Commission.
   I. Disarmament and demobilization Commission.
   J. Economic recovery Commission.
   K. Land and Property Disputes Commission
   L. Electoral Commission.

CHAPTER THIRTEEN

INTERNATIONAL RELATIONS

Article 69
International and Bilateral Relations

1. The Transitional Federal Government of the Somali Republic shall uphold the rules of international law and all International treaties applicable to the Somali Republic and subject to the legislative Acts of Parliament, International laws accepted and adopted shall enforced.

2. The Transitional Federal Government of the Somali Republic shall uphold all bilateral agreement concluded by the Somali Republic.

CHAPTER FOURTEEN

AMENDMENT OF THE CHAPTER

Article 70
Amendment of the Chapter

1. Subject to this Article, Parliament shall have the power to add, amend, alter, vary or otherwise revise this Chapter.

2. An Amendment of this Charter may be initiated only by the introduction of a Motion for that purpose supported by not less than one third (1/3) and passed by not less then two-thirds (2/3) of the total members of Parliament.

CHAPTER FOURTEEN

TRANSITORY CLAUSE AND ENTRY INTO FORCE OF THE CHAPTER

Article 71
Transitional Period

1. The Charter shall have legal effect pending the eventual enforcement of the National Federal Constitution.

2. The 1960 Somalia Constitution and other national laws shall apply in respect of all matters not covered and not inconsistent with this Charter.

3. The Transitional Federal Government shall endeavour to repossess and restore to the state all public properties, either movable or immovable, with or outside the country.

4. In respect of private property currently held illegally, Government shall endeavour to restore it to the rightful owners.

5. The Transitional Federal Government shall devote the necessary

efforts to restore and security, free movement of people, goods and services, disarmament and collection of illegal weapons in the hands of the public for safekeeping rehabilitation and reintegration of all militia in co-operation with regional administrations, traditional elders and members of the international community.

6. The Transitional Federal Government shall make necessary efforts to resettle refugees and displaced persons.

7. The ongoing development projects in the country may continue, provided they do not fringe on the sovereignty of the state and do not harm the environment. All new projects are subject to Transitional Federal Government guidelines and approval.

8. Effective from the conclusion of the Somali National Reconciliation Conference held in Kenya, all militia organizations, armed groups and factions in the territory of the Somali Republic shall cease to exist and shall turn in their weapons to the Transitional Federal Government.

9. The present Charter shall be the basis for the federal constitution whose draft shall be completed within two and half (2, ½) years and be adopted by popular referendum during the final year of the transitional period.

10. The Transitional Federal Government shall take all necessary measures to combat tribalism, nepotism, looting of public properties, corruption and all fraudulent activities, whish may undermine the functioning of state organs and decent traditions of the society.

11. The Transitional Federal Government shall audit and assess all ongoing foreign funded development projects with a view to establishing whether they infringe on Sovereignty or state security or impair the culture, environment or health of the people.

12. For the avoidance of doubt, this Charter shall come into force on the date the delegates at the Somali National Reconciliation

Conference in Kenya approve in and continue to be operational until the approval and enforcement of the federal constitution.

Schedule I
The Power of the Transitional Federal Government

The Transitional Federal Government shall have authority throughout the Somali Republic over the following matters:-

1. Foreign Affairs;
2. Defense and Security
3. Finance and Central Bank
4. Establishment of State structures;
5. Posts and Telecommunications;
6. Immigration and Naturalization;
7. Ports Administrations;
8. Planning and Economic Development;
9. Natural Resources;
10. Acceptance and licensing of private companies specifically at national level;
11. Collecting import/export and indirect taxes.

Schedule II
Powers of the State Government

The State Government shall control the following functions within their territories:-

1. Education;
2. Health
3. Regional Roads;
4. Environment protection;
5. Regional Police;
6. Housing;
7. Water and Electricity Development;
8. Agricultural Development and Water Management;

9. Livestock and rangeland development;
10. Development of small businesses and states business co-operations;
11. Settlement of population;
12. Develop state constitutions their state flags and state emblem;
13. Appoint their state election committees and implement the state elections;
14. Collect all direct taxes;
15. Promote sports, arts, literature and folklore;
16. Business licenses;
17. Town planning and construction permits;
18. Public sanitation;
19. Recreations centers and child gardens
20. General Public Health.

Schedule III

The reports of the six Reconciliation Committees of the Somali National Reconciliation Conference in Kenya 2002-2003.

Schedule IV

List of the delegates, political leaders and political groups.

Ra'iisul wasaaraha Jamhuuriyadda Federaalka KMG ah ee Soomaaliya
Prof. Ali Mohamed Ghedi
03/11/2004

Jamhuuriyadda Soomaaliya

Xeer Hoosaadka Baarlamaanka FKMG ah

Nairobi, Kenya
September, 2004

Guddoomiyaha Baarlamaanka FKMG ah ee Soomaaliya
Mudane Shariif Xassan Shiekh Aadan
22/08/2004

Xeer Hoosaadka Baarlamaanka
Federaalka KMG ah
ee Jamhuuriyadda Soomaaliya

Rules of Procedures for
Transitional Federal Parliament
of Somali Republic (TFP)

Qodobka 1aad
Baarlamaanka

1. Baarlamaanka Federaalka waa awoodda ugu sarreysa sharci-dejinta ee Jamhuuriyadda Soomaaliya, xubnihiisuna waxay ka kooban yihiin 275 Xildhibaan oo ugu yaraan laba iyo Toban 12% loo qoondeeyay Haweenka.

2. Baarlamaanka waa wakiilka Shacbiga

3. Afafka looga hadlayo golaha waa af Soomaali (May/Maxaa tiri) iyo Carabi.

4. Xarunta Golaha waa magaala madaxda dalka ee Muqdisho.

5. Mudada golaha waa 5 sannadood.

6. Goluhu wuxuu u xil saaran yahay hubinta iyo dhowrista shuruucda dalka, la xisaabtanka xukuumadda.

Qodobka 2aad
Waajibaadka Golaha Shacbiga Federaalka KMG (TFP)

Waajibaadka Baarlamaanka Federaalka KMG ee Jamhuuriyadda

Soomaaliyeed, waa sidan:-

1. Doorashada Guddoomiyaha Baarlamaanka.

2. Doorashada Madaxweynaha KMG ee Jamhuuriyadda Soomaaliya.

3. Goluhu wuxuu u xil saaran yahay hubinta iyo dhowrista shuruucda dalka, la xisaabtanka xukuumadda.

4. Ansixinta, miisaaniyadda iyo xisaab-xirka miisaaniyad sanadeedka.

5. Kalsooni siinta dowladda ama kala noqoshada kalsoonida (no confidence vote).

6. Magacaabista guddiyo baara hey'adaha dowladda.

7. Ansixinta sharciyadda ay soo gudbiyaan xukuumadda.

8. Ansixinta heshiisyada caalamiga ah.

9. Ansixinta magacaabidda kaabayaasha dowladda.

    A.   Guddoomiyaha Bankiga dhexe.
    B.   Xisaabiyaha Guud ee Dowladda.
    C.   Xeer ilaaliyaha Guud ee Dowladda.
    D.   Garyaqaanka Guud ee Dowladda.
    E.   Guddoomiyaha Maxkamadda sare.

10. Ansixinta go'aamada xukuumadda ee xaaladaha deg-degga ah (Emergency cases).

11. Ilaalinta iyo dhowrista shuruucda dalka.

12. Axdiga iyo xeer hoosaadka golaha.

Qodobka 3aad
Dhaarta Xildhibaanada

Xubinta kasta oo ka mid ah xildhibaanada Baarlamaanka KMG ah ka hor intuusan/inteysan qaban xilka wuxuu marayaa/mareysaa dhaarta hoos ku qoran:-

"Waxaan ku dhaaranayaa Magaca Ilaahay inaan u guto xilkeyga si daacadnimo ah oo ay ku jirto danta dadka iyo dalka dhowrana Axdiga iyo Shuruucda dalka".

Qodobka 4aad
Kalfadhiyada Baarlamaanka

1. Baarlamaanku wuxuu yeelanayaa laba kalfadhi sannadkiiba oo caadi ah, wuxuu yeelan karaa kuwo aan caadi aheyn.

2. Kalfadhi kasta wuxuu soconayaa inta uu ka dhammaanayo ajendaha hor yaalla oo ay ka mid noqon karaan hindisayaasha sharci ee sida deg-degga ah ku yimaada.

Qodobka 5aad
Kalfadhiyada aan caadiga aheyn

1. Fadhiyada aan caadiga aheyn (Extra-ordinary meetinga) baarlamaanka waxaa soo jeedin kara:-

  A. Madaxweynaha Jamhuuriyadda
  B. Codsi ka yimadda Xukuumadda
  C. Codsi xubnaha Golaha oo gaaraya 1/3 xubnihiisa.

Qodobka 6aad
Guddoominta ku meel gaarka ah (TFP)

Waxaa Guddomiyana fadhiga ugu horreeya inta laga dooranayo Guddoomiyaha Golaha (TFP) mudanaha ugu da'da weyn xildhibaanada sida ku cad Axdiga ku meel gaarka ah.

Qodobka 7aad
Ansixidda Kalfadhiyada Golaha

1. Fadhiga ugu horreeya ee furitaanka Kalfadhiga Golaha Shacbiga, wuxuu ku ansaxayaa marka ay joogaan ugu yaraan 2/3 xubnihiisa.

2. Fadhiyada kale ee caadiga ah goluhu yeelanaayo wuxuu ku ansaxayaa marka ay joogaan 50%+1 xubnaha golaha, marka laga reebo xaaladaha u codeyntooda u baahan tahay cod aqlabiyad fudud.

Qodobka 8aad
Hanaanka doorashada guddoomiyaha Baarlamaanka Federaalka KMG ah (TFP)

a. Musharaxu waa in uu yahay xildhibaan ka tirsan Golaha.

b. Musharaxu wuxuu soo gudbinayaa codsi ay la socdaan laba sawir oo isku mid ah, iyo taariikh nololeedkiisa oo kooban (CV).

c. Soo gdubinta codsiga isu sharaxidda xilka Guddoomiyaha Golaha.

d. Diiwaan gelinta musharixiinta xilka guddoomiyaha Golaha baarlamaanka.

e. Warqadda codeynta waxaa ku qoran magaca musharaxiinta oo mid walba hortiisa ku taalo calaamad afar gees ah.

f. Xildhibaan kasta oo codeynaya wuxuu saarayaa istilaab (X) gudaha calaamadda afar geesoodka ah oo ku aadan mushaxa uu dooranaayo.

g. Waxaa khasaaraya codkii aan waafaqsaneyn faqradda (F) ee kore iyo,

h. Codka xildhibaankii hal musharax ka badan u codeeyo.

i. Warqadda codeynta waxaa lagu ridayaa sanduuq xiran oo faaruq ah, dushana ka jeexan uurkiisana muuqdo.

Qodobka 9aad
Natiijada doorashada guddoomiyaha iyo cododka lagu guuleysanayo:-

a. Wareegga kowaad: Musharaxa helaa saddex meelood laba 2/3 tirada cododka 00 ah 183, ayaa ku guuleysanaya doorashada. Haddii la waayo musharax hela tiradaas waxaa loo gudbinayaa wareegga labaad.

b. Wareegga labaad: Waxaa ka qeyb galaya afarta musharax ee heysta tirada cododka ugu badan ee wareegga koowaad. Musharaxii ku guuleysta saddex meelood laba 2/3 tiarada cododka ayaa ku guuleysanaya. Haddii la waayo waxaa loo gudbayaa wareegga saddexaad.

c. Wareegga saddexaad: Waxaa ka qeybgalaya labada musharax ee ugu cododka badan wareegga labaad. Waxaa Doorashada Guddoomiyaha Golaha ku guuleysanaya musharaxii hela tiro cod hal dheeri ah (50+1) xubnaha golaha.

Qodobka 10aad
Hanaanka Doorashada Ku-xigeennada Guddoomiyaha Golaha Baarlamaanka Federaalka KMG ah (TFP)

a. Musharaxa waa inuu yahay xildhibaan ka tirsan Golaha.

b. Musharaxa wuxuu soo gudbinayaa codsi ay la socdaan laba sawir oo isku mid ah, taariikh nololeedkiisa oo ka kooban (CV).

c. Diiwaan-gelinta musharixiinta xilka guddoomiye ku-xigeenada golaha baarlamaanka.

d. Warqadda codeynta waxaa ku kor qoran magaca musharixiinta oo mid walba hortiisa ku taalo calaamad afar gees ah.

e. Xildhibaan kasta oo codeeynaya wuxuu saarayaa istilaab (X) gudaha calaamadda afar geeska ah oo ku aadan musharaxa uu doonayo, (mana jirto saxeexid iwm.).

f. Waxaa khasaaraya codkii aan waafaqsaneyn faqradda (F) ee kore. Iyo,

g. Codkii xildhibaankii u codeeyo in ka badan hal musharax.

h. Warqadda codeynta waxaa lagu ridayaa sanduuq xiran oo faaruq ah, dushana ka jeexan uurkiisuna muuqdo.

Qodobka 11aad
Natiijada Doorashada Gudd. Ku xigeennada iyo cododka lagu guuleysto

a. Wareegga koowaad: Musharixii helaa saddex meelood laba (2/3) tirada cododka xildhibaanada 00 ah 183, ayaa ku guuleysnaya doorashada. Haddii la waayo musharax hela tiradaas waxaa loo gudbayaa wareegga labaad.

b. Wareegga labaad: Waxaa ka qeyb galaya afarta musharax ee hela tirada cododka ugu badan ee wareegga koowaad. Musharixii ku guuleysta saddex meelood laba (2/3) tirada cododka ayaa ku guuleysanaya. Haddii la waayo waxaa loo gudbayaa wareegga saddexaad.

c. Wareegga Saddexaad: Waxaa ka qeyb galaya labada Musharax ee ugu cododka badan wareegga 2aad. Waxaa Doorashada Guddoomiye ku xigeenka ku guuleysanaya musharixii hela tiro cod hal dheeri ah (1) xubnaha codeeyay.

Qodobka 12aad
Xilka Guddoomiyaha Baarlamaanka

1. Guddoomiyaha wuxuu ku dhawaaqaa natiijada doorashada Madaxweynaha dowladda Federaalka KMG ee Jamhuuriyadda Soomaaliyeed.

2. Guddoomiyaha baarlamaanka wuxuu mas'uul ka yahay fulinta iyo dhowridda xeer-hoosaadka, ilaalinta nidaamka golaha, wuxuu damaanad qaadaa habsami u socodka howsha golaha sida:- sharci-

dejinta maamulka iyo habmaamuuska.

3. Guddoomiyuhu wuxuu furaa, xiraana fadhiyada, wuxuu sheegaa saacadda iyo ajendaha fadhiga soo fool elh oo qoraal ahaan lagu wargalinayo xubnaha golaha shacbiga.

4. Guddoomiyuhu wuxuu hadalka u qeybiyaa xildhibaanada, wuxuuna hagaa doodaha, wuxuu soo jeediyaa su'aalo, wuxuuna nidaamiyaa habka codeynta, natiijadooduna sheegaa.

5. Guddoomiyuhu wuxuu matalaa kuna hadlaa magaca Golaha Shacbiga.

6. Wuxuu kormeeraa nidaamiyayaasha iyo xogha-yayaasha.

7. Wuxuu xiriiriyaa Golaha iyo Baarlamaanada Adduunka.

8. Wuxuu saxiixaa heshiisyada caalamiga ah ee Goluhu la galayo Baarlamaannada Adduunka.

9. Guddoomiyuhu wuxuu kala qeybgalaa Guddi howleedyada Golaha, dejinta howlaha Golaha Kalfadhiyada caadiga ah.

Qodobka 13aad
Xil waayidda Guddoomiyaha
Golaha Baarlamaanka Federaalka (TFP)

Xildka Guddoomiyaha wuxuu ku waayi karaa sidan:-

1. Istiqaalo qoraal ah ama war cad oo uu warbaahinta ku faafiyo.

2. Xil gudsho la'aan joogto ah.

3. Dhimirkiisa oo wax u dhinma isla markaasna uu soo caddeeyay dhaqtar.

4. Caafimaad-darro joogto ah oo uu soo caddeeyay dhaqtar.

5. Geeri ku timaadda.

6. Xukun maxkamadeed oo kama dambeys ah.

7. Muddo 30 bari gudahood waxaa lagu dooranayaa Guddoomiye cusub.

Qodobka 14aad
Xilka Guddoomiye ku-xigennada Golaha Shacbiga.

1. Guddoomiye ku-xigeennada waxay qabtaan xilka Guddoomiyaha marka uu maqan yahay iyo wixii howl kale ee uu u saaro Guddoomiyaha.

Qodobka 15aad
Xil waayidda Gudd. Ku-xigeennada Golaha Baarlamaanka Federaalka KMG ah (TFP)

Xilka guddoomiye ku-xiggeennadu wuxuu ku waayi karaan sidan:-

1. Istiqaalo qoraal ah.

2. Xil gudasho la'aan joogto ah.

3. Dhimrikiisa haddii ay wax u dhinmaan, cadeyn dhaqtarna ay jirto.

4. Xukun maxkamadeed kama dambeys ah.

5. Geeri ku timaadda.

6. Muddo 30 maalmood gudahood waxaa la dooranayaa Guddoomiye ku-xigeenno cusub.

Qodobka 16aad
Xil Nidaamiyayaasha Golaha

Nidaamiyayaasha, iyagoo raacaya awaamiirta Guddoomiyaha waxay u xil-saaran yihiin:-

1. Dhowrista nidaamka Golaha.
2. Nabadgalyada iyo xasilloonida goobta iyo xubnaha golaha.
3. Kormeerka iyo hubinta howlaha gaadiidka xubnaha golaha.
4. Dhowrista iyo xannaanada qalabka iyo haddiyadaha goluhu leeyahay.
5. Ilaalinta hab maamuuska iyo qaab fadhigiisa xubnaha golaha iyo martida.
6. Wixii kale ee Guddoomiyaha u xil saaro.

Qodobka 17aad
Xilka Xog-hayayaasha Golaha
(Duties of Secreteries of the Parliament)

Xoghaye-yaasha Golaha waxay u xil saaran yihiin:-

1. Ogeysiinta xildhibaanada waqtiyada shirarka golaha oo qoraal lagu wargalinaayo oo ay la socoto ajendaha fadhiga, muddo aan ka yareyn 24 saac haddii uusan guddoomiyuhu muujin deg-deg kale.
2. Diiwaan galinta codsiyada xildhibaanada doonaya in ay hadlaan.
3. Tirada cododka la bixiyay iyo arrimihii kale ee goluhu ga'aan ka gaarey.
4. Akhriska qoraallada la soo jeediyay, xaadirinta xildhibanaada iyo hubinta in aan la beddelin hadallada xildhibaanada.
5. Xoojinta shuruucda iyo dhamaan go'aanada goluhu si sax ah u diiwaan galaan, una saxiixo Xoghayaha kaltanka leh, isagoo diiwaanka qoraallada la saxiixaya guddoomiyaha golaha.
6. Wixii kale ee guddoomiyaha u xil-saaro.

Qodobka 18aad
Xafiiska Golaha Baarlamaanka

1. Golaha baarlamaanka wuxuu yeelanayaa Xafiis u xilsaaran maamulka Golaha kaas oo ka kooban:-

   A. Guddoomiyaha Golaha.
   B. Labada Guddoomiye ku-xigeen.
   C. Nidaamiye iyo laba ku xigeen iyo,
   D. 2 Xoghaye.

Qodobka 19aad
Waayidda Xubinnimda Golaha Baarlamaanka

Xubinta Golaha waxaa lagu waayi karaa sidan:-

1. Istiqaalada qoraal ah oo soo gaara Xafiiska Golaha.

2. Geeri ku timaada Xildhibaanada.

3. Xil gudasho la'aan joogto ah:-

4. Go'aan anshax xumo ah.

   A. Dhimirkiisa wax u u dhinmo oo uu soo caddeeyay dhaqtar.
   B. Maqnaansho sabab la'aan oo gaareysa laba kalfadhi oo isku xigta.
   C. Xukun ciqaabeed kama dambeys ah.

Qodobka 20aad
Guddiyada Golaha Baarlamaanka ee Joogtada ah
(Permanent Committees of the Parliament)

Golaha Baarlamaanka Federaalka KMG ee Jamhuuriyadda Soomaaliya wuxuu yeelanayaa guddiyo howl-fulineed joogta ah oo kooban:-

   A. Guddiga Dastuurka.

B. Guddiga Xiriirka Caalamiga iyo Gobolka.

C. Guddiga Difaaca, Nabadgalyada iyo la dagaallanka Argagaxisada.

D. Guddiga Arrimaha Dhaqaalaha.

E. Guddiga Arrimaha Bulshada.

F. Guddiga Xuquuqul Insaanka iyo Arrimaha Haweenka.

G. Guddiga Warfaafinta, Wacyigalinta iyo Gaadiidka.

H. Guddiga Maamulka, Siyaasadda iyo Dib-u-heshiisiinta.

I. Guddiga Howlaha Baarlamaanka. (House Bussiness Committee)

Qodobka 21aad
Guddiga aan Joogtada aheyn
(Ad-hoc Committees)

Goluhu wuxuu yeelanayaa markii loo baahdo guddiyo gaar ah oo aan joogto aheyn, jireyana inta ay howsha loo xilsaaray ka idlaaneyso.

Qodobka 22aad
Xilka Guddi-howleedyada joogtada ah
(Dutties of the Permanent Committees)

Guddi-howleedyada joogtada ah xilkooda wuxuu noqonayaa:-

1. Kormeerka wasaaradaha iyo hey'adaha ee ay guddi walba isku shaqada yihiin.

2. Guddi-howleedyada waxay warbixin u soo gudbinayaan Golaha baarlamaanka si uu goluhu ula socdo wax-qabadka hey'adaha dowladda.

3. Guddi kasta waxay iska dhex dooranayaan:-

A. Guddoomiye
B. Laba guddomiye ku-xigeen
C. Hal Xoghaye.

4. Xubnaha Guddiyada waxay ka kooban yihiin min 11 xubnood, iyadoo guddi walba looga baahan yahay iney ku jiraan xubno takhasus u leh howsha guddiga u xilsaaran yihiin.

Qodobka 23aad
Guddiga Howlaha Baarlamaanka

1. Xubnaha Guddiga Howlaha Baarlamaanka waa in ay ugu yaraan ka mid noqdaan 2 Xildhibaan oo garyaqaanno ah, tixgalin ay ku yeeshaan dumarka.

2. Guddiga howlaha Baarlamaanka wuxuu awood u leeyahay muddada jiritaanka Golaha in uu u soo jeediyo wax ka baddelka ama wax ku kordhinta xeer hoosaadka iyo go'aan ka gaarista iska hor imaadyada ka iman kara qodobbada xeer hoosaadka.

3. Wuxuu u xil saaran yahay daraasad inuu ku soo sameeyo xaaladaha diidi kara xubinnimada xildhibaanka iyo wixii ka hor imanaya mas'uuliyadda uu xambaarsan yahay xildhibaanka.

4. Wuxuu kaloo u xil saaran yahay anshax-marinta xildhibaanada.

5. Iyo inuu ka soo talo bixiyo markii la soo weydiisto golaha in uu xildhibaan laga qaado sharaf maamuuska (Immunity), si loo hortago maxkamad.

Qodobka 24aad
Mudnaanta iyo Xasaanadda Xildhibaanka
(Immunity of the Member of Parliament)

1. Laguma eedeyn karo xildhibaanka arrimo la xiriira ra'yi ama aragti uu ka dhiibtay codkiisa baarlamaanka gudahiisa.

2. Lama dacweyn karo xildhibaan haddii aan lagu qaban dembi isaga

oo faraha kula jira.

3. Dacwad dambiyadeed laguma qaadi karo, su'aalana lagama weydiin karo, lama baari karo gurigiisa iyo oogadiisa haddii uusan oggolaan Baarlamaanka.

Qodobka 25aad
Daryeelka Xubnaha Baarlamaanka

Sharciga ayaa qeexaya mushaharooyinka iyo gunnooyinka xildhibaanada Golaha baarlamaanka Federaalka KMG ah ee Jamhuuriyadda Soomaaliya.

Qodobka 26aad
Xuquuqda Haweenka Xildhibaannada ah ee Fasaxa Dhalmada

Muddada Haweenka xildhibannada ahi ay ku jiraan fasaxa dhalmada waxay xaq u leeyihiin in la gaarsiiyo dokumentiga la xiriira natiijooyinka, go'aamada, moshinnada iwm ee goluhu soo saaro fadhiyada caadiga ah iyo kuwa aan caadiga aheyn.

Qodobka 27aad
Habsami u socodka doodaha shirka

1. Haddii xildhibaan doodiisu u muuqato aflagaado ama dhaqdhaqaaq wax u dhimaya habsami u socodka shirka, Shir-guddoomiyuhu wuxuu soo jeedinayaa baraarujin ah in uu dhowro nidaamka.

2. Haddii Xildhibaanku ku qanci waayo baraarujnta Guddoomiyaha, wuxuu u jeedinayaa canaan ku wajahan falalka uu galay, xildhibaanka la canaantay wuxuu soo jeedin karaa raali galin uu ka bixiyo waxyaabihii lagu canaantay.

3. Haddii isla fadhigaas mar labaad lagu canaanto ama uu ku kaco waxyaabo ka sii xun kuwii uu horey u galay, Guddoomiyuhu wuxuu ka joojiniyaa hadalka, haddii uu sii wado gefefkaasi Guddoomiyuhu wuxuu ka saarayaa fadhiga maalintaas.

4. Haddii buuqu isku beddelo hanjabaad iyo gacan ka hadal,

Guddoomiyuhu wuxuu joojinayaa fadhiga ama xirayaa haddii ay la noqoto, waxaana la muddeynayaa fadhiga maalinta xigta ee shaqo.

5. Fadhiga dambe Guddoomiyuhu wuxuu awood u leeyahay in xildhibaankaasi laga joojiyo fadhiyada muddo ilaa (10) fadhi (maalmood), ama loo gudbiyaa guddiga arrimaha baarlamaanka si ay golaha ugu soo gudbiyaan tallaabada ku habboon in laga qaado xubintaas.

Qodobka 28aad
Xurmeynta fadhiyada iyo doodaha golaha

1. Xildhibaan kasta waxaa waajib ku ah inuu dhowro nidaamka fadhiga.

2. Xildhibaan kasta oo ka leexda waajibaadka ku xusan faqradda 1aad ee qodobkan, wuxuu muteysanayaa:-

    A. Digniin af ah oo looga digayo inuu joojiyo gefka uu sameynaayo.

    B. Digniin Qoraal ah waxaa la siinayaa ninkii hore loo siiyay mid ah ah.

    C. Talaabada 3aad, waxaa loo gudbinayaa guddiga arrimaha anshaxa.

Qodobka 29aad
Xaqqa Hadal qaadashada Xildhibaanka

1. Xildhibaan kasta wuxuu xaq u leeyahay inuu ka hadlo fadhiyada ama doodaha Golaha Shacbiga ka dib markii uu is qoro.

2. Xildhibaanku wuxuu hadli karaa waqti aan ka badneyn (25) daqiiqo, haddii Guddoomiyuhu uusan cayimin waqti ka duwan, haddii hadalka laga gooyana kuma soo celin karo fadhiyada kale isla mowduucaas.

3. Xildhibaanku ma hadli karo wax ka badan (1) mar arrin ku saabsan isla mowduuca marka laga reebo ku noqoshada wixii isaga shakhqi ahaan u quseeya ama la xiriira xeer-hoosaadka iyo cadeyn arrin uusan horey uga hadlin kuna saabsan mowduuca laga hadlaayo.

4. Xildhibaankii loo soo jeediyo digniin labo (2) jeer, isagoo ka baxay mowdiicii doodda ay khuseysay dartii, ama ku dhameyn waaya hadalkiisa waqtiga ku xusan faqradda 2aad guddoomiyuhu wuxuu ka qaadi karaa hadalka.

Qodobka 30aad
Toosin (Point of Order)

1. Xildhibaan kasta wuxuu xaq u leeyahay inuu codsado toosin (Point of Order) asagoon hadalka laheyn amaba xildhibaan kale uu wato hadalka.

2. Guddoomiyuhu wuxuu siinayaa hadalka xildhibaanka codsaday toosinta.

3. Marka la siiyo hadalka xildhibaanka codsaday wax toosinta, waxaa laga rabaa inuu toos u abaaro ujeedada, si koobanna u tilmaamo arrinta tosinta u baahan.

4. Xildhibaan kale ma yeelan karo toosin (Point of Order) haddii uusan fasaxin guddoomiyha baarlamaanka.

Qodobka 31aad
Heybadda Xildhibaanka

Waxaa ka reeban xildhibaanka golaha baarlamaanka federaaliga ah ee KMG, inuu shirarka golaha ku yimaado muuqaal aan ku habbooneyn heybaddiisa sida dhar-qaadashada iwm.

Qodobka 32aad
Ka maqnaanshaha Fadhiyada Golaha

1. Xildhibaan kasta waxaa ku waajib ah inuu soo xaadiro fadhiga

Golaha ee loogu yeeray.

2. Xildhibaanka fasax la'aan maqnaada fadhiga 3 maalmood oo isku xigta ama teel-teel ah hal isbuuc gudahiis, waxaa la siinayaa digniin af ah, digniinta ka dib waxaa la ganaaxayaa 1/3 mushaharkiis. Wixii ka badan mudadaas waxaa u xil saaran Guddiga howlaha baarlamaanka.

Qodobka 33aad
Noocyada soo jeedinta (Motions)

1. Waxaa jira soo jeedino (Motions) Golaha loo soo gudbinayo kuwaas oo koox xildhibaanno ah.

2. Soo jeedinta waa in ay waafaqsan tahay sharciga, xubnaha soo gudbin karana waa ineysan ka yareyn 10 xildhibaan.

3. Waa iney qoraal ahaataa lana soo gaarsiiyaa Guddoomiyaha ka hor saac ugu yaraan fadhiga golaha.

4. Guddoomiyaha wuxuu soo bandhigayaa soo jeedin (Motions)-ka golaha, haddii soo jeedintu aysan ka hor imaaneyn Dastuurka, shuruucda dalka ama xeer hoosaadka, ka dibna goluhu oggolaado in laga doodo.

5. Haddii qoralka soo jeedintu ku jiraan erayo ama oraaho wax u dhimi kara golaha wada shaqeynta xubnaha golaha ama uu ku qanci waayo guddoomiyaha, Soo jeediyayaashu waxay beddelaad ku sameyn karaan erayadaas ama wey ka saari karaan qoralka soo jeedintiisu.

6. Haddii ay muuqato in soo jeedintaasi (Motion) uusan waafaqsaneyn dastuurka ama shuruucda ama xeer hoosaadka, loo qeybin maayo golaha, lagana doodi maayo.

7. Inta aan laga doodin, kooxda soo jeedinta (Motion)-ka keenay waa in qof ka mid ah ka caddeeyaa golaha ujeeddada soo jeedintooda.

Qodobka 34aad
Soo jeedin, codsi, baaris iyo su'aalo

1. haddii uu xildhibaan doonayo baarista ama su'aalo ku saabsan xukuumadda, waa in uu guddoomiyaha uu soo gaarsiiyaa iyadoo qoraal ah.

2. Ka dib marka guddoomiyaha golaha ka hor akhriyo waa in uu u gudbiyaa wasiirka ay khuseyso iyadoo:-

   A. Wasiirka ay khuseyso waxaa waajib ku noqoneyso in uu jawaab qoraal ah u soo gudbiyo Xildhibaanka muddo aan ka badneyn (20) maalmood oo ka bilaabaneysa maalinta loo gudbiyay qoraalka.

   B. Haddii uu xildhibaanku ku qanci waayo caddeynta wasiirka waa inuu keenaa soo jeedintiisa, wuxuuna weydiisan karaa in wasiirka uga jawaab bixiyo baarlamaanka.

   C. Haddii uu xildhibaanku ku qanci waayo jawaabta wasiirka uu ka bixiyay baarlamaanka hortiisa, xildhibaanka ama xildhibaanno kale ayaa soo cusbooneysiin karaan soo jeedintaas.

Qodobka 35aad
Hubinta Joogitaanka Xubnaha iyo Ajendayaasha Fadhiyada

1. Fadhi kasta waa in lagu furaa Magaca Ilaahay (Aayado quraan Kariim ah).

2. Xogheynta waxay qoreysaa tirada iyo magacyada xildhibaanada, mowduuca laga hadlaayo iyo go'aanada, waxaana diiwaanka lagu qoray wada saxiixaya fadhi kasta Guddoomiyaha iyo Xoghayaha Shaqada iska leh.

3. Goluhu wuxuu meel mariyaa usbuuc kasta maalinta ugu dambeysa maxdarkii (Hadal qoraalkii) todobaadkaasi, iyadoo cod la'aanta lagu ansixinaayo haddii aaney jirin xubin wax ka qabta, markii loo

baahdo cod, wuxuu codkaasi noqonayaa mid gacan taag ah.

4. Maxdarka (Minutes) Golaha, waxaa ka hadli kara xildhibaan walba oo raba inuu saxdo oo kaliya.

5. Goluhu wuxuu xaq u leeyahay in fadhiyadiisu qarsoodiga ah aan laga sameyn wax qoraal ah.

6. Hubinta xubnaha soo xaadiray fadhiga, waxaa masuul ka ah Guddoomiyha iyo Xoghayaha kaltanka shaqada leh, haddiise ay dhacdo in shaki ka yimaado tirada la sheegay iney joogto shirka fadhido, ugu yaraan 7 xubnood waxay codsan karaan tirada laga hubiyo magac ugu yeerid xildhibaannada joogta.

7. Haddii xildhibaannada jooga fadhiga ka yaraadaan tirada uu guntami karo fadhiga, waxaa dib loo dhigayaa muddo hal saac ah, ka dib haddii la waayo waxaa dib loo dhigayaa fadhiga maalinta xigta ee shaqo.

Qodobka 36aad
Xuquuqda Haweenka Xildhibaanada ah ee Fasaxa Dhalmada

Maalinta haweenka xildhibannada ahi ay ku jiraan fasaxa dhalmada waxay xaq u leeyihiin in la gaarsiiyo dokumentiga la xiriira natiijooyinka ama go'aamada fadhiyada caadiga ah iyo kuwa aan caadiga aheyn bishiiba hal.

Qodobka 37aad
Kalsooni siinta Xukuumadda
(Vote of Confidence)

1. Xukuumadda oo ka kooban golaha wasiirada ee uu madaxda ka yahay Wasiirka 1aad iyo barnaamijka ay ku shaqeyn doontaba oo qoran waa in la keeno Golaha baarlamaanka weydiisayana codka kalsoonida muddo 30 cisho gudahood ah laga bilaabo maalinta la magacaabo Wasiirka 1aad. Golaha baarlamaanka wuxuu go'aankiisa kalsooni siinta Xukuumadda ku qaadayaa cod magac ugu yeerid ah oo aqlabiyad cod hal dheeri ah.

2. Xukuumaddu waxay golaha baarlamaanka weydiisan codka kalsoonida goor kasta oo ay u baahato.

3. Haddii ay xukuumaddu weydo codka kalsoonida Golaha baarlamaanka wey dhaceysaa, Madaxweynuhu wuxuu soo magacaabayaa Wasiirka 1aad muddo 30 cisho ah gudahood kaas oo dhisaya xukuumad cusub oo la soo hor dhigayo Golaha baarlamaanka muddo 30 cisho ah gudahood, waxaana loogu codeynayaa sida ku cad faqradda 1aad ee qodobkan.

Qodobka 38aad
Soo jeedinta Kalsooni ka qaadidda xukuumadda
(No Confidence Mossion)

1. Soo jeedinta (mossion) kalsooni darrada waxaa isagoo sababeysan keeni kara ugu yaraan 15 xildhibaan, waxaana dooddiisu furmeysaa (5) maalmood ka dib maalmaha shaqada, kana bilaabaneysa maalinta soo jeedinta la keenay.

2. Codka kalsooni darrada xukuumadda, ama kalsooni looga qaadayo ee kama dambeysa soo jeedinta (Mossion)-ka wuxuu noqonayaa mid magac ugu yeerid ah, wuxuuna ku ansaxayaa aqlabiyad dhan kala bar tirada Xubnaha golaha oo lagu daray 20 xubnood= (158 xildhibaan).

3. Fadhiga Golaha ee ajendahiisu yahay Kalsooni ka qaadidda Xukuumadda waa inay xaadir yihiin ugu yaraan 2/3 xubnaha golaha = (183).

Qodobka 39aad
Soo jeedinta aan Goluhu Aqbalin

Haddii soo jeedin (mossion) heli waayo codkii loo baahnaa ee uu ku ansixi lahaa, lama soo celin karo muddo ka yar 6 bilood.

Qodobka 40aad
Isbaheysiyo Xildhibaanno
(Parliamentry Allience Group)

1. Muddo 30 maalmood gudahood ah, biloowga ilaa dhamaadka kalfadhi kasta oo caadi ah, xildhibaanada waxay soo gudbinayaan xogheyhnta Golaha baarlamaanka qoraal ay ku caddeynayaan kooxda isbaheysi ee ay ka tirsan yihiin.

2. Koox isbaheysi waxay ku dhismi kartaa tiro aan ka yareyn 30 xildhibaan.

3. Isbaheysi kastaa waa in uu lahaadaa Guddoomiye, Ku-xigeen iyo Xogheyn.

4. Xildhibaanada uu isbaheysigoodu ka yar yahay tirada ku xusan oo aan is cadeynin waxay sameynsan karaan isbaheysi iskudhaf ah oo kulmiya (Informal alliance group).

5. Xildhibaanada aan rabin iney isbaheysi ku biiraan waxay noqonayaan kuwo madax banaan.

6. Laba ama ka badan isbaheysi oo midoobay isu-taggoodu waa iney sameystaan magac ay ku mideysan yihiin.

Qodobka 41aad
Doodaha Hindisayaasha Sharci
(Law Designing Debate)

1. Golaha baarlamaanka kama doodi karo hindisayaasha sharciyadeed haddii aan loo qeybin xildhibaanada 24 saac ka hor, marka laga reebo xaaladaha deg-degga ah.

2. Madaxweynaha Jamhuuriyadda ama Wasiirka 1aad ee xukuumadda waxay qoraal sababeysan oo ku saabsan xaaladaha deg-degga ah u soo gudbin karaan Golaha baarlamaanka si uu uga doodo.

3. Go'aanka arrintaas wuxuu goluhu ku gaari karaa aqlabiyadda

50%+20 xubnihiisa. = (158) xubnood.

4. Golaha baarlamaanka kama doodi karo, go'aanna kama gaari karo hindisayaasha sharciyadeed ama barnaamij kale oo aan ku qorneyn ajendaha fadhigaas, marka laga reebo ajendayaasha ku yimaada xaaladaha deg-degga ah.

5. Haddii dood hindise sharciyadeed loo galay qodob-qodob, codbixintiisuna waxay noqoneysaa qodob-qodob.

Qodobka 42aad
Beddelka Hindise Sharciyeed
(Law designed ammendent)

1. Qodobada beddelka lagu sameynayo waa in la gaarsiiyaa Guddoomiyaha muddo 24saac ka hor doodda iyadoo qoraal ah.

2. Haddii ugu yaraan 10 xildhibaan saxiixaan hal saac fadhiga ka hor waa loo keeni karaa Guddoomiyaha.

3. Doodda qodobkaas wax lagaga beddeli karo, waxaa dib loogu dhigi karaa fadhiga ku xiga haddii ay weydiistaan 10 xildhibaan oo aan midkoodna aheyn kuwii soo jeediyay aama xubin ka mid ah Guddiga u xil saaran arrintaas.

4. Sidaas si la mid ah waxaa lagu dhaqayaa xubnaha ka tirsan guddiga dhaqaalaha ama maaliyadda haddii qodob laga beddelaayo uu si toos ah ama dadban u taabanayo kordhinta kharashka ama dhimista dakhliga.

5. Waxaa bannaan haddii xildhibaan aan ka tirsaneyn guddiga u xil saaran uu hindise sharciyadeed la yimaado, waa uu ka qeyb qaadan karaa doodda guddigaas isagoon cod laheyn.

6. Beddelka hindise sharciyadeed e la hor keeno golaha baarlamaanka, waxaa loo qeybinayaa xubnaha golaha iyadoo qoraal ah. Haddii xildhibaankii beddelka soo jeediyay ka tanasulo, waxaa mar kale soo

jeedin kara xildhibaan kale.

7. Mashruuc sharciyadeed uu golaha baarlamaanka diiday mar labaad laguma soo celin karo golaha haddii aysan ka soo wareegin 6 bilood.

Qodobka 43aad
Noocyada Cod bixinta
(Types of the Voting)

1. 1. Cod-bixinnada waxay u kala baxaan:-

    A. Cod bixin qarsoodi ah.
    B. Cod bixin magac ugu yeerid ah.
    C. Cod bixin istaag ama fadhi ah.
    D. Cod bixn gacan taag ah.
    E. Aamus
    F. Sacab

2. 2. Cod bixinta qrsoodiga ah waxay ku dhaceysaa habkan:-

    A. Guddoomiyaha wuxuu diyaarinayaa sanduuqa codbixinta
    B. Wuxuu fasirayaa nooca codbixinta
    C. Wuxuu amrayaa xaadirinta xildhibaanada iyo in loo qeybiyo xildhibaanada waraaqahada codbixinta.
    D. Codbixinta qarsoodiga ah, guddoomiyaha ayaa xaqiijinaya tirada xildhibaanada codka bixiyay ama aan cod bixin.

3. Codbixinta lagu ansixinaayo xukuumadda iyo barnaamijkeeda waa magac ugu yeerid.

4. Hindisayaasha Sharciyada codbixintoodu waa qarsoodi.

5. Codbixinnada kale ee caadiga ah waa fadhi ama istaag haddii aysan codsan 10 xildhibaan in codbixintu noqoto qarsoodi.

6. Haddii ay codsiyo badan oo kala duwan yimaadaan waxaa

mudnaanta iska leh, codbixinta qarsoodiga ah.

7. Haddii xildhibaan soo jeediyay nooc codbixin fadhigaasna uu ka maqan yahay, waxaa loo qaadanayaa inuu ka tanasulay codsigiisii.

8. Codbixinta magac ugu yeeridda ah waxay noqoneysaa Haa ama Maya, magacyadana waxaa loo raacayaa qaabka Alif-ba'da (Alphabetical order).

9. Habka codbixinta istaagga ama fadhiga ah waa lagu celin karaa haddii ay doodi ka timaaddo.

10. Xildhibaannada ka aamusayna waxay taagayaan gacanta midig.

11. Xildhibaanada jooga fadhiga hase yeeshee aan ka qeyb galin codbixinta waxaa lagu tirinayaa kuwa ka aamusay.

12. Cidna looma oggola inuu hadalka qaato ilaa natiijada codbixinta l laga caddeynayo.

13. Haddii la arko khaladaad habka cod-bixinta qarsoodiga ah, ama ay muuqato codbixin ka badan xildhibaanada jooga fadhiga ama ka yar, Guddoomiyuhu wuxuu baabi'inayaa natiijada cod-bixinta, waxa si deg-deg ah loogu noqonayaa codbixinta.

14. Natiijo kasta oo cod bixineed, Guddoomiyaha ayaa ku dhawaaqaya natiijadeeda.

Qodobka 44aad
Kala dirista Golaha Baarlamaanka

Madaxweynaha wuxuu kala dirayaa Golaha baarlamaanka, ka dib marka uu waqtigiisu dhamaado.

Qodobka 45aad
Madaxweynaha iyo Baarlamaanka

Madaxweynaha dowladda Federaalka KMG ah ee Jamhuuriyadda Soomaaliya wuxuu hadal ka jeedin karaa golaha baarlamaanka munaasabadaha soo socda:-

A. Furitaanka kalfadhiga 1aad ee Golaha ama kalfadhiga ugu horreeya ee sanad walba.

B. Xilligii kale ee baahidiisu timaado.

C. Madaxweynaha waxaa ka reeban ka qeybgalka fadhiyada caadiga ah ee Golaha Baarlamaanka.

Qodobka 46aad
Ajendo maalmeedka Golaha

Ajendo maalmeedka Golaha Baarlamaanka waxaa diyaarinaya Xafiiska Golaha.

Qodobka 47aad
Howlaha Kal-fadhiyada

1. Maalin walba ka dib akhrinta Aayadaha Quraanka Kariimka ah, waxaa howshu soconeysaa sida ajendaha loogu diyaariyay.

    A. Mudnaanta 1aad waxaa leh qodobbada aan ajendaha ku jirin sida; dhaarta soo jeedinnada guddoomiyaha, qoraallada soo gaarey golaha, codsiyada iwm.

    B. Ogeysiinta soo jeedinnada (Motions).

    C. Iyo jawaabaha ka soo noqday su'aalihii la weydiiyay wasiirada.

2. Intaas ka dib, waxaa loo raacayaa qodobbada ajendaha sida ay isugu xigaan, haddii aanu guddoomiyaha si kale u soo jeedin.

Dhamaad.

Jamhuuriyadda Soomaaliya

Magacyadii Xubnihii Dowladdii

Daaqiliga aheyd ee Soomaaliya 1956-1960 kii

GOVERNO SOMALO

Magacyada xubnihii Dowladdii Daaqiliga aheyd ee Soomaaliya

Sawirrada Ra'iisul wasaarihii xukuumaddii Daaqiliga aheyd iyo Golihiisii Wasiirada

1. Ra'iisul W. C/laahi Ciise Maxamuud
2. W. Dhaqaalaha Faarax Cali Cumar
3. W. A. Bulshada Sh. Cali Jimcaale
4. W. Maaliyadda Salaad Cabdi Maxamed
5. W. A. Guud Max'ud Cabdi Nuur
6. W. A. Gudaha Xaaji Muuse Boqor

Magacyadii Hawlwadeennadii iyo Saraakiishii Booliiska ee xilka kala wareegay Talyaaniga

1. Governatoraha Gobolka Bandar Qaasim   Mudane Cali Cumar Sheegoow
2. Taliyaha Qeybta Booliiska Gobolka   L/Xidigle Cabdalla Cali
3. Governatoraha Gobolka Mudug   Mudane Daahir Xaaji Cusmaan
4. Taliyaha Qeybta Booliiska Gobolka   L/Xidigle Mux'ed Ib. Mux'ed
5. Governatoraha Gobolka Hiiraan   Mudane Xassan Nuur Cilmi
6. Taliyaha Qeybta Booliiska Gobolka   L/Xidigle Daa'uud Cabdulle Xirsi
7. Governatoraha Gobolka J/Sare   Muadane Xaaji Bashiir Ismaaciil
8. Taliyaha Qeybta Booliiska Gobolka   L/Xidigle Max'ed Abshir Muuse
9. Governatoraha Gobolka J/Hoose   Mudane Nuur Axmed Cabdulle
10. Taliyaha Qeybta Booliiska Gobolka   L/Xidigle Muxamed Ceynaanshe

Halka Gobolka Banaadir laga Soomaaliyeeyay oo kaliya Taliyaha Qeybta Booliiska loona magacaabay;

11. L/Xidigle Maxamed Siyaad Barre

Jamhuuriyadda Soomaaliya

Magacyadii Xubnihii

Baarlamaankii Soomaaliya

Sanadkii 1956dii

Magacyadii xubnihii Baarlamaankii Soomaaliya
Sanadkii 1956dii

1. Aadan Cabdulle Cusmaan
2. Cusmaan Axmed Rooble
3. C/qaadir Maxamed Zoope
4. Ugaas Yaasiin C/raxmaan
5. Sh. Cali Jimcaale Baraale
6. Maxamed Cabdalla Islaam
7. Aadan Axmed Aw Muuse
8. Jaamac Maxamuud Axmed
9. Yuusuf Cali
11. Abshir Faarax Samatar
10. Ali Muuse Maxamuud
12. C/laahi M. Ismaaciil
13. Xaaji Muuse Boqor
14. Maxamed Maxamuud Fiqi
15. Nuur Xaashi Calas Yuusuf
16. Maxamed Ugaas Aden
17. Axmed Maxamed Maxamuud
18. Sh. CAli Salaad Sh. CAbdi
19. Sh. Maxamed Isaaq Salad
20. Cusmaan M. Afrah
21. Xaaji Faarax CAli Cumar
22. Cabdi Sh. Aadan Cabdulle
23. Maxamed Axmed Geeddi
24. Maxamed Sh. Cusmaan
25. C/raxmaan Xaaji Muumin
26. Iko Xassan Baharo
27. Maxamed Cusmaan Diini
28. Maxamed Cabdi Nuur
29. Maxamed Cumar Cabdi
30. Sh. Cumar Sh. Xassan
31. Nuur Maxamed Cabdoow
32. Cabdi Nuur Maxamed
33. C/qaadir Aadan Xussein
34. Cabdi Buulle Aadan
35. Xaahi Axmed Aadan Amiin
36. C/laahi Mursal Maxamed
37. Sh. Xassan Khaliif Cumar
38. Muqtaar Malaaq Xassan
39. Cabdi Jaamac Cabdulle
40. Sh. Yuusuf Axmed Nuur
41. Cumar Sheegoow Cumar
42. Maxamed Nuur Xussein
43. C/qaadir Bin Abuubakar
44. C/laahi Ciise Maxamuud
45. Maxamuud Janaqoow Jimcaale
46. Aweys Maxamed Cali
47. Cali Isaaq Gees Maalin
48. Xassan Abuukar Axmed
49. Nuur Maxamed Xussein
50. Cabdiyoow Ibroow Talasso
51. Maxamuud Axmed Maxamed
52. Maxamed Cabdi Keyroo
53. Salaad Cabdi Maxamuud
54. Xussein Cumar Xassan
55. C/raxmaan Maxamed Xirsi
56. Nuur Mugaas Makoma
57. Sh. Cabdi Faqi Caddoow
58. Maxamuud M. Faarax
59. Cusmaan Maxamuud Ibraahim
60. Bille Coloow Maxamed
61. Cali Maxamed Bin Quer
62. Dr. Calzia Vinzenso

63. Xaaji Naazir Cali
65. Saciid Maxamed Saalim
67. Cali Majub Cali
69. Col. Giorgio Camilo

64. Avv. Quaglia Carlo
66. Boero Francesso
68. Damadar Tribhovan Shah
70. Axmed Fadal Haashim

British - Somaliland

Magacyadii
Golihii Sharci-dajinta

British - Somaliland
Sanadkii 1959kii

Dastuuradii iyo axdiyadii loo dhigay jamhuuiyadda soomaaliya

Magacyadii Golihii Sharci-dejinta ee British - Somaliland Sanadkii 1959dii

1. Xaaji Cumar Hurre
2. Meykal Maryano Cali
3. Xaaji Cilmi Samatar
4. Sh. C/laahi Faarax
5. Axmed Xaaji C/laahi
6. Cali Cige Jaamac
7. Rashiid Suldaan C/laahi
8. Heybe Cimi Cawad
9. Xaaji Axmed Sh. Maxamuud
10. Xaaji C/laahi Cali
11. Xaaji Muuse Axmed
12. Maxamuud Xussein Boodh

Jamhuuriyadda Soomaaliya

Magacyadii Xubnihii

Baarlamaankii Soomaaliya

Sanadkii 1964tii

Magacyadii xubnihii Baarlamaankii Soomaaliya
Sanadkii 1964kii

1. C/laahi Aadan Ducaale
2. C/raxmaan Maxamed Shire
3. Maxamuud Ciise Jaamac
4. Xaaji Ibraahim Cusmaan
5. Cumar Maxamed C/raxmaan
6. Rashiid Suldaan C/laahi Ciise
7. Axmed Yuusuf Du'aale
8. Axmed Gumane Rooble
9. Cabdi Xassan Booni
10. Cumar Cusmaan Yable
11. Aadan Isaaq Axmed
12. Axmed Ismaaciil Cabdi
13. Xaaji Ibraahim Nuur
14. Sh. Cali Imaaciil Yacquub
15. Maxamed Ibraahim Cigaal
16. Siciid Faarax Cabdi
17. Yuusuf Imam Maxamuud
18. Xassan Aadan Xaaji
19. Axmed Sh. Maxamed Obsiiye
20. Axmed Warsame Bacadle
21. Cabdalle Cige Aadan
22. Sh. Xassan C/laahi Faarax
23. Maxamed Jaamac Badmaax
24. Cowl Xaaji C/laahi Faarax
25. Cali Garaad Jaamac
26. Yuusuf Aadan Maxamed
27. Axmed Maxauud Cali
28. C/laahi Maxamed Jaamac
29. Cusmaan Axmed Haad
30. Maxamed Xassan Nuur
31. Ismaaciil Ducaale Warsame
32. Abuukar Muudey Cabdi
33. Xassan Xaaji Cumar Camey
34. Nuur Maxamed Xussein
35. C/laahi Maxamed Kablan
36. Cusmaan Axmed Rooble
37. Maxamed Axmed Salah
38. Maxamed A.Ibraahim
39. Xaaji Maxamed Ducaale
40. Maxamud Axmed Maxamed
41. Cali Maxamed Cosoble
42. Cali Maxamed Hiraabe
43. C/Casiis Nuur Xirsi
44. Abuukar Xaaji C/qaadir
45. Xussein Caliyoow Ibraahim
46. Axmed Cadde Munye
47. Islaaw Cusmaan Nuur Amiir
48. Cali Cumar Sheegoow
49. Cusmaan Sh. Axmed Hiraabe
50. Faarax M. Cali "Gololey"
51. Maxamed Xussein Xaamud
52. Yusuf Cusmaan "Berdecad"
53. Cusmaan Xassan Jaamac
54. Mustaf Xassan Macallin
55. Yaasiin Nuur Xassan
56. Muqtaar Malaaq Xassan
57. Salaad Xersi Carab
58. Axmed Xassan Cali
59. Maxamed Axmed Maxamed
60. Sh. Muqtaar M. Xussein

61. Maxamed Cosoble Cadde
63. Aadan Shire Jaamac
65. Sh. Cabdulle Maxamed
67. Maxamed Maxamuud Fuji
69. C/laahi Gacal Sabriye
71. Cali Geedi Shadoor
73. Maxamed Cali Dhoore
75. Axmed Guure Muumin
77. C/laahi Ciise Maxamuud
79. Sh. Cali Jimcaale Baraale
81. Salaad Cilmi Maxamuud
83. Xassan Hareed Faarax
85. Sh. Muqtaar Ibraahim Xussein
87. C/raxmaan Muumin Maxamed
89. Axmed Geelle Xassan
91. Maxamed Dhooli Xashoow
93. C/laahi Cosoble Siyaad
95. Ismaaciil Maxamed Cali
97. Xassan Maxamed Cabdulle
99. Maxamed Cabdi Nuur
101. Maxamed Sh. Daahir
103. Xasno Maxamed Nuur
105. Sh. Cumar Sh. Xassan
107. Sh. Maxamed Cumar Caliyoow
109. C/laahi Maxamed Ismaaciil
111. Khaliif Nuur Cusmaan
113. C/rashiid Cali Sharmaarke
115. Salaad Cabdi Maxamuud
117. C/risaaq Xaaji Xussein
119. Maxamed Jaamac Ciise
121. Xaaji Musse Boqor
123. Sh. Cali Ismaaciil

62. Barre Ugaas Geedi
64. C/qaadir Maxamed Zoope
66. C/Nuur Maxamed Xussein
68. Cali Buulle Aadan
70. Maxamed Sh. Aadan
72. Cali Caliyoow Maxamed
74. C/qaadir Cabdi XAaji
76. Kanadiid Axmed Yuusuf
78. Xussein Hire Axmed
80. Maxamed Nuur Shiikh
82. Xaaji Cali Aadan Shiikh
84. Yuusuf Shire Barre
86. Cabdi Jaamac Cabdulle
88. Ismaaciil Warsame Faarax
90. Ibraahim Cusmaan Abuukar
92. Maxamed Ciise "Dhalcad"
94. Cabdi Cigaal Jaamac
96. Xaaji Yuusuf Cigaal Cali
98. Maxamed A.Maxamuud
100. Xussein Cumar Xassan
102. Maxamed Xaaji Bile
104. Maxamuud M.Faarax
106. Hilowle M. Maxamed
108. Maxamed Cabdi Kibriye
110. Maxamed Yuusuf Xussein
112. Yaasiin C/aan Maxamed
114. Bashiir Ismaaciil Yuusf
116. Cusmaan M.Cadde
118. Muuse Samatar Ismaaciil
120. Maxamed Cali Daar
122. Jaamac Nuur Cali

The old Parliament building used until 1969

Jamhuuriyadda Soomaaliya

Magacyadii Xubnihii Baarlamaankii ay kala

Direen Ciidamadii Xoogga Dalka 21/10/1969kii

Magacyadii xubnihii Baarlamaankii ay kala direen Ciidamadii talada dalka xoogga ku qabsaday sanadkii 21/10/1969kii

1. Dalmar Cali Siyaad
2. Siciid Maxamed Maxamuud
3. Xaaji Muuse Boqor Cusmaan
4. Maxamed Jaamac Ciise
5. Maxamed Cali Daar
6. Cusmaan Ciise Maxamed
7. Xirsi Bulhan Faarax
8. Cumar Xaaji Guuleed
9. Axmed Ceygaag Abuukar
10. Yaasiin Cali Aadan
11. Diirye Muuse Mataan
12. Cusmaan Musse Cadde
13. Cusmaan Xassan Jaamac
14. Muuse Samatar Ismaaciil
15. C/risaaq Xaaji Xussein Xassan
16. Cali Shire Warsame
17. Aadan Shire Jaamac
18. Maxamed Dirir Guuleed
19. Ciise Faarax Cosoble
20. Xaaji Cali Geedi Shadoor
21. Maxamed Cali Maxamed
22. Isaaq Idoow Raage
23. Cabdi Maxamed Warsame
24. Yaasiin Nuur Xassan
25. Cali Kulmiye Abtidoon
26. Sh. Cali Jimcaale Baraale
27. Maxamed Siciid Ciyoow
28. Xareed Faarax Nuur
29. C/laahi Ciise Maxamuud
30. Maxamed Xassan Cabdulle
31. Xassan C/raxmaan Gacal
32. Cilmi Axmed Ducaale
33. Maxamed Dhooli Xanshoow
34. Maxamuud Maxamed Cusmaan
35. Cumar Nuur Cabdi
36. Maxamed Saalax Maxamed
37. C/raxmaan Cumar Caraale
38. C/laahi Cosoble Siyaad
39. Dr. Ismaaciil Jimcaale Cosoble
40. Suufi Cumar Maxamed
41. Dr. Maxamed Raajis Maxamed
42. Axmed Muudde Xussein
43. Cali Maxamed Hiraabe
44. Cali Cumar Sheegoow
45. Dr. Maxamed Sh. Maxamed Gabyo
46. Axmed Cadde Munye
47. Cusmaan Axmed Rooble
48. Xaaji Beifulle Sh. Xassan
49. Cusmaan Sh. Axmed Hiraabe
50. Xussein Caliyoow Ibroow
51. Sh. Cali Maxmamuud Xassan
52. Maxamuud Cabdi Nuur
53. Maxamed Nuur Xassan
54. Maxamed Sh. Maxamed Daahir
55. Cali Mahdi Maxamed
56. Xasno Maxamed Nuur

57. Xaaji Faarax Cali Cumar
58. Maxamed Idiris Mursal
59. C/laahi Xaaji Maxamuud
60. C/laahi Cabdiyoow Isaaq
61. Xaaji Cumar Xaaji Ali Shuceyb
62. Iko Xassan Baharoow
63. Cali Caliyoow Maxamed
64. Cumar Maxamed C/raxmaan
65. Cabdi Nuur Maxamed Xussein
66. Ibraahim Cusmaan Abuukar
67. Maxamed Sh. Xassan Aadan
68. C/qaadir Maxamed Shirwac
69. Maxamed Xassan Xussein
70. Maxamed Mire Muuse
71. Mahad Macallin Aadan
72. Bashiir Sh. Xussein Cusmaan
73. Sh. Maxamed Kheyr Nuur
74. Xussein Cumar Xassan
75. Ibraahim Gadiid Mirre
76. Cumar Macallin Maxamed
77. Siciid Bakar Shariif Cusmaan
78. Yuusuf Cigaal Cali
79. Cali Aadan Isaaq
80. Juuma Maganda Maleni
81. Maxamed Nuur Shiikh
82. C/laahi Jirre Ducaale
83. Yuusuf shire Barre
84. Cumar Carte Qaalib
85. C/kariim Xussein Meyla
86. Imaan Warsame Nuur
87. Sh. Muqtaar Maxamed Xussein
88. C/laahi Gaah-Nuug Cabdi
89. Barre Ugaas Geeddi
90. Axmed Ibraahim Goynax
91. Aadan Diire Maxamed
92. C/laahi Sh. Ibraahim
93. Hiloowle Macallin Maxamed
94. Maxamed Ibraahim Cigaal
95. Maxamed Kheyr Maxamed Nuur
96. Cali Sh. Maxamed Xussein
97. Maxamed sh. Yuusuf Xussein
98. Cabdi Cige Cumar
99. Sh. Barre Cabdi Ibraahim
100. Muuse Sh. Maxamed Siraaj
101. Yuusuf Ibraahim
102. Cali Maxamed Diiriye
103. Cali Warsame Bokh
104. Aadan Isaaq Axmed
105. Axmed Gumane Rooble
106. Yuusuf Cilmi
107. Cumar Cusmaan Yaabeh
108. Maxamed Cali Muuse
109. Cawil Nuur Jaamac
110. Xassan Aadan Maxamed
111. Ducaale Jaamac Axmed
112. Maxamed Sh. Cusmaan Nuur
113. IsmaaciilmDucaale Warsame
114. Xassan Cali Askar
115. Jaamac Ganni
116. Maxamed Muuse Yuusuf
117. Maxamed Cali Ismaaciil
118. Maxamed Garad Maxamed
119. Meykal Maryano Cali
120. Cali Faarax Dahar Gar-gar
121. Maxamuud Nuur Ammaan
122. C/laahi Maxamed Hirad
123. Maxamuud Cali Derry

Jamhuuriyadda Soomaaliya

Magacyadii Xubnihii Golihii Sare ee Kacaanka

Sanadkii 1969kii

Magacyadii Xubnihii Golihii Sare ee Kacaankii 21kii Oktoobar 1969kii

1. Maxamed Siyaad Barre
2. Maxamed Cali Samatar
3. Xussein Kulmiye Afrax
4. Axmed Suleymaan Cabdalla
5. Ismaaciil Cali Obokor
6. C/qaadir Xaaji Masalle
7. Jaamac Cali Qoorsheel
8. Maxamed Cali Shire
9. Maxamed Ceynaanshe Guuleed
10. Axmed Maxamuud Faarax
11. Salaad Gabeyre Kadiye
12. Axmed Xassan Muuse
13. Maxamed Cumar Jees
14. Muuse Rabiile Good
15. Bashiir Yuusuf Cilmi
16. Faarax Waceys Duule
17. Cabdi Warsame Isaaq
18. Maxamed Shiikh Cusmaan
19. Maxamuud Mire Muuse
20. Cusmaan Maxamed Jeelle
21. Cali Mataan Xaashi
22. Axmed Maxamuud Cadde
23. C/risaaq Maxamud Abuubakor
24. Cabdalla Maxamed Faadil
25. Maxamuud Geelle Yuusuf

Jamhuuriyadda Soomaaliya

Magacyadii Xubnihii Golaha Dhaxe ee XHKS

Sanadkii 1976dii

Magacyadii Xubnihii Golihii Dhexe ee Xisbigii Hanti-wadaagga Kacaanka Soomaaliyeed

1. Maxamed Siyaad Barre
2. Maxamed Cali Samatar
3. Xussein Kulmiye Afrax
4. Ismaaciil Cali Obokor
5. Axmed Suleymaan Cabdalle
6. Axmed Maxamuud Faarax
7. Cismaan Maxamed Jeelle
8. Aadan Cabdi Ducaale
9. Jaamac Maxamed Qaalib
10. C/raxmaan Jaamac Barre
11. Maxamed Cali Shire
12. Axmed Xassan Muuse
13. Xussein Qaasim Nuur
14. Abuukar Xassan Wehliye
15. Yuusuf Axmed Salxaan
16. Maxamed Cali Nuur
17. Cusmaan Saalax C/kariim
18. C/laahi Cosoble Siyaad
19. Aadan C/laahi Nuur Gabyoow
20. C/qaasim Salaad Xassan
21. C/risaaq Maxamudd Abuubakor
22. C/laahi Warsame Nuur
23. Cali Mataan Xaashi
24. Maxamed Ibraahim Liiqliiqato
25. Maxamuud Geelle Yuusuf
26. Cumar Salaad Cilme
27. Axmed Sahal Cali
28. Maxamuud Maxamed Guuleed
29. Maxamed Nuur Galaal
30. C/raxmaan Cabdi Xussein
31. Cusmaan Maxemed Jeelle
32. C/laahi Maxamuud Matukade
33. Maxamed Shiekh Cusmaan
34. Warsame Cali Faarax "Juguf"
35. C/qaadir Xaaji Maxamed
36. Yuusuf Cali Cusmaan
37. Maxamed Cumar Cusmaan
38. Xamsa Maxamed Gaadaweyne
39. Bile Rafle Guuleed
40. Aadan Cabdi Ducaale.
41. Maxamuud Jaamac Juge
42. Cumar Xaaji Masalle
43. Yuusuf Maxamed Weyrax
44. C/raxmaan Ceydiid Dirir
45. Maxamed Aadan Shiikh
46. Axmed Shire Maxamuud
47. Maxamed Buraale Ismaaciil
48. Maxamuud Maxmed Warsame
49. Aadan Maxamed Cali
50. Maxamuud Cali Axmed
51. Maxmaed Cali Warsame
52. Warsame C/laahi Cali
53. Maxamed Xaaji Jaamac kore
54. C/laahi Maxmed Xassan
55. Yuusuf Ibraahim Cali "Abuuraas"
56. C/raxmaan Nuur Xirsi
57. Cumar Carte Qaalib
58. Maxamuud Cabdi Dhuunkaal
59. Ibraahim Meygaag Samatar
60. Maxamed Xawaadle Madar

61. Axmed Maxamuud Maxamed
62. Cusmaan Jaamac Cali
63. Cabdi warsame Isaaq
64. Axmed Maxamed Ducaale
65. Faarax Waceys Dhuullea
66. C/salaam Shiekh Xussein
67. Muuse Rabiile Good
68. Shariif Saalax Maxamed Cali
69. Cali Xussein Cabdullaahi
70. Axmed Xabiib Axmed
71. Cabdalla Maxamed Faadil
72. Faadumo Cumar Xaashi
73. Axmed Ashkir Bootaan
74. Maxamed Cali Sarmaan
75. Cumar Saalax Axmed
76. Maxamed Jibriil Muuse

Jamhuuriyadda Soomaaliya

Magacyadii Xubnihii Golihii Shacbiga Qaranka

Intii u dhaxeysay Sanadkii 1985tii - 1991dii

Xubnihii Golihii Shacbiga Qaranka Jamhuuriyadda Dimoqraadiga Soomaaliya intii u dhaxeysay 1985 ilaa 1990kii

1. Maxamed Cali Samatar
2. Xussein Kulmiye Afrax
3. Axmed Suleymaan Cabdalla
4. Axmed Maxamuud Farax
5. Maxamed Cumar Jees
6. Cabdulaahi Warsame Nuur
7. C/qaadir Xaaji Maxamed
8. Max'ed Abuukar Xaaji
9. C/dullaahi Maxamed Diirshe
10. Max'ed Muuse Max'ed
11. Max'ud Jaamac Juge
12. Max'ed Max'ud warsame
13. Warsame C/laahi Cali
14. C/raxmaan Jaamac Barre
15. Shire Suudi Max'ud
16. Max'ed Xaashi Cigaal
17. Max'ed Cali cabdi
18. Maryan Yuusuf Max'ud
19. Mahad Dirir Guuleed
20. Axmed Sugulle Xersi
21. C/laahi Max'ed Diirshe
22. Xussen Max'uud Max'ed
23. Muraayo Garaad axmed
24. Cali Yuusuf Deynab
25. C/qaadir Shire faarax
26. Ciise Ugaas cabdulle
27. Nuur Cali Xassan
28. Max'ed Xaashi Gaani
29. Xussen C/qaadir Qaasim
30. Bile rafle Guule
31. Aadan C/laahi Nuur Gabyo
32. Max'ed Cumar Cusmaan
33. Yuusuf Ibraahim Abuuraas
34. Aadan Cabdi Ducaale
35. Max'ed Dhaqane Dhoore
36. Axmed Max'ed Isaaq
37. Cabdi Max'ud Tarax
38. C/salaan X. Max'ed
39. Aadan Xussen Xelye
40. Cumar Max'ed C/raxmaan
41. Xussen Mataan Sh. C/raxmaan
42. C/raxmaan Aadan Cabdulle
43. Max'ed Buraale Ismaaciil
44. Xamsa Max'ed Gaadaweyne
45. Axmed Jaamac Cabdulle Jangali
46. Max'ed Faarax Ciise
47. Axmed Sh. Jaamac
48. C/laahi Max'ed Mire
49. Cabdi Max'ed Saxardiid
50. Yuusuf Cabdi Shirdoon
51. Max'ed Aadan Axmed
52. Axmed Max'ed Aadan Qeybe
53. Xussen Xassan cali
54. Max'ud Geelle Yuusuf

55. C/risaaq Max'ud Abuubakar	56. Aadan Max'ed Cali
57. Max'ed Jibriil Muuse	58. Max'ud Cali Axmed
59. Yuusuf Cali Cusmaan	60. Yuusuf Axmed Salxaan
61. Max'ed Cali Warsame	62. Max'ed Jaamac Axmed
63. C/raxmaan C/dulle Shuuke	64. Mire Awaare Jaamac
65. Max'ed Cabdi Yuusuf	66. Khaliif Muuse Samatar
67. Cali Saalax C/kariim	68. Max'ud Sh. Mursal
69. Max'ed Cali Xassan	70. Xaliima Sh. Max'ud
71. Xassan Abshir Faarax	72. Cabdi Afrax Yuusuf
73. C/laahi Salaad Warsame	74. C/qaadir Faarax Max'ed
75. Aadan Xersi Warsame	76. Max'ed Cali Mire
77. Jaamac Xirsi Badwi	78. Max'ed gaani Max'ed
79. C/risaaq Cusmaan Juriille	80. Axmed Nuur Yuusuf
81. Axmed Cumar Az-hari	82. C/laahi Ugaas Max'ed
83. Max'ed xassan Barre	84. Axmed Max'ed Ceegaag
85. Max'ed Siciid Xirsi Moorgan	86. Max'ud Diiriye Max'ed
87. Max'ud Siciid Max'ed	88. Max'ud Cabdi Nuur
89. Max'ud Shire Ismaaciil	90. Max'ed Cali Nuur
91. Abuukar Xassan Wehliye	92. Abuukar Shiikh Yuusuf
93. Max'ud Max'ed Rooble	94. Max'ed max'ud Nuur Shoot
95. Max'uud Max'ed Guuleed	96. Max'ed Xaaji Sabriye
97. C/laahi Mahdi Qeyloow	98. Max'ed Nuur Galaal
99. Axmed Sahal Cali	100. C/qaasim Salaad Xassan
101. Yuusuf Xassan Cilmi	102. C/lahi Axmed Caddow
103. Faaduma Axmed Caalin	104. Salaad Cusmaan Rooble
105. Cali Xaashi Cilmi	106. Xussen Cabduule Cali
107. Axmed Max'ed Xabbad	108. Amaan Sh. Cali Samatar
109. Max'ed Cabdulle Bacadle	110. Sh. C/laahi Shaati-cadde
111. Cali Siciid Warsame	112. C/laahi Cosoble Siyaad
113. Xussen Cabdulle Calasow	114. C/laahi Gacal Cabdi
115. Cali Sh. Aadan	116. Max'ed Sh. Cusmaan
117. Axmed Macallim Cabdulle	118. Xareed Faarax Nuur
119. Xassan Max'ed Cusmaan	120. Muuse Nuur Amiin
121. Max'ed Ibraahim Liiqliiqato	122. C/maan Cabdi Xussen
123. C/qaadir Macow Cumar	124. C/salaan Xassan Max'ed
125. Ibraahim Macalin Mursal	126. Axmed xassan Muuse
127. Max'ed Xawaadle Madar	128. Cusmaan Jaamac Cali
129. Ismaaciil Axmed Ismaaciil	130. Max'uud Cabdi Dhhunkaal

131. Jaamac Gaas Mucaawiye
132. Sh. Xassan C/laai Faarax
133. Max'ed Yuusuf Axmed
134. Xassan Suudi Xirsi
135. C/raxmaan Xussen cabdi
136. C/raxmaan Jaamac Max'ed
137. Cali Max'ed Axmed
138. Xassan Xaaji Max'ed
139. Yuusuf Cabdi Ibraahim
140. Max'ed Muuse Cawaale
141. Yaasiin Xaaji Ismaaciil Jirde
142. Cabdi Xaashi Cabdullahi
143. Max'ed max'ud Nuur
144. Raaqiya Xaaji Ducaale
145. Xassan Axmed Gabay
146. Max'ed Cilmi Bulaale
147. Muuse Rabiile Good
148. Faarax Waceys Duulle
149. Cabdi Warsame Isaaq
150. Cali Xusse C/laahi
151. Nuur Faqi Cusmaan
152. Maka Macallin Max'ed
153. C/laahi Jaamac Max'ed
154. Khaliif Xaaji C/laahi
155. Sh. Max'ed Axmed Xussen
156. Axmed Max'ed Geeddi
157. C/salaan Sh. Xussen
158. Max'ed Cali Xaamud
159. C/rashiid Sh. Axmed
160. C/raxmaan Max'ed Cumar
161. Max'ed Sh. Cusmaan Jawari
162. Sh. Yaroow Cabdiyoow
163. Xassan Sh. Ibraahim Xaseey
164. Shariif Max'ed Cali Isaaq
165. Cabdalle Max'ed Faadil
166. Axmed Ashkir Bootaan
167. Axmed Xabiib Axmed
168. Faadumo Cumar Xaashi
169. Axmed Cali Saalax
170. Max'ed Nuur Caliyoow
171. Max'ed Xarakoow Max'ed
172. C/laahi Max'ed Sheegoow
173. Max'ed Sh. Cali Munasar
174. Daahir Nuur Raafi
175. Xaaji Cumar Cali Cumar
176. Cumar Axmed Camuudi
177. Muxyadiin Max'ed Kaalmooy

Jamhuuriyadda Soomaaliya

Magacyadii Guddigii Suluxa iyo Badbadinta Qaranka Soomaaliyeed

Muqdisho, Soomaaliya 1990kii

Magacyada Guddigii Suluxa iyo Badbaadinta Qaranka Soomaaliyeed 1990kii

1. Xaaji Aadan Cabdulle Cusmaan
2. Muqtaar Xaaji Xussein
3. Xaaji Muuse Boqor
4. Dr. Ismaaciil J. Cosoble
5. Dr. Maxamed Raajis Maxamed
6. Gen. Maxamed A.Muuse
7. Dr. Xussein Xaaji Maxamed Bood
8. Suldaan Turki Suldaan Xeyle
9. Cali Shiddo Cabdi
10. Sheekha Muudeey Gacal
11. Xaaji Maxamuud Yuusuf Tiiroow
12. Cusmaan Axmed Rooble
13. Xaaji Beynax Barre
14. Axmed Maxamed Cabdulle
15. Maxamuud Yuusuf Aadan
16. Xaashi Wehliye Maalin
17. Prof. Ibrahim Maxamuud Abyan
18. Kamaaludiin Xaaji Cali
19. Dr. Maxamuud Jaamac Afbalaar
20. C/laahi Sheekh Maxamuud
21. Maxamed Cali Caateeye
22. Maxamed Faarax Siyaad
23. Cali Mahdi Maxamed
24. Saalax Cali Cabdulle
25. Cali Xussein Gurac
26. Dr. Xassan Dh.Warsame
27. Dr. C/laahi Macallin Cabdulle
28. Dr. C/casiis Nuur Xirsi
29. Boqor C/laahi Boqor Muuse
30. Mire Colaad Cawaale
31. Baashi Cali Jaamac
32. Dr. Axmed M.Darmaan
33. Dr. Cabdi Shiekh Aadan
34. Cabdi Xaaji Yuusuf Shulaco
35. Xersi Xaaji Jaamac
36. Xaaji Axmed Raage Cabdi
37. C/qaadir Xaashi Dholo-dhalo
38. Cabdi Bullaale
39. Aadan Cumar
40. C/qaadir Aadan Cabdulle
41. Dr. C/raxmaan Cilmi Cigaal
42. Axmed Ismaaciil Boqor
43. C/qaadir Cumar Bootaan
44. C/qaadir Iimaan Aadan
45. Maxamed Siciid Ciyoow
46. Maxamuud C/laahi Qore
47. Maxamed Diiriye
48. Xassan Xaaji Maxamed
49. Dr. Sh. Cali Maxamuud "Tuure"
50. Dr. Maxamuud Muxumad
51. Bashiir Ciise Cali Xussein
52. C/laahi Yuusuf Cigaal
53. Xaaji Cali Geedi Shadoor
54. Dr. Cabdi M.Maxamed

55. Khaliif Jaamac
56. Jibriil Xassan Maxamed
57. Dr. Muumin Cumar Axmed
58. Max'ud Geedi Max'ud
59. Yuusuf Jaamac
60. Maxamed Cali Xaashi
61. Axmed Cilmi Cusmaan
62. Mire Cali Cusmaan
63. Cabdi Iidle Shuuriye
64. Abshir Kaahiye Faarax
65. Xussein Axmed Cabdule
66. Xiireey Qaasim Wehliye
67. Ibraahim Rooble Warfaa
68. Cali Maxamed Guuleed
69. Faarax Warsame Cusmaan
70. Maxamed Cabdulle Furre
71. Axmadeey Shiikh Qaasim
72. Cali Maxamed Ibraahim
73. Cali Iimaan Gadaw
74. Axmed Sh. Maxamed
75. Sh. C/rashiid Sh. Cali Suufi
76. Cali Calas Qaareey
77. Cali Maamed Obsiiye
78. Cabdi Muxumed Kheyre
79. C/laahi Faarax Hoolif
80. Axmed Xaaji Maxamed
81. Xaaji Maxamuud Koogaar
82. C/laahi Xussein Maajoor
83. Xassan Barre
84. Salaad Cali Diini
85. Xassan Guureeye
86. Sh. Abuukar Macallin Cali
87. Dr. C/qaadir Maxamed
88. C/rashiid Maxamuud
89. Maxamed Xaaji Cumar
90. Xassan Canshuur Maxamed
91. Cumar Maxamed Guuleed
92. C/laahi Max'ud Matukade
93. Xaaji Axmed Cali Islaweyn
94. Siciid Cusmaan Kenadiid
95. Xaaji Faarax Cusmaan
96. Maxamed Max'ud Jaamac
97. Muuse Yuusuf Cali
98. C/qaadir Xaaji Siciid
99. C/xamiid Islaan Faarax
100. C/laahi Maxamed Yuusuf
101. Maxamed Jaamac Geyre
102. Maxamed Cumar Jaamac
103. Dubad Sugulle Maxamuud
104. Faarax Cusmaan Shiwaar
105. Xaaji Maxamed Cawaale Liibaan
106. C/raxmaan Shiekh Nuur
107. Jaamac Cali Jaamac
108. C/laahi Ciise Yuusuf
109. Maxamed Yuusuf Faarax
110. Maxamed Siciid Ismaaciil
111. Yaasiin Guure Cali
112. Beeldaaje Cali Nuur Faarax
113. Cabdi Muxumad Amiin
114. Axmed C.Daahir "Shell"

Somali Flag

Somali National Emblem

Jamhuuriyadda Soomaaliya

Magacyadii Xubnihii Baarlamaankii KMG ahaa

Carte, Jibuuti August, 2000-2004

Xubnahii Baarlamaankii KMG ahaa ee Soomaaliya
August 2000 Carte, Jabuuti

MAGACYADA MUDANAYAASHII GOLAHII SHACBIGA SOOMAALIYEED 2000

1 Cabdallah Dheerow Isaaq
2 Maxamad Cabdi Yusuf
3 Axmad Abroone Amin
4 Mukhtaar Maxamad Yuusuf
5 Zeinab Maxamad Caamir
6 Axmad Cabdi Booriile
7 Cumar Sheekh Cabdi Ibraahim
8 Cabdinaasir Haaji Shirwac
9 Mahad Cabdalle Cawad
10 Aaden Bulle Maxamuud
11 Aaden Macallin Isaaq
12 Aaden Maxamed Cali
13 Aaden Maxamed Nuur
14 Aamina Cali Muuse
15 Abshir Ibraahim Maxamed
16 Abti Macallin Axmad
17 Abuukar Muxumad Guure
18 Amiin Axmed Sheekh
19 Axmad Abuukar Axmad
20 Axmad Cibaad Bulxan
21 Axmad Cusmaan Jibriil
22 Axmad Ducaale Geele
23 Axmad Koosaar Cilmi
24 Axmad Maxamad (Bidde)
25 Axmad Warsame Maxamad
26 Axmad Xaaji Maxamed
27 Axmad Zaki Guuleed
28 Axmed Maxamad Nuur
29 Bare Geedi Dhabar
30 Bashiir Faarax Kaahiye
31 Bashi Macalin Aadan Keinaan
32 Bileh Rafle Guuleed
33 Caadil Sheegow Sagaar
34 Caasha Axmed Cabdallah
35 Caasha Cabdi Sheekh
36 Caasha Khaliif Cabdi
37 Caasha Xaaji Cilmi
38 Cabaas Ibraahim Maxamed
39 Cabdi Axmed Duuxulow
40 Cabdi Bashiir Cali Salaad
41 Cabdi Cusmaan Faarax
42 Cabdi Faarax Jaamac
43 Cabdifataax Ibraahim Rashiid
44 Cabdi Ismaacill Kaahin
45 Cabdikariim Cali Afrax
46 Cabdikariim Cige Guuleed
47 Cabdillaahi Aw Aadan Muxumud
48 Cabdillaahi Boqor Muuse
49 Cabdillaahi Cabdi Cigaal
50 Cabdillaahi Jaamac Cali
51 Cabdillahi Bile Nuur
52 Cabdillaahi Gafow Maxamed

53 Cabdi Macallin Axmad
54 Cabdi Maxamuud Axmad
55 Cabdiqadir Xaaji Maxamed
56 Cabdiraxiim Muuse Abshir
57 Cabdiraxmaan Aadan Ibraahim
58 Cabdiraxmaan Axmad Suge
59 Cabdiraxmaan Cusmaan Dirir
60 Cabdiraxmaan Ducaale Cali
61 Cabdiraxmaan Maxamad Cumar
62 Cabdiraxmaan Xasan Cali
63 Cabdiraxmaan Yusuf Diiriye
64 Cabdirazaaq Cawil Bucluul
65 Cabdirazaaq Maxamad Jaamac
66 Cabdirazaaq Muuse Xirsi
67 Cabdiwali Maxamad Dauud
68 Cabdiwali Xirsi Cabdulle
69 Cabdi Xaaji Yariis
70 Cabdi Xasan Cawaale
71 Cabdulcasiis Mukhtaar Macalin
72 Cabdullaahi Aaden Axmad
73 Cabdullaahi Gacal Cabdi
74 Cabdullaahi Macalin Faax
75 Cabdullaahi Maxamed Nuur
76 C/laahi Xasan Max'ud
77 Cabdullaahi Xassan Xuseen
78 Cabdulle Faarax Xirsi
79 Cabdulqaadir Qaasim Mursal
80 Cabdulqaadir Xirsi Yamyam
81 Cabdulqaadir Xuseen Nuur
82 Cabdulwaaxid Xaaji Xasan
83 Cabdulwahaab Maxamed Xuseen
84 C/xakiim Axmad Xaashi
85 Cabiraxmaan Axmad Maxamad
86 Cafiifa Sheikh Maxamad
87 Cali Aaden Xuseen (Marguus)
88 Cali Baashi Cumar
89 Cali Khalif Gallaydh
90 Cali Mahdi Maxamad
91 Cali Maxamad Nuur Harakow
92 Cali Maxamed Ibraahim
93 Cali Maxamuud Xasan
94 Cali Mursal Maxamad
95 Cali Ugaas Cabdule
96 Cali Xaaj iYusuf
97 Caydiid Maxamad Cusmaan
98 Cilmi Faarax Nuur
99 Cismaan Libaax Ibraahim
100 Cismaan Maxamad Faarax
101 Cumar Faaruuq Xaaji Cabdi
102 Cumari Maxamad Xirsi
103 Cumar Islaw Maxamad
104 Cumar Xaashi Aadan
105 Cusmaam Aweys Nuur
106 Cusmaan Cilmi Boqoreh
107 Cusmaan Maxamuud Dufle
108 Daahir Khaliif Faarax
109 Daahir Warsame Yuusuf
110 Daahir Xasan Guutaale
111 Faaduma Maxamad Nuur
112 Faarax Axmad Cumar
113 Faarax Cali Shire
114 Faarax Xasan Moxamad
115 Faarax Xuseen Cadar
116 Fahma Axmed Nuur
117 Fawziya Cabdullaahi
118 Faysal Xasan Colhaye
119 Garaad Abshir Saalax Maxamad
120 Hilawle Aaden Maxamud
121 Hindi Cifaaf Weheliye
122 Ibraahim Cali Cabdulle
123 Ibraahim Issaq Maxamad Yarow
124 Ibraahim Macallin Kutub
125 Ibraahim Maxamad Cabdi
126 Ibraahim Maxamad Disuge

127 Ibraahim Maxamad Diiriye	128 Ibraahim Sheekh Cali
129 Isaaq Maxamed Maxamuud	130 Ismaaciil Aaden Samaale
131 Ismaaciil Macallin Muuse	132 Ismaaciil Maxamuud Hurre
133 Ismaaciil Qaasim Naaji	134 Jaamac Beeldaaje C/laahi
135 Jacfar Muuse Idleh	136 Jamaal Xasan Ismaaciil
137 Jawaahir Sh. Barre	138 Khadar Biixi Caalin
139 Khadiija Maxamad Diiriye Haashi	140 Khadija Ossoble Cali
141 Khaliif Cabdullaahi Maxamad	142 Macallin Maxamuud Aaden
143 Madoowe Nuunow Maxamed	144 Maryan Cariif Qaasim
145 Maryan Hagi Cilmi	146 Mawliid Xuseen Cumaar
147 Maxamad Absir Muuse	148 Maxamad Axmad Caalin
149 Maxamad Axmad Absuge	150 Maxamad Axmad Jeele
151 Maxamad Cabdi Cawad	152 Maxamad Cabdi Maxamad
153 Maxamad Cabdulqaadir Abuucumar	154 Maxamad Cali Cabdi
155 Maxamad Cali Daheeye	156 Maxamad Cali Xaamud
157 Maxamad Cali Xagaa	158 Maxamad Cali Xashi
159 Maxamad Cumar Maxamad	160 Maxamad Cumar Max'ud
161 Maxamad Daahir Afrax	162 Maxamad Faarax C/laahi
163 Maxamad Faarax Canshuur	164 Maxamad Faarax Good
165 Maxamad Ibraahim Maxamad	166 Maxamad Isaaq Ibraahim
167 Maxamad Maxamuud Xayd	168 Maxamad Mursal Boorow
169 Maxamad Nuur Galaal	170 Maxamad Qaasim Maxaad
171 Maxamad Raajis Maxamad	172 Maxamad Saciid (Morgan)
173 Maxamad Siid Axmad (Mayran)	174 Max'ed Suldaan C/qaadir
175 Maxamad Warsame Cali	176 Maxamad Xasan Nuur
177 Maxamad Xirsi Ducaale	178 Maxamuud Barre Xuseen
179 Maxamuud Bashiir Muuse	180 Max'ud Jaamac Yacquub
181 Maxamuud Xaashi Gaanni	182 Max'ed C/laahi Mox'ud
183 Maxamuud Xuseen Faarax	184 Max'ud Axmad Kulalihi
185 Mukhtaar Xaaj iXaamud Xasan	186 Musdhaf Mukh. Guudow
187 Muuse Bootaan Maxamad	188 Muuse Moxamuud Cumar
189 Muxyadiin Maxamad Xaaji	190 Nadiifa Sheekh Axmad
191 Nuur Xaaji Maxamad	192 Rashiid Cumar Dheere
193 Saalax Sheekh Cusmaan	194 Saalim Caliyow Ibrow
195 Saciid Cabdallah Cumar	196 Saciid W. Abokor
197 Saciid Xasan Ibraahim	198 Saciid Xasan Shire
199. Sahra C/qaadir C/raxmaan	200 Sahra Macallin Bashiir
201 Sahra Sulub Cumar Xaashi	202 Sakariya Xuseen Aareh

203 Shariif Maxamed Cabdallah
205 Shire Suudi Maxamed
207 Siraad Daahir Yaabaneh
209 Tahliil Xuseen Geudi
211 Xabiiba Maxamed Qeer (Deeray)
213 Xasan Abshir Faarax
215 Xasan Axmad Sadiiq
217 Xasan Cumar Xuseen
219 Xasan Faarax Xujaale
221 Xasan Ismaacill Bile
223 Xasan Sanay Barreh
225 Xasan Suudi Xirsi
227 Xasan Yusuf Xasan
229 Xersi Ismaaciil Maxamed
231 Xuseen Ceelabe Faahiye
233 Xuseen Macallin Iimaan
235 Xuseen Salah Muuse
237 Yaasiin Daahir Muuse
239 Yuusuf Suldaan Xasan
241 Zaciima Cabdullaahi Haji
243 Zakaria Maxamud Cabdi
245 Ciise Weheliye Macallin

204 Shariif Xasan Sh. Aaden
206 Siid Axmed Sh. Daahir
208 Suuri Diiriye Carab
210 Xaashi Nuureaw Diini
212 Xabiiba Nuur Gindi
214 Xasan Axmad Cilmi Diin
216 Xasan Caynte Axamed
218 Xasan Daahir Cabdi
220 Xasan Ibraahim Maxamed
222 Xasan Maxamad Nuur
224 Xasan Maxamed Cabdi
226 Xasan Xaaji Axmad
228 Xawa Maxamed Ibraahim
230 Xuseen Cabdi Maxamad
232 Xuseen Geudi Jimcaaleh
234 Xuseen Maxamuud Sh.
236 Xuseen Shiikhii Maxamad
238 Yuusuf Maxamad Axmad
240 Yuusuf Xasan Ibraahim
242 Zahra Jamac Cali Qorsheel
244 Zakiya Cabdisalaam Caalim

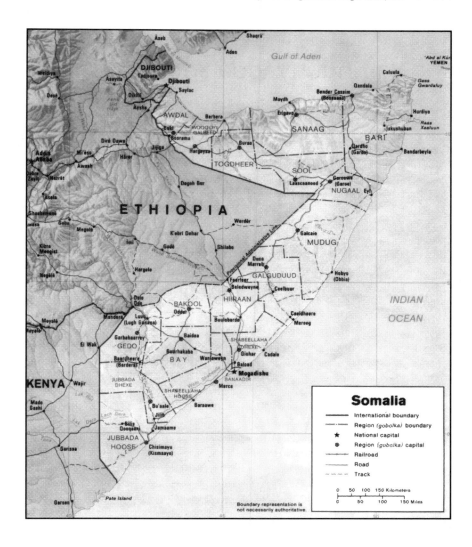

Jamhuuriyadda Soomaaliya

Jamhuuriyadda Soomaaliya

Magacyada Xubnaha Baarlamaanka FKMG ah

2004ta ilaa 2009ka

Xubnaha Baarlamaanka KMG ah ee Jamhuuriyadda Federaaliga Soomaaliya inta u dhaxeysa 22, September 2004 ilaa 21ka September 2009ka

1. Shariif Xassan Shiekh Aadan
2. Prof. Maxamed C.Dhalxa
3. Cilmi Cusmaan Boqorre
4. Khadiija Maxamed Diiriye
5. Maxamed Barre Xussein
6. Hussein Maxamed Shiekh
7. Maxamed Xassan Waayee
8. Madoobe Nuunoow
9. Maxamuud Maxamed Xeyd
10. Xassan Macalin Xussein
11. Xussein Maxamed Jaamac
12. C/Kaafi Macallin Xassan
13. Aadan Maxamed Feero
14. Ismaaciil Cabdi Maxamed
15. C/risaaq Xaaji Maxamuud
16. Ibraahim Isaaq Ceymooy
17. Faarax Yaasiin Maxamed
18. Saalim Caliyoow Ibroow
19. Maxamed Maxamuud Goomeey
20. Axmed Cabdi Cumar
21. C/laahi Abuukar Jaamac
22. Caasha Cabdi Shiekh
23. Jen. Ismaaciil Qaasim Naaji
24. Ing. Munye Siciid Cumar
25. Caadil Sheegoow Sagaar
26. Maxamed Nuuraani Bakar
27. C/laahi Maccalin Muudeey
28. Muqtaar Munye Bashiir
29. Muqtaar Maxamed Yuusuf
30. Maxamuud Maxamed Jiis
31. Cali Maxamed Faqi
32. Cali Shiekh Maxamed Nuur
33. Fahma Axmed Nuur
34. Isaaq Maxamuud Maxamed
35. Caamir Axmed Maxamed
36. Xussein Cusmaan Xussein
37. Shariif Maxamed Seydii
38. Muna Maxamed Abiikar
39. Maxamed Cismaan Maye
40. Dr. Qaalid Cumar Cali
41. Saalax Ismaaciil Saqaawe
42. Avv. Axmed Ibraahim
43. C/qaadir Aweys Mahdi
44. Shiekh Aadan Madoobe
45. Mowliid Macaani Maxamuud
46. C/laahi Aadan Axmed
47. Shiekh Jaamac Maxamed
48. Sareedo Maxamed Cabdalla
49. Xussein Baantuu
50. Yuusuf Maxamed Kheyr
51. Saleymaan Cusmaan Rooble
52. Luul Cabdi Aadan
53. Cali Cismaan Jiiroow
54. C/laahi Cabdi Garuun
55. Xassan Aadan Xussein
56. Shiekh Nuur Cali Aadan
57. Xassan Ibraahim Maxamed
58. Jen. Muumin Ibraahim

59. C/fataax Ibraahim
60. Shiekh Aadan Sh. Maxamed
61. Xaaji Maxamed Ismaaciil
62. C/laahi Aadan Cali Shaleyte
63. Xassan Nuur Aadan
64. Cabdalla Deeroow Isaaq
65. Ibraahim Xussein cali Saalax
66. Maxamed Xussein Isaaq
67. Amiin Axmed Sh. C/raxmaan
68. Maxamuud Cabdi xassan
69. Ugaas Cismaan Libaax
70. Macallin Nuur Xassan
71. Cali Aadan Xussein
72. C/qaadir Maxamed Nuur
73. Col. Xassan Maxamed Nuur
74. Maxamed Mursal Baroow
75. Xassan Maxamed Idiris
76. Ibraahim Isaaq yaroow
77. Ibraahim cabdi Nuur
78. Faadumo Shiekh Nuunoow
79. Maxamed Ibraahim Xaabsade
80. Cusmaan M/taar Maxamed
81. Maxamed Ibraahim Isaaq
82. Sh. Aadan Macallin Isaaq
83. Cabdi Xaaji yariis
84. Aamina Maxamed Mursal
85. Ibraahim C/laahi Cusmaan
86. Maxamed M. Guuleed
87. Fowsiyo Maxamed Xassan
88. Maxamed Jaamac Furux
89. Axmed Maxamed Cabdi
90. Cali Calas Qaarey
91. Shariif Saafi Rooble
92. Caasho Xaaji Cilmi
93. Ibraahim Maxamed Isaaq
94. Xuseen Maxamed Caydiid
95. C/qaadir Aadan Jibaar
96. Cusmaan X. Cali (Caato)
97. Shariif Saalax Maxamed Cali
98. Axmed Ducaale (Xaaf)
99. Isaaq Maxamed Nuur
100. Yuusuf Mire Maxamuud
101. C/llaahi Yuusuf Axmed
102. Xasan Dhimbil Warsame
103. Maxamed Diiriye Cali
104. Maxamuud Salaad Nuur
105. Xasan Abshir Faarax
106. Maxamed Shiikh Negeeye
107. Xirsi Bulxan Faarax
108. Inj. Xirsi Aadan Rooble
109. Jaamac Cali Jaamac
110. Bootaan Ciise Caalin
111. Cabdi C/lle Siciid (Jinni Boqor)
112. Faarax Cali Maxamuud
113. Islaan Maxamed C/lle Xiddig
114. Yuusuf Geelle Ugaas
115. Mire Xaaji Faarax
116. Cali Maxamed Geedi
117. Maxamed Axmed (Kulalihi)
118. Hilowle Iimaan Cumar
119. Xasan Axmed Jaamac
120. Salaad Cali Jeelle
121. Aadan Maxamed Cali
122. Axmed Diiriye Maxamed
123. Maxamed Axmed Kulan
124. Avv. M. Shiikh (Gabyow)
125. Col. Axmed Cumar Jees
126. Muuse Suudi Yalaxow
127. Cabdi Maxamed Tarax
128. Cumar Maxamed Filish
129. Axmed Mashruux
130. Dr. Muuse Cali Cumar
131. C/rashiid Aadan Gabyow
132. Xuseen Caraale Aadan
133. C/qaadir Maxamuud Dhaqane
134. C/llaahi Geeddi Shadoor

135. Xasan Faarax Xujaale
136. Prof. C/llaahi A.Afrax
137. Geelle Saliid
138. Inj. Ibraahin Cali Jeebo
139. Cusmaan Dhuubow
140. Inj. Maxamed X.Caddow
141. Axmed Xaashi
142. Prof. Cusmaan M. Dufle
143. C/rashiid Xiddig
144. Inj. Xuseen Cabdi Wade
145. Aadan Qaaqle
146. Col. Cumar I.Maxamed
147. Maxamed Aadan Waayeel
148. Nuur Axmed Diirshe
149. Barre Adan Shire
150. C/casiis Ibraahin Cusmaan
151. Maxamuud Sayid Adan
152. C/kariin Axmed Cali
153. Cabdirisaq Isaaq Biixi
154. Axmed Cumar Gaagaale
155. Jaamac Guure Qodobeey
156. Nuur Wabar Cabdi
157. Axmed Warsame Maxamed
158. C/fataax Axmed Muumin
159. Xuseen Cadaawe
160. Maxmed Shiikh Isaaq
161. Maxamed Maxamuud Indha Geel
162. Saalax Cali Faarax
163. Cumar Sheekh Xuseen
164. Cumar Aadan Xasan
165. Nuur Mataan Cabdi
166. Muuse Nuur Amiin
167. Xasan Cabdi Xiiray(Deer_
168. C/llaahi Macallin Faax
169. Yusuf Maxamed Cabdulqadir
170. Cabdi Buulle Xuseen
171. Axmed Maxamed Samatar
172. Maxamed Qanyare Afrax
173. C/Raxman Diiriye Saayuun
174. Cali Shire Cusmaan
175. Maxmed Xaashi Gaani
176. C/qaadir Nuur Carraale
177. Maxamed Cali Shiriye
178. Mustaf Cali Dhuxulow
179. Cali Axmed Jaamac (Jengeli)
180. Maryan Cariif Qaasim
181. Axmed Maxamed Goonle
182. Cabdi Axmed Dhuxulow
183. Deeqo Col-u-joog
184. Ciise Wehliye Maalin
185. Daahir Xaaji Khaliif
186. Cumar Xaashi Aadan
187. Ibraahin Maxamed Deeq
188. Xasan Cabdulle Qalaad
189. Cali Baashi Xaaji Maxamuud
190. Ibraahin Xabeeb Nuur
191. C/raxmaan Xaaji Ismaaciil
192. Cumar Ugaas Muumin
193. Cawad Axmed Casharo
194. Muxumed Xuseen Raage
195. C/raxmaan Jaamac Cabdulle
196. Maxamed Xasan Ibraahin
197. C/raxmaan Maxamuud Cali Bayr
198. Maxamed Cabdi Waare
199. Caasha Axmed Cabdalla
200. Cali Jeyte Cusmaan
201. C/llaahi Bile Nuur
202. Dr. Cali Baashi Cumar
203. Siciid Maxamed Raage
204. C/fitaax Axmed Muumin
205. Cali Ismaaciil Cabdi Giir
206. Maxamed Shiikh Isaaq
207. C/llaahi Axmed Cabdulle
208. Hibo Faarax Cabdi
209. Cali Muumin Ismaaciil
210. Ismaaciil M. Hurre

211. Sakariye Maxamuud Xaaji Cabdi
212. Yuusuf Xassan Dheeg
213. Xiddo Faarax Cabdi
214. Xassan Cumar Xussein
215. Maxamed Cabdi Yuusuf
216. Yuusf C/laahi Kaahin
217. Yuusuf Xaraare
218. C/dalla Boos Axmed
219. Faadumo Daahir
220. Faarax ISmaaciil Xussein
221. Axmed Maxamed Suleymaan
222. Ismaaciil Xassan Jaamac
223. C/Raxmaan Cabdi Cabaade
224. Maxamed Cali Bilaal
225. Sahra C/qadir C/raxmaan
226. Cali Maxamed Cabdi
227. Maxamuud C/laahi Janam
228. Suuri Diiriye Carab
229. Ismaaciil Xassan Maxamuud
230. Xassan Ismaaciil Bile
231. Maxamed Cabdi Xeyr
232. Cabdi Xaashi C/laahi
233. Axmed C/laahi Jaamac
234. Cabdalla Xaaji Cali Axmed
235. Qadar Biixi Cawaale
236. Xussein C/laam Maxamed
237. Jamaal Xassan Ismaaciil
238. Maxamed Warsame Cali
239. Maxamed Cabdi Cawad
240. Axmed Ciise Cawaale
241. Faadumo Xassan Cabdi
242. Feysal Cumar Guuleed
243. Maxamed Cusmaan Bulbul
244. C/kariim Cige Guuleed2
245. Xussein Ceelaabe Faafiye
246. C/raxmaan Cusmaan Diri
247. Jaamac C/laahi Coofle
248. Axmed Dhimbil Rooble
249. Cabdi Faarax Maax
250. Muuse Xirsi Faahiye
251. Zakiya C/salaam Caalim
252. Xaawo C/laahi Qeyd
253. Qamar Aadan Cali
254. Maxamed C/laahi Daahiye
255. Mahad Cabdalla Cawad
256. Maxamed C/laahi Kaamil
257. Dr. C/laahi Sh. Ismaaciil
258. Maxamed Cali Xagaa
259. Col. Cabdi Warsame Isaaq
260. Zakariye Xussein Caare
261. Prof. C/raxmaan Ibraahim Adan
262. Zeynab Maxamed Caare
263. Cumar Sh. Zubeyr
264. Axmed Cusmaan Jibriil
265. Nuur Sh. Xussein Cadow
266. Cismaan Cilmi Boqorre
267. Maxamed Xassan Faqi
268. Cabdi Axmed Cumar
269. Maxamed Cusmaan Moostro
270. Dr. C/casiis Sh. Yuusuf
271. Col. Xassan Buraale Maxamed
272. Dr. Jeylaani Cali Kadiye
273. Dr. Xassan Cali Guuyoow
274. Caasho C/laahi Ciise
275. Xassan Isaaq Yacquub.

Jamhuuriyadda Soomaaliya

Ururradii Siyaasadda Soomaaliya

Intii u dhaxeysay 1943dii - 1990kii

Magacyadii Ururradii Siyaasadda Soomaaliya
1943 - 1990kii

Somali Youth League	SYL
Somali National League	SNL
Greater Somali League	GSL
Hizbia Digil-Mirifle	HDM
Popular Movement for Democratic Action	PMDA
Partito Democratico Union	PDU
Gruppo Afgoi AudegleGAA	GAA
Unione Giovani Banadir	UGB
Unione Giovani Somali Hawia	UGSH
Unione Marehan	UM
Gruppo Sei Siidle	GSS
Giovani Bagiuni Fichirini	GBF
Partito Demecratico Alula Somali African	PDA
National Union	SANU
National United Front	NUF
Patriotic Benefit Union	PBU
Unione Giovani Sales Gurgate	UGSG
Independent Constitutional Somali Party	ICSP
Xisbiga Hantiwadaagga Kacaanka Soomaaliyeed	XHKS
Somali Salvation Democratic Front	SSDF
Somali National Movement	SNM
United Somali Congress	USC
Somali Democratic Movement	SDM
Somali Patriotic Movement	SPM

Somali Democratic Alliance	SDA
United Somali Party	USP
Union of the Youth of Banadir	UYB
Unione Mussulmana	UM
Unione Nazionale Somala	UNS
Unione Nazionalizta Africana	UNA
Unione Maniferro Nazionale	UMN
Somali Fichrin Youth	SFY

Jamhuuriyadda Soomaaliya

Ururradii Siyaasadda Soomaaliya

Intii u dhaxeysay 1990kii - 2004tii

Dastuuradii iyo Axdiyadii loo dhigay Jamhuuriyadda Soomaaliya

Magacyadii Ururradii Siyaasadda Soomaaliya
1990-2004kii

Somali National Front	SNF
United Somali Front	USF
Somali African Muki Organization/SSA	SAMO/SSA
Somali African Muki Organization/SNA	SAMO/SNA
Somali National Democratic Union	SNDU
Somali National Union	SNU
South Somali National Movement	SSNM
Somali Salvation Congress	SSC
Somali Liberation Army	SLA
Somali National Alliance	SNA
Somali Salvation Alliance	SSA
Golaha Badbaadada Qaranka/Sodare	GBQ/Sodere
Somali Consultative Council	SCC
United Somali Congress/SNA	USC/SNA
United Somali Congress/SSA	USC/SSA
Uinted Somali Congress/Asili	USC/Asili
United Somali Congress/PM	USC/PM
United Somali Congress/PA	USC/PA
United Somali Congress/LA	USC/LA
Rahanweyn Resistance Army	RRA
Kulanka Midnimada Walaalaha Soomaaliyeed	KMWS
Somali Peace Allaince/Gorowe	SPA
Somali Peace Movement	SPM
Gruop 8	G8/Elderot
Golaha Badbaadinta Puntland	GBP
Golaha Samatabixinta Qaranka	GSQ
Golaha Abaabulka Qaranka	GAQ
Banadir Peace Movement Party	BPMP

Jamhuuriyadda Soomaaliya

Ururradii Siyaasadda Somaliland

Intii u dhaxeysay 1994 - 2004tii

Magacyada Ururrada Siyaasadda G/Waqooyi ee Soomaaliya Somaliland 1990 - 2004tii

Xisbiga Kulmiye   Kulmiye
Xisbiga Ucid   Ucid
Xisbiga Udub   Udub

Jamhuuriyadda Soomaaliya

Muuqaallo xambaarsan

Taariikhda Soomaalida iyo Soomaaliya

Madaxweyne **C/laahi Yuusuf**, Ra'iisul wasaare **Prof. Cali M. Geedi** Guddoomiyha Baarlamaanka FKMG ah ee Soomaaliya **Mudane Shariif Xassan Sh. Aadan**

Xubno ka tirsan Golaha wasiirada dowladda FKMG ah ee Soomaaliya oo loo dhaarinayo xilalkii loo magacaabay isla markaana ay ka dhex muuqdaan Madaxweynaha iyo Ra'iisul wasaaraha Soomaaliya

Madaxweynihii ugu waqtiga dheeraa ilaa iyo hadda ee soo mara taariikhda Soomaalida
Jaalle Sarreeye Gaas Maxamed Siyaad Barre
21kii Oktoobar 1969kii - 26kii Janaayo 1991dii

Dabaaldegyadii loo sameyn jiray Kacaankii Oktoobar dalka ka curtay Sanadkii 21kii Oktoobar 1969kii

Xubno ka mid ah Golihii Sare ee Kacaanka iyo Wadaadadii la toogtay ka dib markii lagu soo eedeeyay qiyaano Qaran iyo in ay ka hor yimaadeen Barnaamijkii Xeerka Qoyska ee uu soo saarey Golihii Sare ee Kacaanka

Dilka toogashada ee barxadda Scoula Polizia magaalada Muqdisho Dalka Soomaaliya

Mogadishu, 1964: Farer helped train the Somali National Police Force. Here, being congratulated by Mohamed Abshir, Commanding General of the National Police.

Jeneraalkii ugu horreeyay ee Ciidamadii Xoogga Dalka Soomaaliyeed
General Daa'uud Cabdulle Xersi

Sawirka saraakiishii loo diray dalka Talyaaniga intii u dhaxeysay
25tii August 1952 - September 1953dii

Magacyadii xubnihii loo diray tababarrada Leyli Sarkaal:-

1. Saddex Xarigle   Maxamed Siyaad Barre
2. "   Xussein Kulmiye Afrah
3. Laba Xarigle   Muxamad Ibrahim Muxamed Liiqliiqato
4. "   Maxamed Abshir Muuse
5. "   Cabdalla Cali Maxamed
6. Xarigle   Daa'uud Cabdulle Xirsi
7. "   Maxamed Ceynaanshe Guuleed
8. "   Maxamed Bin Khamiis

Magacyadii Xubnihii loo xulay tababar maamulka siyaasadda:-

1. Xaaji Cumar Sheegoow
2. Axmed Cadde Muunye
3. Xaaji Bashiir Ismaaciil
4. Cusmaan Cumar Sheegoow
5. C/rashiid Cali Sharmaarke
6. Xassan Maxamed Xassan Waqooyi
7. Daahir Xaaji Cusmaan
8. Cabdi Sheikh Aadan
9. Cali Shiddo Cabdi
10. Maxamed Sheikh Gabyoow
11. Cali Cumar Sheegoow
12. Aweys Sheikh Maxamed
13. Nuur Axmed Cabdalla

Magacyada Dhallinyaradii Ururkii
Gobannimo-doonka Soomaaliyeed SYL

1 Yaasiin Xaaji Cusmaan
2 C/qaadir Saqaawadiin
3 Maxamed Cali Nuur
4 Khaliif Huudoow Macallin
5 Cusmaan Geedi Raage
6 Dheere Xaaji Dheere
7 Maxamed Cusmaan Raage
8 Dahir Xaaji Cusmaan "Dhagaweyne"
9 Cali Xassan Maxamed "Verduro"
10 Maxamed C/laahi Faarax "Xayeesi"
11 Maxamed Faarax Hiloowle "Farjanno"
12 Xaaji Maxamed Xussein Xaamud
13 Maxamed Nuur Xirsi Siyidii

Astaantii Gumeysi-diidka ee aheyd ee Taaladii Dhagax-tuur
Magaalada Muqdisho Dalka Soomaaliya
"Taaladii Maxamed Soomaali"

Taaladii **Xaawo Taako** ee Magaalada Muqdisho
Astaantii halgankii gumeysi-diidka ahaa ee haweenka Soomaaliyeed

Astaantii Halgankii Gumeysi-diidka ahaa ee
Maxamed Cabdulle Xassan
1890 ilaa 1921kii

Taaladii Axmed Abul-Qaasim "Axmed Gurey"

The old Parliament building used until 1969

Dhismihii Baarlamaankii hore ee Soomaaliya
Haatanna ku burburay dagaalladii sokeeye ee ka dhacay dalka Soomaaliya 1991kii

Taalada Daljirka Dahsoon ee Magaalada Muqdisho

Statue of Socialist workers
Mogadishu, erected in the 1970s
Taaladii xisbigii Socialist ee Soomaaliya

Masjidka C/casiis ee magaalada Muqdisho
Wuxuu ka mid yahay dhismayaasha qadiimka ah ee magaalada Muqdisho

Dhismaha Masjidka Isbaheysiga Islaamka ee magaalada Muqdisho

Arba Rucun Mosque, central Mogadishu Somalia.

Golaha Murtida iyo Madadaalada ee magaalada Muqdisho
Somali National Theatre

View south from the Al Aruba hotel
Mugadishu City

Dhismihii Kaniisaddii Christian Catholic Church
ee magaalada Muqdisho
Ka hor dagaalladii ka dhacay ee gabi ahaan Soomaaliya 1991dii

Archway constructed in 1934 in order to honor Italian
King Victor Emmanuel's visit to Somalia

Hotel Al-Curuba
Oo ka mid ahaa bilicsamidii caasimadda dalka Soomaaliya
Magaalada Muqdisho

Shirkaddii Somali Airlines
Mid ka mid ah Diyaaradihii Somali Airlines

Mid ka mid ah diyaaradihii dagaalka Soomaaliya
Ka hor qaran burburkii dhacay 1991dii

Dad ka shaqeynaya tacabka beerihii ay lahaayeen ka hor
Qaran burburkii 1991kii

Wax yar ka hor intii aaney dalka Soomaaliya ka dicin macluushii ba'neyd
Ee malaayiin ay ku waayeen nafooda iyo maalkoodaba 1991dii

Cali Mahdi Maxamed iyo Jeneral Maxamed Faarax "Ceydiid"
Kulankii ugu horreeyay ee ay yeesheen ka dib dagaalkii dhex-maray
17/November 1991dii

442 ♦ Waxay kuu dhigeen ma kugu dhaqeen?

Iska hor imaadyadii hubeysnaa ee ka dhacay magaalada Muqdisho sanadkii 1991kii - bishii August 2004tii

Dhaqanka Maleeshiyadii qeybta ka aheyd burburka baahay ee ka dhacay Dalka guud ahaan………..

Golihii Shacbiga Qaranka ee magaalada
Muqdisho oo isna lagu burburiyay
Dagaalladii halkaasi ka dhacay 1991kii

Hotel Al-Curuba
Muuqaalka sidii uu ugu burburay dagaalladii ka dhacay Muqdisho
Sanadkii 1991kii - 1992

Xaaladda dhismahii Baarlamaankii hore ee Soomaaliya
Waxaa laga soo qaaday sawirkan 3 December 2004

Dhisme ka mid ah Dhismayaashii magaalada Muqdisho oo ku burburay
Dagaalladii sokeeye ee halkaasi ka dhacay sanadkii 1991dii

Xaaladda Garoonkii Diyaaradaha ee magaalada Muqdisho
Mogadishu International Airport in Somalia
02 December 2004

Taaladii SYL ee magaalada Muqdisho 1943dii

Diyaaradihii oo lagu burburiyay dagaalldii sokeeye ee ka dhacay Soomaaliya 1991dii

Mid ka mid ah Taangiyadii ay lahaayeen Ciidamadii Xoogga Dalka Soomaaliyeed
Kuna burburay dagaalladii sokeeye ee ka dhacay dalka Soomaaliya Sanadkii 1991kii

Maxay Galabsadeen Carruurtan Soomaaliyeed?

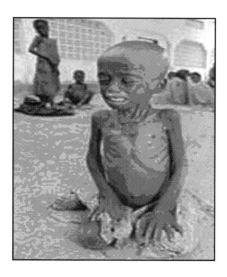

Sawir xanuun badan oo laga qaaday wiil Soomaaliyeed ka dib
macluushii ba'neyd ee ka dhacday Koofurta Soomaaliya
sanadkii 1991dii ilaa horaantii 1993dii

Sawir ka mid ah sawiradii naxdinta lahaa ee laga qaaday macluushii malaayiin Soomaali ah ay darteed ugu naf waayeen sanadihii 1991kii ilaa 1993dii

Somalian famine victim early 1991- 1993
Macluushii ba'neyd ee ka dhacday Koofurta Soomaaliya

Drought in Somalia 1991

Diyaaradihii ciidamadii Mareykanka
Operation Restore Hope ee Soomaaliya yimid
9kii Disember 1992dii

Ciidamadii Mareykanka ee UNITAF ee ka howlgalayay Soomaaliya intii u dhaxeysay 09/12/1992 ilaa 05/03/1995tii

Qoxootigii ku jiray xeryihii qoxootiga ee magaalada Muqdisho oo gacmaha u hoorsanaya ciidamadii dalka gurmadka u yimid wax yar ka dib imaantinkoodii

Sidii ay dadka u gaarsiinayeen kaalmadii ay u keeneen Soomaalida Horaantii sanadkii 1993dii

Raashinkii gargaarka ahaa ee la soo gaarsiiyay Soomaalida Gurmadkii howlihii Qaramada Midoobay ee Soomaaliya 1993dii

452 ♦ Waxay kuu dhigeen ma kugu dhaqeen?

Dhaqankii foosha xumaa ee Ciidamadii ka socday dalka Belgium oo wiil Soomaaliyeed dab baxaya ku kor haya ama solinaya 1993dii magaalada Kismaayo

Falalkii naxariisdarrada ahaa ee ay Ciidamadii Talyaanigu kula kaceen Soomaalida
Intii ay joogeen dalka Soomaaliya mudadii u dhaxeysaydhamaadkii bishii Disember 1992dii - horaantii bishii Maarso sanadkii 1995tii

Maraakiibta sida sharci-darrada uga kaluumeysaneysa oo maalinba
Maalinta ka dambeysa sii kordhaya tan iyo Qaran burburkii
Soomaaliya 1991kii

Il traffico che uccide
Haan ka mid ah haamaha sunta ee lagu daadiyo badaha Soomaaliya
Kuna soo caarisay inta u dhaxeysa xeebaha Mareeg iyo Cigo
Gobolka Galguduud ee Dalka Soomaaliya

454 ◆ Waxay kuu dhigeen ma kugu dhaqeen?

"The Bonoculars" - correct name ?
near the Old Port

Askari ka mid ahaa Askartii Soomaalida ee u shaqeyneysay
Talyaaniga Sanadkii 1950kii

Askari ka mid ah Askartii Soomaalieed ee u shaqeyneysay
Gumeystihii Talyaaniga 1950kii

Italian Somali railway experiment with rial car and wagon
1931dii

Italian Somali railway experiment with rial car and wagon
1931

Dhismihii masjidkii la oran jiray Faqrudiin oo ka mid ahaa
dhismayaashii qadiimiga ahaa ee magaalada Muqdisho

Italian Somaliland and Somalia

3 Aug 1889
26 Feb 1941

26 Feb 1941
1 Apr 1950

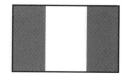
1 Apr 1950
10 Oct 1954

Adopted
12 Oct 1954

British Somaliland and Somaliland

1884 - 1903

1903 - 1950

1950 - 26 Jun 1960

26 Jun 1960
1 Jul 1960

18 May 1991
14 Oct 1996

Adopted 14 Oct 1996

Bancanote della Somalia
Avanti e Indietro
Lacagtii Soomaalida

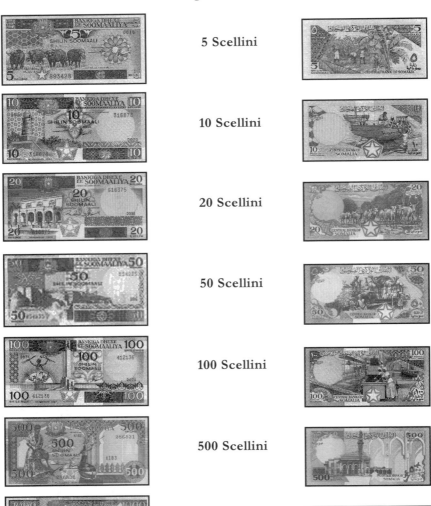

Waxyeelladii ay geysteen daadadkii waxyeellada ba'an u geystay
Gobollo iyo degmooyin ka tirsan dunida dabayaaqadii 26kii bishii
December 2004
Magaalada Xaafuun dalka Soomaaliya

Waxyeelladii ay geysteen daadadkii waxyeellada ba'an u geystay
Gobollo iyo degmooyin ka tirsan dunida dabayaaqadii 26kii bishii
December 2004
Magaalada Xaafuun dalka Soomaaliya

Qasaarooyin naf iyo maalba lahaa ee ay geysteen daadadkii Tsunami Ee ka dhacay dalal fara badan oo ku yaala qaaradda Asia soona gaarey xeebaha Dalka Soomaaliya dabayaaqadii sanadkii 2004

Qasaarooyin naf iyo maalba lahaa ee ay geysteen daadadkii Tsunami Ee ka dhacay dalal fara badan oo ku yaala qaaradda Asia soona gaarey xeebaha Dalka Soomaaliya dabayaaqadii sanadkii 2004

Qoraha buugga, **C/casiis Cali Ibrahim "Xildhiban"** wuxuu ku dhashay magaalada Muqdisho ee Dalka Soomaaliya, sanadkii 1972dii, wuxuu waxbarashadiisii dugsiyada Hoose, Dhexe iyo Sare ku dhameystay magaalada Muqdisho Wuxuu wax ka bartay culuunta siyaasadda gaar ahaan Focolta' di Sceinze Politiche e' Relazione Internazionale, Universita' degli Studi di Firenze ee Dalka Talyaaniga.

C/casiis Cali Ibrahim "Xildhiban" wuxuu ka tirsanaan jiray dhallinyaradii waaxdii barbaarinta ee Wasaaraddii Waxbarashada iyo Barbaarinta ee Soomaaliya. Qaran burburkii ka dib wuxuu ka mid ahaa qandaraasleeyda howlaha u qaban jirtay howlgalladii Qaramada Midoobay ee Soomaaliya intii u dhaxeysay dhamaadkii 1992dii xilligaas oo ay dalka yimaadeen Ciidamadii Qaramada Midoobay ilaa horaantii sanadkii 1995tii xilligaas oo ay ka baxeen Dalka.

Sanadkii 1995tii wuxuu noqday Guddoomiyahii Naadigii Danaha Bulshada Soomaaliyeed ee laga aasaasay magaalada Muqdisho, sidoo kale wuxuu mar walba ka dhex muuqan jiray guddiyadii xallinta khilaafaadyadii ka jiray magaalada Muqdisho, ka dib 1999kii wuxuu noqday xubin ka tirsan Guddiga Arrimaha Dibedda isla markaana ah wakiilkii Golaha Wadatashiga Soomaaliyeed. 7dii Bishii Juun Sanadkii 2004ta waxaa loo doortay Xoghayaha guud ee Dhaqdhaqaaqa Nabadda Soomaaliyeed.

Qoraagu wuxuu si xoog leh ugu ololeeyaa nabadgalyo buuxda oo ka dhacda dalka ay dagaalladu sokeeye aafeeyeen ee Soomaaliya, wuxuuna si aan leexleexad laheyn har iyo habeen inta badan waqtigiisa geliyaa sidii ay dadkiisa Soomaaliyeed u nabadoobi lahaayeen.

Qoraagu wuxuu weeraro iyo dhaliilo aan kala go' laheyn u jeediyay dhamaan Hogaamiyayaashii Ururrada Siyaasadda ee mas'uulka ka ahaa Dagaallada, Xasuuqyada, Afduubyada, Dilka iyo Dhaca joogta ah ee lala beegsaday dadka Soomaaliyeed.

C/casiis "Xildhiban" wuxuu ku soo caan baxay nabaddoonnimo iyo dhaliilaha uu u jeediyo Hogaamiyayaasha halaagga baday Dalka iyo Dadka Soomaaliyeed, wuxuuna si joogto ah ugu ololeeyaa sidii isbadallo Dimoqraadi ah uga dhici lahaayeen guud ahaan Dalka Soomaaliya, Sidoo kale wuxuu horey u soo saaray baaqyo nabadeedyo aan kala go' lahayn oo uu ugu baaqayo Soomaalida sidii ay u nabadoobi lahaayeen, ugana heshiin lahaayeen khilaafyada sababa isku-dhacyada, wuxuuna dalka dibedda uga soo baxay sanadkii 1998dii ka dib markii ay hanjabaado u soo jeediyeen dhinacyadii mas'uulka ka ahaa geerida maaliyiin dad Soomaaliyeed oo aan waxba galabsan oo loo dilay sababo aan la micneyn karin.

Abdulkadir Axmadeey Maxamed.